新能源汽车

动力蓄电池及管理技术

主　　编　张甲瑞　税永波
副主编　黄超群　魏显坤　王　静
参　　编　黄伟青　苏学园　范吴丹

机械工业出版社

本书是“岗课赛证”综合育人系列教材，分为 6 个项目，共计 17 个学习任务，主要内容包括高压安全基础知识的认知、动力蓄电池箱的组装与检测、蓄电池管理系统的检测与调试、动力蓄电池性能试验、充电系统的认知与检修、动力蓄电池系统故障的检测与维护。本书充分融入素质教育元素，结合职业技能等级证书考核以及国家技能大赛考核要点，选取新能源汽车动力蓄电池及管理系统维修中的典型案例，以典型工作任务引领、以问题引导，内容深入浅出、通俗易懂、图文并茂。

本书可供新能源汽车专业的学生使用，也可供传统汽车专业方向学生学习新能源汽车知识和技能，还可供汽车销售顾问、售后服务顾问、维修技师、保险理赔员、驾驶人以及汽车工程技术人员参考。

为方便教学，本书配有电子课件、电子教案、习题、微课等资源，凡选用本书作为教材的教师均可登录机械工业出版社教育服务网（www.cmpedu.com），以教师身份注册后免费下载。

图书在版编目（CIP）数据

新能源汽车动力蓄电池及管理技术 / 张甲瑞，税永波主编. —北京：机械工业出版社，2023.10（2025.1重印）

ISBN 978-7-111-73753-7

Ⅰ.①新…　Ⅱ.①张…②税…　Ⅲ.①新能源－汽车－蓄电池－高等职业教育－教材　Ⅳ.①U469.703

中国国家版本馆CIP数据核字（2023）第162073号

机械工业出版社（北京市百万庄大街22号　邮政编码100037）
策划编辑：师　哲　　　　责任编辑：师　哲
责任校对：宋　安　梁　静　　封面设计：张　静
责任印制：郜　敏
中煤（北京）印务有限公司印刷
2025 年 1 月第 1 版第 2 次印刷
210mm × 285mm · 11.25印张 · 292千字
标准书号：ISBN 978-7-111-73753-7
定价：49.80 元

电话服务	网络服务
客服电话：010-88361066	机　工　官　网：www.cmpbook.com
010-88379833	机　工　官　博：weibo.com/cmp1952
010-68326294	金　　书　　网：www.golden-book.com
封底无防伪标均为盗版	机工教育服务网：www.cmpedu.com

前言 Preface

我国新能源汽车发展以“三纵三横”为技术路线，以纯电动汽车、插电式混合动力（含增程式）汽车、燃料电池汽车为“三纵”，布局整车技术创新链；以动力蓄电池与管理系统、驱动电机与电力电子、网联化与智能化技术为“三横”，构建关键零部件技术供给体系。要求学生掌握新能源汽车动力蓄电池的功能、制造和工作原理，完成新能源汽车动力蓄电池系统的检测、拆装、调试、维护等成为从事新能源汽车相关岗位的必修技能。

本书将文化教育与素质教育相融合，以专业人才培养目标为依据，以所在专业能力结构为主线，贯彻落实党的二十大精神，用社会主义核心价值观铸魂育人。在培养学生专业能力的同时，关注学生身心的健康发展，坚定学生的理想信念，加强职业道德与爱国主义教育，激发学生的家国情怀和使命担当，培养适合新时代发展需要的高素质人才。

本书的开发团队通过分析动力蓄电池测试工程师、维修技师、研发工程师等岗位的实际工作任务，依据国家教学标准要求，组织了相关学校教师和企业专家，结合其多年的教学经验和实践基础，参考宁德时代动力蓄电池制造与测试、周立功软件测试、比亚迪4S店维修案例、岗课赛证相关案例资源等，以比亚迪新能源汽车秦EV车型、吉利EV450车型为调试及故障实施载体，编写了本书。

全书共分为6个项目，每个项目2~4个任务，采用“任务驱动式”“项目学习”教学理念，将教学流程贯穿课前、课中和课后三大环节。采用“问题式”教学导向，引出知识点，激发学生积极性，从三个维度（知识、技能、素养）来实现课程目标。涉及的内容有新能源汽车动力蓄电池制造、组装、调试、诊断等，同时结合“产教融合”“岗课赛证”“基于工作过程”等职业教育理念，选择一些具有代表性和可操作性的实训案例，如蓄电池包PACK技术、动力蓄电池更换与检测、蓄电池管理系统调试、蓄电池热管理系统拆装检测、动力蓄电池性能测试、动力蓄电池充电系统故障以及维护等实训内容。在拓展部分加入素质教育内容，选择典型故事案例和企业代表等，将做人准则、职业操守、企业精神等融入其中，帮助学生树立正确的社会主义核心价值观。

本书由重庆工商职业学院和行云新能科技（深圳）有限公司联合开发，并由比亚迪汽车工业有限公司进行审稿。张甲瑞、税永波任主编，黄超群、魏显坤、王静任副主编，黄伟青、苏学园、范吴丹参加了编写。

由于编者水平所限，书中不妥或错误之处在所难免，恳请读者提出宝贵建议，以便修订时予以纠正。

编　者

目 录 Contents

笔记栏

项目一 高压安全基础知识的认知

任务一 电压等级与安全电压的认知

开卷-任务分组

班级		组号		指导教师	
组长		学号		日期	
组员	姓名：______ 学号：______ 姓名：______ 学号：______ 姓名：______ 学号：______			姓名：______ 学号：______ 姓名：______ 学号：______ 姓名：______ 学号：______	

知识目标	技能目标	素养目标
➢ 熟悉电力系统的相关概念 ➢ 掌握我国的电压等级划分标准 ➢ 掌握我国的电动汽车电压等级规范 ➢ 理解欧姆定律在计算人体触电电流和人体安全电压值的应用	➢ 通过对我国电动汽车的等级划分标准的学习，使学生具有区分安全电压以及低压、高压的电压范围的能力 ➢ 通过学习分析欧姆定律以及计算人体安全电压，使学生具有判断工作电压是否安全的能力	➢ 通过对国内电压等级以及电动汽车电压等级的认识，培养学生在进行相关电工作业时，具备严谨且规范的操作意识 ➢ 通过对人体触电电流与安全电压的了解，培养学生遇到危险电压时，具备机智果断的自我保护意识 ➢ 通过对电动汽车高压电危险的辩论过程，培养学生敢于质疑、追求真理的辩证思维 ➢ 通过小组合作课堂模式学习，培养学生集思广益、精诚团结和群策群力的团队协作精神

框架-任务导图

本任务核心内容导图如图 1-1-1 所示。

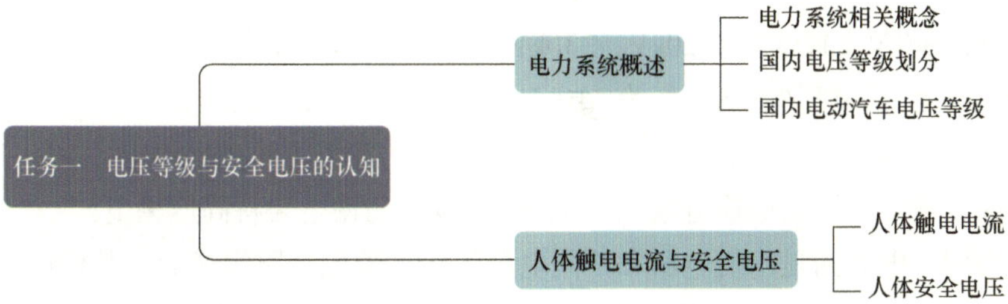

图 1-1-1 本任务核心内容导图

驱动-任务导入

人们的生活和工作处处离不开用电，电作为一种能源被人们所利用，与人们的生活及设备的正常运转息息相关。然而一个事物总是有两面性，电在造福人类的同时，却也存在着诸多用电隐患，如果用电不当就会造成事故。当电流通过人体发生触电时，就会对人体造成伤害，严重时会破坏人体的心脏、呼吸系统和神经系统的正常工作，甚至危及生命。

因此，在进行高压工作时，充分做好安全防护尤为重要。你了解的安全防护措施有哪些?

学习-相关知识

问题 1：电力系统是电能生产与消费的系统，将自然界的一次能源通过发电动力装置转化成电能，再经输电、变电和配电将电能供应到各用户，其主体结构有发电厂、输电网、配电网、用户。图 1-1-2 所示为电力系统主体结构图。

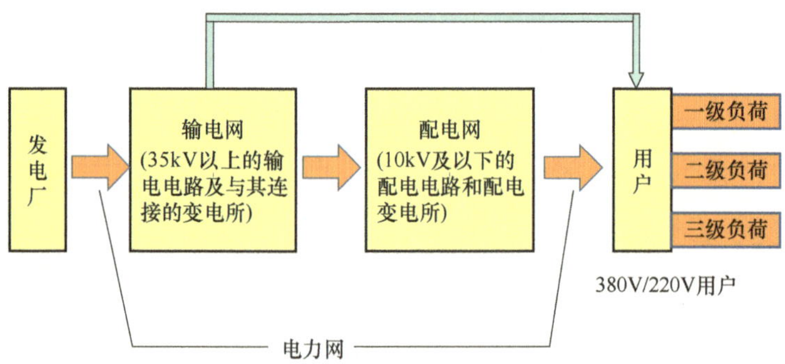

图 1-1-2　电力系统主体结构图

一、电力系统概述

1. 电力系统相关概念

在电力系统中，根据电压的大小对电压等级进行划分，相关概念如下：

（1）配电电路　指从降压变电站把电力送到配电变压器或将配电变电站的电力送到用电单位的电路。配电电压为 3.6~40.5kV 的配电电路称为高压配电电路；配电电压不超过 1kV、频率不超过 1000Hz、直流电压不超过 1500V 的配电电路称为低压配电电路。

（2）输电电路　指连接电源产生地和用电地之间的电力传输装置，可按结构形式将输电电路分为架空输电电路和电缆电路。

（3）高压电路　通常指的是输送 10kV 以上电压的输电电路。我国国内高压输电电路的电压等级一般分为 35kV、110kV、220kV、330kV、500kV、750kV 等。

（4）高压输电　一般称输电电压为 220kV 以下的输电为高压输电。

（5）超高压输电　一般称输电电压为 330~750kV 的输电为超高压输电。

（6）特高压输电　一般称输电电压为 1000kV 以上的输电为特高压输电。

（7）电力网　电力网是由变电所和不同电压等级的输电电路组成的，其作用是输送、控制和分配电能。电力网按其供电容量和供电范围的大小和电压等级的高低，可分为地方电力网、区域电力网和超高压远距离输电网三种类型。

(8) 电力负荷　负荷指的是导线、电缆和电气设备（变压器、断路器等）中的功率。该负荷不是恒定值，是随时间而变化的变动值，这是因为用电设备并不同时运行，即使同时运行，也并不是都能同时达到额定容量。

(9) 低压电气设备　电压等级在 1000V 以下的电气设备为低压电气设备。

(10) 高压电气设备　电压等级在 1000V 及以上的电气设备为高压电气设备。

2. 国内电压等级划分

目前，我国一直采用 50Hz 的标准电压系列。常用的电压有 220V、380V、6kV、10kV、35kV、110kV、220kV、330kV、500kV、750kV、1000kV 等。根据 GB/T 2900.50—2008 标准，可以将我国电压划分为以下几个等级：

(1) 安全电压　在我国，规定安全电压为 42V、36V、24V、12V、6V，当电气设备采用了超过 24V 的安全电压时，必须采取防直接接触带电体的保护措施。

(2) 低压　低压是用于配电的交流系统中 1000V 及其以下的电压等级。我国三相四线制交流系统中的 220V 和 380V 均属于低压。

(3) 高压　高压通常指超过低压的电压等级；特定情况下，指电力系统中输电的电压等级，即高于 1000V、低于 330kV 的交流电压等级。

(4) 超高压　超高压是电力系统中 330kV 及以上并低于 1000kV 的交流电压等级。

(5) 特高压　特高压是电力系统中交流 1000kV 及以上或直流 800kV 及以上的电压等级。

3. 国内电动汽车电压等级

国家标准 GB 18384—2020《电动汽车安全要求》中明确规定，根据电路的工作电压，将电路分为 A 级电压和 B 级电压，电压等级见表 1-1-1。

表 1-1-1　电压等级

电压等级	最大工作电压 U/V	
	直流	交流
A	$0<U\leqslant60$	$0<U\leqslant30$
B	$60<U\leqslant1500$	$30<U\leqslant1000$

在汽车领域，特别是混合动力电动汽车、燃料电池电动汽车、纯电动汽车，B 级电压属于高压电，60V< 直流电压 ≤1500V，30V< 交流电压 ≤1000V，进行危险电压组件方面的工作时必须遵守安全规定。车辆制造标准允许的最大接触电压（ECE R100 标准）是 30V 交流电或 60V 直流电。目前，新能源汽车的电压一般在 300~650V 范围内，按照国家电压等级划分，属于低压范围。但是在汽车领域，为了和传统燃油汽车蓄电池 12V 电压进行区别，通常认为新能源汽车的电压为高电压。

问题 2： 小王是一位电动汽车维修实习的学生，实习第一天，他看到自己的同事准备直接用手掰开比亚迪秦 EV 上的蓄电池，于是上前阻止，“据我所了解，秦 EV 的蓄电池电压远远超出安全电压，你这样直接掰开蓄电池，会有生命危险呀。”同事笑着告诉小王，“谢谢你的提醒，不过你放心，我很安全。”请你认真分析，小王和他的同事到底谁正确。

小王的说法有误，比亚迪秦 EV 的蓄电池电压一般是 12V，属于安全电压，不会有生命危险。

二、人体触电电流与安全电压

1. 人体触电电流

根据电流对人体的伤害程度和人体对电流的反应，触电电流可分为感知电流、摆脱电流和室颤电流（也称为致命电流）。

（1）感知电流　感知电流是指能引起人的感觉的最小电流。成年男性的感知电流值约为1.1mA，成年女性的感知电流值约为0.7mA。

（2）摆脱电流　人触电后能自行摆脱电极的最大电流称为摆脱电流。对于不同的人，摆脱电流值不相同。摆脱电流值与个体生理特征、电极形状和电极尺寸等有关。成年男性平均摆脱电流值约为16mA，最小摆脱电流值约为9mA；成年女性平均摆脱电流值约为10.5mA，最小摆脱电流值约为9mA。

（3）致命电流　致命电流是指在较短时间内危及生命的最小电流。致命电流值一般为50mA。日常生活中一般电流值不超过数百毫安，电击致死主要是电流引起心室颤动造成的。人体通电持续时间越长，能量积累越大，越容易引起心室颤动，就越危险。人体通过不同电流的反应见表1-1-2。

表1-1-2　人体通过不同电流的反应

电流大小/mA	人体反应
0.6~1.5	手指开始感觉发麻
2~3	手指感觉强烈发麻
5~7	手指肌肉痉挛且手指感觉灼热和刺痛
8~10	手摆脱电极困难，有剧痛感（手指关节）
20~25	手迅速麻痹，不能自主摆脱电极，呼吸困难
50~80	呼吸困难，心室开始颤动
90~100	呼吸麻痹，3s后心脏开始麻痹，停止跳动

对于大多数人来说，整个身体的总电阻值是很小的。有主动脉的地方（胸腔部位和躯干）电阻值较小，因此，最大的危险发生在电流通过人体心脏时刺激心脏产生异常颤动。例如，当一个288V直流电压穿过人体两手和心脏后（图1-1-3），可以通过欧姆定律粗略计算出通过人体的电流

$$I=\frac{U}{R}=\frac{288\text{V}}{(500+80+500)\ \Omega}=0.27\text{A}$$

从结果可以看出，0.27A（也就是270mA）远远大于致命电流值50mA，如果在心脏的滞留时间达到10~15ms就会致命。

2. 人体安全电压

安全电压是指不戴任何防护设备，接触电源时对人体各部位不造成任何损害的电压。国家标准《特低电压（ELV）限值》（GB/T 3805—2008）规定，为了防止触电事故，由特定电源供电所采用的安全电压系列包括42V、36V、24V、12V、6V五种。

不同的环境、不同的场所，采取的安全电压不一定相同。如图1-1-4所示，在干燥、正常、潮湿的条件下，人体的电阻差异性较大，相同电压作用下对人体产生的电流大小不同，而电流

的大小决定对人体的伤害程度。

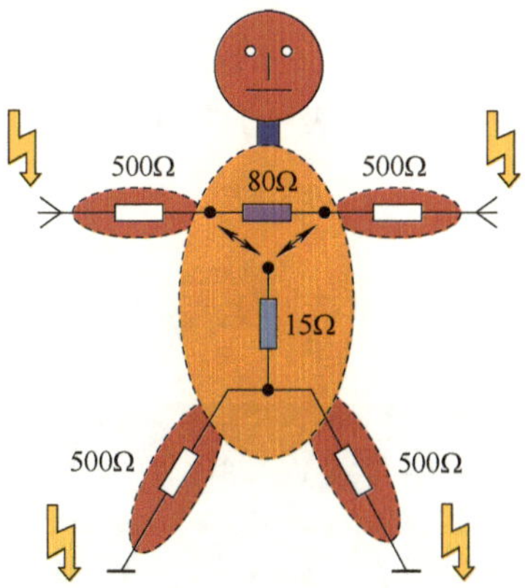

图 1-1-3　人体基本电阻值

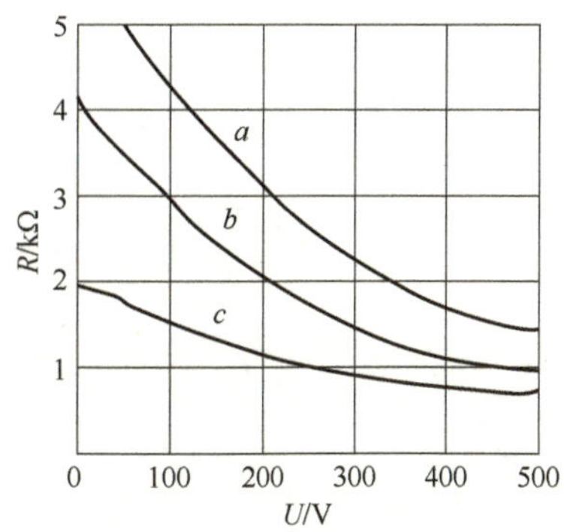

图 1-1-4　人体电阻与接触电压的关系

a—干燥　b—正常　c—潮湿

在比较干燥而触电危险较大的环境中，人体电阻可按 1000~1500Ω 考虑，通过人体的电流可按不引起心室颤动的最大电流 30mA 考虑，则安全电压 $U=30\times10^{-3}\times$(1000~1500) V=30~45V。因此，我国规定 36V 为普通安全电压值，凡危险及特别危险环境里的局部照明灯、危险环境里的手提灯、危险及特别危险环境里的携带式电动工具，均应采用 36V 安全电压。对于潮湿而且触电危险性较大的环境，人体电阻应按 650Ω 考虑，通过人体的电流按 30mA 考虑，则安全电压 $U=30\times10^{-3}\times650$V=19.5V，因此在特别潮湿和危险环境里以及在金属容器、矿井、隧道里的手提灯，均应采用 12V 安全电压。如果是水下作业，就要选用 6V 的安全电压。

实践-任务实施

问题 3：请查找相关资料，查看有关新能源汽车动力蓄电池铭牌信息，并填入表 1-1-3 中。

表 1-1-3　比亚迪秦 EV 动力蓄电池铭牌信息收集

车型	动力蓄电池额定电压 /V	动力蓄电池额定容量 /A · h
比亚迪秦 PRO EV 500		
比亚迪秦 PRO EV 600		
比亚迪秦 PLUS EV 500		
比亚迪秦 PLUS EV 600		

问题 4：请结合图 1-1-4 估算，在正常的环境中进行高压维修时，电动汽车维修技术人员穿戴防护用品的绝缘阻值应在多少范围内才算比较安全（高压电压范围为 400~500V，安全电流≤30mA）。

问题 5：大部分人认为电动汽车就像一块超大的蓄电池，泡水后容易引起蓄电池短路或漏电的情况，尤其是蕴含大量杂质的雨水，泡雨水后会更加危险，一旦新能源汽车或者混合动力车型漏电，后果将不堪设想。其实这是大部分消费者对新能源汽车以及混合动力汽车的误解。请查阅相关资料，尝试纠正人们对电动汽车的认识。

考核–任务评价

各组选出代表进行本任务的成果汇报，可以采用 PPT 或实操演示的形式，并分别由各小组成员、专业教师以及企业代表考核打分，并将结果填入表 1-1-4~ 表 1-1-7 中。

表 1-1-4　小组考核表

组长		学号			班级			组别				
组员姓名												
任务一		电压等级与安全电压的认知										
考核项目	分值	等级				考核对象（组别）						
		A	B	C	D							
实训规范	40	40	30	20	10							
PPT 汇报	40	40	30	20	10							
7S 管理	20	20	15	10	5							
合计	100	各组得分										

注意：小组互评分记录按各组的平均分（包含被评价组）计算

表 1-1-5　教师对小组考核表

考核项目		考核依据	分值	得分
考勤（5%）		未出现无故迟到、早退和旷课的现象	5	
工作过程（80%）	获取信息进行决策	掌握电动汽车安全电压的等级划分	10	
	任务实施	了解电力系统的基本概念	10	
		区分电动汽车的电压等级	10	
		了解主要新能源汽车动力蓄电池的工作电压	10	
		利用欧姆定律，计算安全电压、电阻和电流	20	
	工作质量	能按照工作方案操作，按计划完成工作任务	10	
	团队合作	与小组成员、同学之间能合作交流、协调工作	10	
项目成果（15%）	工作完整	能按时完成工作任务的所有环节	5	
	工作规范	能在整个操作过程中规范操作，避免意外事故发生	5	
	汇报展示	能准确表达、汇报工作成果	5	
合计			100	

表 1-1-6　企业对小组考核表

项目（任务）名称	
请您对本次任务完成质量进行考核	□非常好（90~100 分） □一般（70~90 分） □不太理想（70 分以下）
您的评分与建议	（若企业没有参与考核，则选择综合考核方式一）

表 1-1-7　综合评分表

<table>
<tr><td rowspan="2">综合考核方式一</td><td>小组自评（30%）</td><td>小组互评（20%）</td><td colspan="2">教师考核（50%）</td><td>综合得分</td></tr>
<tr><td></td><td></td><td colspan="2"></td><td></td></tr>
<tr><td rowspan="2">综合考核方式二</td><td>小组自评（30%）</td><td>小组互评（20%）</td><td>教师考核（40%）</td><td>企业考核（10%）</td><td>综合得分</td></tr>
<tr><td></td><td></td><td></td><td></td><td></td></tr>
<tr><td>综合评语</td><td colspan="5">（作业过程中存在的问题及改进建议）</td></tr>
</table>

证书–考证指南

考证指南

在交通运输部职业资格中心 2022 年 7 月发布的《新能源汽车检测维修专业能力考核标准》中，涉及对新能源汽车专业基础能力的考量。标准 6.2 基础能力，要求具备汽车电工常用工具的使用，常用电子元器件特性、常见元器件认知及测量，典型电路认知及检测，高压安全与防护，新能源汽车高压安全断电，新能源汽车高压绝缘检测，新能源汽车高压插接件锁止结构认知及操作，新能源汽车动力蓄电池拆检防护，新能源汽车安全充电操作等关于新能源汽车电学基础与高压安全的基础能力。通过新能源汽车检测维修专业能力考核，可获得由交通运输部职业资格中心颁发的交通运输专业能力考核合格证书。

任务二　新能源汽车高压绝缘工具的认知及使用

开卷–任务分组

<table>
<tr><td>班级</td><td colspan="2"></td><td>组号</td><td colspan="2"></td><td>指导教师</td><td></td></tr>
<tr><td>组长</td><td colspan="2"></td><td>学号</td><td colspan="2"></td><td>日期</td><td></td></tr>
<tr><td rowspan="3">组员</td><td colspan="7">姓名：________　学号：________　姓名：________　学号：________</td></tr>
<tr><td colspan="7">姓名：________　学号：________　姓名：________　学号：________</td></tr>
<tr><td colspan="7">姓名：________　学号：________　姓名：________　学号：________</td></tr>
</table>

知识目标	技能目标	素养目标
➢ 掌握基本绝缘工具和辅助绝缘安全用具的定义与差异性 ➢ 认识基本的绝缘工具和常见辅助绝缘安全用具 ➢ 掌握高压作业时绝缘电阻测试仪、数字万用表、高压验电器的功能按钮和使用说明	➢ 通过对基本绝缘工具的认识，使学生在实际操作中具有识别基本绝缘工具并正确使用工具的能力 ➢ 通过对辅助绝缘安全用具的认识，使学生在实际作业中具有正确进行安全防护及对防护用品检查的能力 ➢ 通过对高压维修检测工具的认识，使学生具有独立使用维修检测工具的能力	➢ 通过完成基本绝缘工具实训过程，培养学生知行合一、脚踏实地的务实精神 ➢ 通过完成辅助绝缘安全用具的检查，培养学生一丝不苟、绝不放过任何安全隐患的敬业精神 ➢ 通过完成高压维修检测工具的使用，培养学生严谨规范的实践精神 ➢ 通过小组合作课堂模式学习，培养学生集思广益、精诚团结和群策群力的团队协作意识

框架-任务导图

本任务核心内容导图如图 1-2-1 所示。

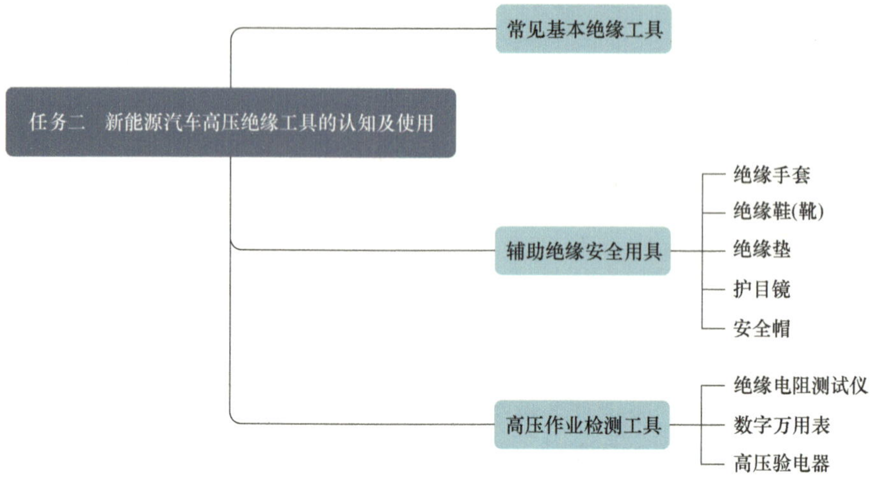

图 1-2-1　本任务核心内容导图

驱动-任务导入

在一些有关电气的工作中，技术人员不可避免地接触到电，为确保安全，均需要做好安全防护工作，如佩戴绝缘手套、安全帽等。在电动汽车高压工作环境下，你了解的绝缘工具有哪些?

学习-相关知识

问题 1: 从事新能源汽车高压维修工作，规范使用高压工具、做好绝缘防护工作至关重要，你是否了解一些基本的绝缘安全工具?

基本绝缘安全用具能长时间承受电气设备的工作电压，也能直接用来操作带电设备，可以保证操作人员的人身安全。进行直接与带电体接触的操作时，必须使用基本绝缘工具。基本绝缘工具可以分为高压设备的基本绝缘工具与低压设备的基本绝缘工具。高压设备的基本绝缘工具有绝缘杆、绝缘棒、绝缘夹钳和高压验电器等。低压设备的基本绝缘工具有低压试电笔、绝缘手套和带绝缘柄的工具等。

一、常见基本绝缘工具

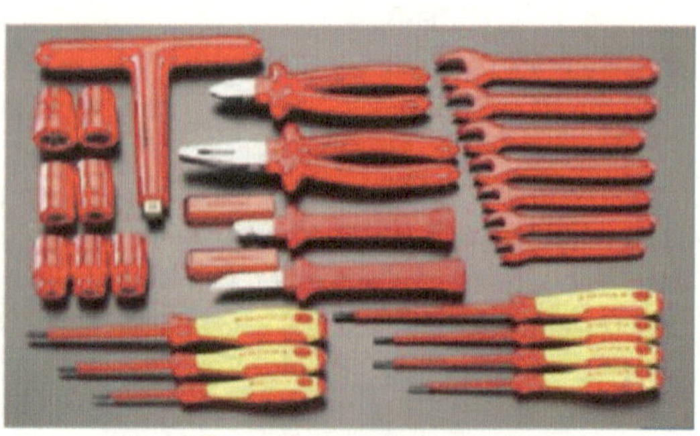

图 1-2-2　常见的绝缘维修工具

新能源汽车高电压可达 400V 以上，远远超出人体安全电压，一旦发生触电事故，将对人体产生致命的危险，在维修过程中必须使用绝缘工具。图 1-2-2 所示为常见的绝缘维修工具：维修套筒、呆扳手、螺钉旋具、钳子、电工刀等，用于日常拆卸、安装、紧固等工作，可以避免直接接触高压部件。

在超高压情况下，需要使用绝缘杆和绝缘夹钳。绝缘杆可用来操作高压隔离开关，操作跌落式熔断器，安装和拆除临时接地线以及进行测量和试验等工作。绝缘夹钳主要用来拆除和安装熔断器及进行其他类似工作，只用于 35kV 及其以下的电气操作。绝缘杆和绝缘夹钳都由工作部分、绝缘部分和握手部分组成，如图 1-2-3 所示。

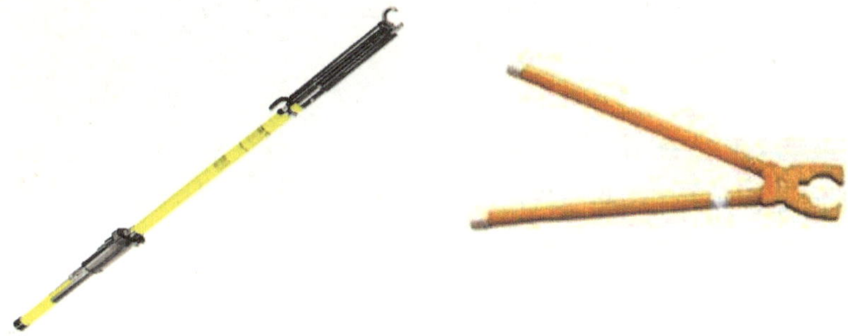

图 1-2-3 绝缘杆和绝缘夹钳

问题 2：在图 1-2-4 中的方框内填写绝缘防护套装名称。

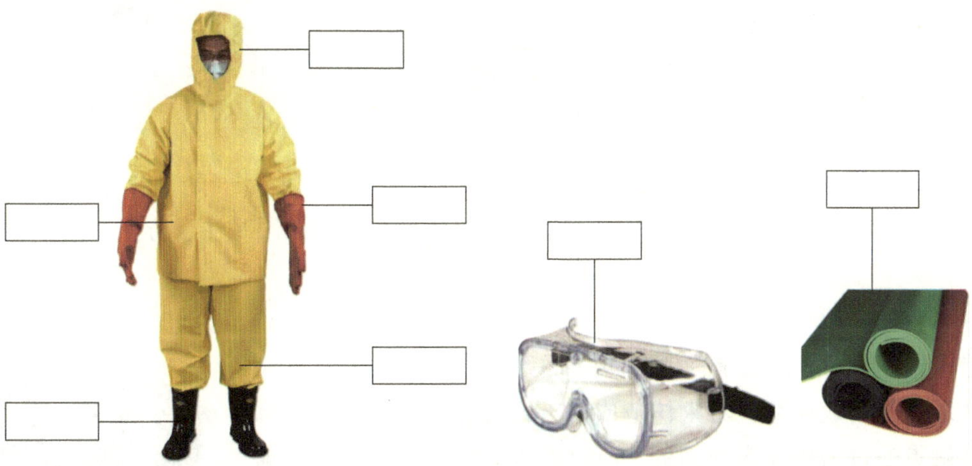

图 1-2-4 绝缘防护套装

二、辅助绝缘安全用具

辅助绝缘安全用具指其绝缘强度不能长时间承受电气设备或电路的工作电压，或不能抵御系统中过电压对操作人员人身安全侵害的绝缘用具。它可以起到强化基本绝缘工具的保护作用，即防止接触电压、跨步电压以及电弧灼伤对操作人员的危害。辅助绝缘安全用具分为高压和低压辅助绝缘安全用具。

高压设备的辅助绝缘安全用具有高压绝缘手套、高压绝缘靴、高压绝缘鞋、高压绝缘垫和绝缘台等。低压设备的辅助绝缘安全用具有低压绝缘靴、低压绝缘鞋和低压绝缘垫等。检修时的其他辅助安全用具主要有临时接地线、临时遮拦、标示牌、护目镜、安全帽和安全带等。

1. 绝缘手套

绝缘手套和绝缘靴用橡胶制成，两者都作为辅助绝缘安全用具，绝缘手套可作为低压工作的安全用具，绝缘靴可作为防护跨步电压的安全用具，如图 1-2-5 所示。

使用绝缘手套应注意以下事项：

1）应检查绝缘手套是否在有效预防性试验周期内，检查绝缘手套的耐压等级和绝缘等级。

2）应检查绝缘手套外观，发现有发黏、裂纹、破口（漏气）、气泡、发脆等损坏时禁止使用。

3）应检查绝缘手套绝缘性，若绝缘手套最薄弱处的电阻小于1MΩ，此绝缘手套禁止使用。

4）应检查绝缘手套是否漏气。具体方法是将手套从口部向上卷，稍用力将空气压至手掌及手指头部分，检查上述部位有无漏气。如有漏气，则不能使用，如图1-2-6所示。

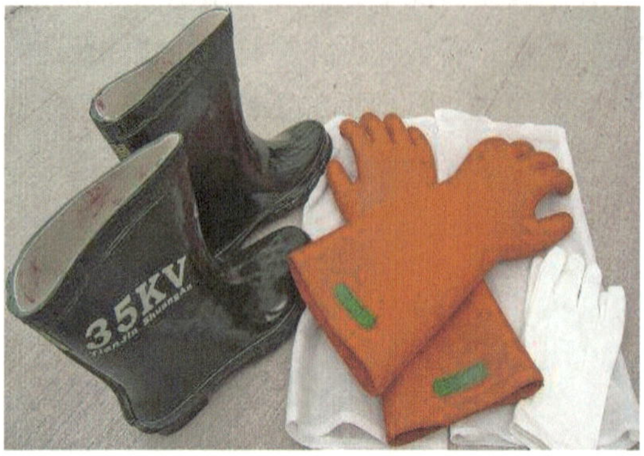

图 1-2-5　绝缘手套和绝缘靴

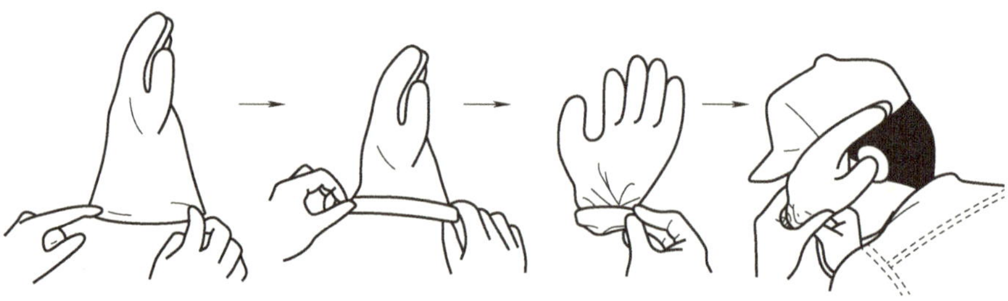

图 1-2-6　绝缘手套的检查过程

5）佩戴绝缘手套时，应将上衣袖口套入绝缘手套筒口内，同时注意防止尖锐物体刺破绝缘手套。

2. 绝缘鞋（靴）

绝缘鞋（靴）的作用是使人体与地面绝缘，防止电流通过人体与大地之间构成通路，对人体造成电击伤害。因为触电时电流是经接触点通过人体流入地面的，所以进行电气作业时不仅要戴绝缘手套，还要穿绝缘鞋。绝缘鞋根据GB 21148—2020《足部防护 安全鞋》进行生产，电阻值范围为100kΩ~1000MΩ。该产品应具有透气性能好、防静电、耐磨和防滑等功能。图1-2-7所示为绝缘鞋。

图 1-2-7　绝缘鞋

穿绝缘鞋（靴）应注意以下事项：

1）应根据作业场所电压高低正确选用绝缘鞋。低压绝缘鞋禁止在高压电气设备上作为辅助绝缘安全用具使用，高压绝缘鞋（靴）可以作为高压和低压电气设备上辅助绝缘安全用具使用。不论是穿低压还是高压绝缘鞋（靴），均不得直接用手接触电气设备。

2）使用前，应查验鞋上的绝缘永久标记（鞋底有耐电压级别）。

3）检查绝缘鞋是否在有效预防性试验周期内，检查表面是否完好，如有砂眼、漏气，应禁止使用。使用后应擦拭干净，定位存放。

4）检查绝缘鞋的绝缘性能，如果试验结果不合格，则不能使用。

5）布面绝缘鞋只能在干燥环境中使用，应避免布面潮湿。

6）穿用绝缘靴时，应将裤管套入靴筒内，穿用绝缘鞋时，裤管不宜长及鞋底外沿高度，更不能长及地面，并保持裤管干燥。

7）非耐酸碱油的橡胶鞋底，不可与酸碱油类物质接触，并应防止尖锐物刺伤。低压绝缘鞋鞋底花纹磨光，露出内部颜色时，不能作为绝缘鞋使用。

3. 绝缘垫

绝缘垫又称为绝缘毯、绝缘胶垫等，是由特种橡胶制成的，具有较大体积电阻率和耐电击穿的功能，用于配电工作场合的台面或铺地。在低压配电室地面上铺绝缘垫可代替绝缘鞋，起到绝缘的作用。在 1kV 及以下环境，绝缘垫可作为基本绝缘工具；而在 1kV 以上环境，绝缘垫仅作为辅助绝缘安全用具，因此在动力蓄电池拆解时必须使用绝缘垫。绝缘垫如图 1-2-8 所示。

绝缘垫的规格尺寸如下：

1）按照电压等级不同，绝缘垫分有 5kV、10kV、15kV、20kV、25kV、30kV、35kV。

2）按颜色不同，绝缘垫分有黑色绝缘垫、红色绝缘垫、绿色绝缘垫。

3）按厚度不同，绝缘垫分有 3mm、5mm、6mm、8mm、10mm、12mm。

4）按宽度不同，绝缘垫分有 1m、1.2m、1.5m。

为了保证绝缘垫的正常使用，在使用前需对安装好的绝缘垫进行绝缘性能检测：使用万用表欧姆档，红表笔接绝缘垫、黑表笔接地，按“测试”键，数值显示大于 11GΩ 为正常，按照这样的操作步骤进行多点检测即可，如图 1-2-9 所示。

图 1-2-8　绝缘垫

图 1-2-9　绝缘垫检测

4. 护目镜

护目镜应该具有正面及侧面防护功能，可防止维修过程中产生的电火花及蓄电池电解液飞溅对眼睛产生伤害。护目镜如图 1-2-10 所示。护目镜需要经过国家级检测并达到其标准才能使用，并且护目镜的大小及型号要尽量适合使用者的脸型。护目镜镜片使用时要注意专人专用，禁止交换使用，防止因护目镜大小而发生意外情况。护目镜使用时间过长或使用不当，会造成镜片粗糙及损坏，留下刮痕后的镜片会影响佩戴者的视线，达不到佩戴安全标准，需要及时进行调换。护目镜禁止重压，在保存时尽量远离坚固物体，防止对镜片造成

图 1-2-10　护目镜

损坏。在清洗护目镜时，需要使用柔软的专业擦拭布进行清理，并放于眼镜盒或安全的地方。

5. 安全帽

为了防止头部触电，最常见的安全防护用具是电绝缘安全帽，如图 1-2-11 所示。当在混合动力电动汽车或纯电动汽车举升工位下方进行作业时，必须佩戴相应标准的电绝缘安全帽。安全帽按适用范围可分为 Y 类（一般用途）和 T 类（特殊用途）两种。GB 2811—2019《头部防护 安全帽》中规定电工安全帽的绝缘标准为当安全帽接触 400V 及以下电压时，安全帽泄漏到人头上的电流≤1.2mA，从而保障佩戴人的安全。电绝缘安全帽使用前应检查安全帽的松紧带是否牢固，表面是否完好无损。

图 1-2-11 电绝缘安全帽

问题 3：在电动汽车高压维修作业中，常用的检测设备有哪些？

纯电动汽车高压维修作业中常用的检测设备有数字万用表、绝缘电阻测试仪和高压验电器等。

三、高压作业检测工具

1. 绝缘电阻测试仪

绝缘电阻测试仪适用于在各种电气设备的保养、维修、试验及检定中做绝缘测试，也称为数字兆欧表。其主要分为绝缘电阻测试仪和绝缘耐压测试仪两种，如图 1-2-12 所示。该仪器主要用于测量电子元器件、介质材料、导线和电缆等的绝缘性能。

2. 数字万用表

将普通万用表进行升级，兼容检测绝缘性的功能，就改造成了绝缘电阻万用表。该表既具备检测普通电压和电阻等功能，也有绝缘性检测功能。有一些万用表还兼容钳形数字万用表的功能，如图 1-2-13 所示。

a)

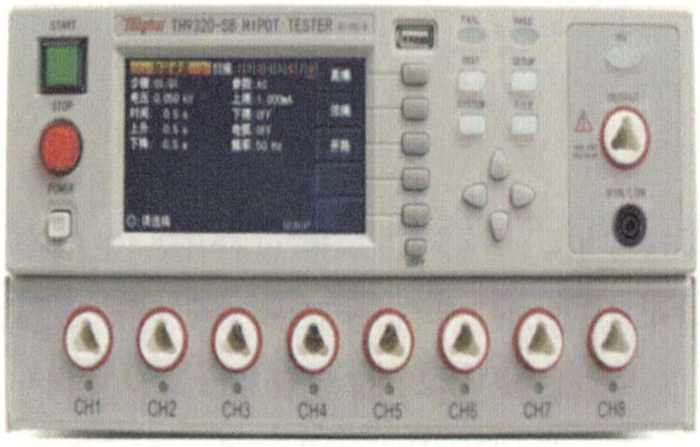

b)

图 1-2-12 绝缘电阻测试仪和绝缘耐压测试仪

a) 绝缘电阻测试仪 b）绝缘耐压测试仪

图 1-2-13 钳形数字万用表

注意：新能源汽车维修使用的数字万用表必须满足 CAT-Ⅲ 1000V 电压标注。同时要注意维修的新能源汽车的电压平台，如维修车辆的动力蓄电池电压为 352V，万用表量程应选择车辆最大工作电压的 1.5 倍。

在使用数字万用表前，应先了解面板按钮标识的含义，以图 1-2-13 所示数字万用表为例，其控制面板功能描述见表 1-2-1。

表 1-2-1　数字万用表控制面板功能描述

序号	名称	描述
1	Power 键	电源开关
2	HOLD 键	锁屏按键
3	V- 或 DCV	直流电压档
4	V~ 或 ACV	交流电压档
5	A- 或 DCA	直流电流档
6	Ω	电阻档
7	—▷|—	二极管档，也称为蜂鸣档
8	F	电容档
9	H	电感档
10	hFE	晶体管电流放大系数测试档
11	插孔	VΩ 孔、COM 孔、mA 孔、10A 孔或 20A 孔

关于上述钳形数字万用表使用说明可以扫描图 1-2-14 所示的二维码，进行学习。

3. 高压验电器

高压验电器是用于检验设备、电路是否带电的装置，按照其电压等级可分为 0.1~10kV 验电器、6kV 验电器、10kV 验电器、35kV 验电器、66kV 验电器、110kV 验电器、220kV 验电器、500kV 验电器。图 1-2-15 所示为几种常见的高压验电器。

图 1-2-14　钳形数字万用表说明视频二维码

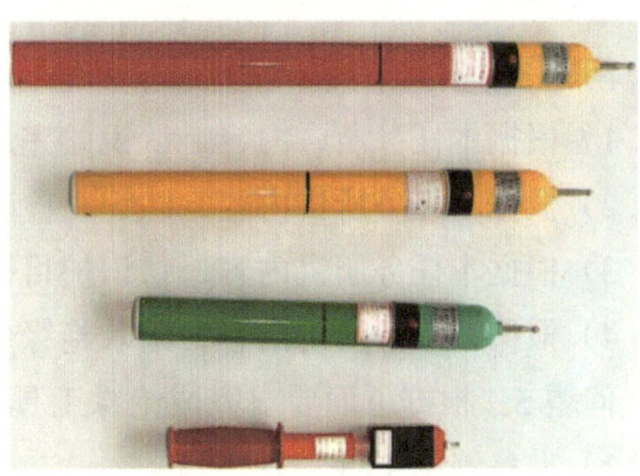

图 1-2-15　几种常见的高压验电器

高压验电器的使用注意事项如下：

1）应先对信号仪进行自检，以确定信号仪是无故障的，才能正式使用。方法：按下信号仪的自检按钮，信号仪应发出“有电危险，请勿靠近”的提示；同时，信号仪底部也有灯光显示，说明信号仪可以使用。

2）将信号仪固定在伸缩绝缘杆上，拉出绝缘杆至较紧状态。

3）手握绝缘杆，不要超过扶手限位的标记。

4）高压验电器验电时，将信号仪的探头由远而近慢慢接近被测导体。如果信号仪发出语音和灯光，说明被测导体有电。如果直至信号仪的探头碰到被测导体，信号仪也没有发出语音和灯光，说明被测导体没电。

5）为了确保安全，可先将高压验电器在有电导体上试验一下是否良好，再正式使用。

6）如果是 6kV 、10kV 的高压验电器，不使用绝缘杆，可以当作 220V 低压验电器使用。方法是用手接触信号仪底部固定螺钉，将顶部的探头接触 220V 的带电导线，信号仪就会发出语音和灯光。

实践-任务实施

一、安全要求及注意事项

安全要求及注意事项如下：

1）实训开始前，提前准备好需要使用的个人防护用品，并检查是否符合使用标准。

2）实训开始前，提前做好场地防护，设置警告标识，在操作位置布置好绝缘防护措施。

3）合理使用防护用品及专业工具，并严格按照示范动作操作，做到安全、正确。

4）在实训过程中，使用绝缘电阻测试仪和万用表等一起进行测量，必须遵循单手操作的原则。

5）在实训过程中，严禁嬉戏打闹，做好数据记录和结果记录。

6）实训结束后，必须清理场地和设备，撤除警示标识。

二、设备及工具

准备设备及工具包括绝缘电阻测试仪 1 个、数字万用表 1 个、绝缘工具套装 1 套、绝缘手套 2 双、安全帽 1 个、绝缘鞋 1 双、护目镜 1 个、绝缘垫 1 个、标识牌和护栏 1 个。

三、操作步骤

问题 4：根据下面要求完成辅助绝缘安全用具的检查。

1）根据本任务所讲内容，认识并完成绝缘手套和橡胶手套的检查。

2）根据本任务所讲内容，认识并检查安全帽和绝缘鞋。

3）根据本任务所讲内容，认识护目镜并擦拭护目镜。

4）根据本任务所讲内容，记录绝缘垫规格并检测其绝缘性能。

问题 5：根据下面要求完成绝缘工具套装的使用与检测。

1）准备绝缘工具套装。

2）结合现有套装工具，如图 1-2-16 所示，逐类认识绝缘基本操作工具，并找到所有工具相应认证及等级。

3）正确地使用绝缘电阻测试仪或万用表进行绝缘工具电阻的测量。

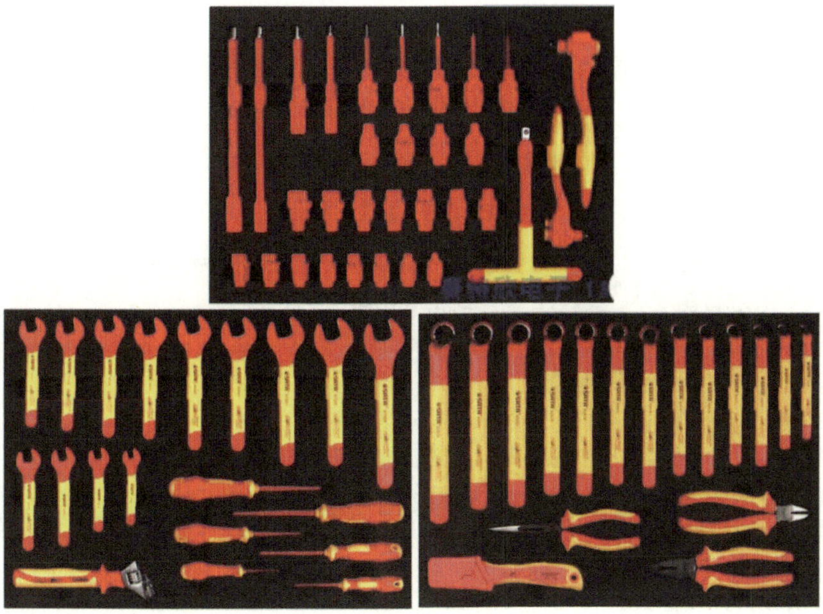

图 1-2-16　套装工具

考核–任务评价

各组选出代表进行本任务的成果汇报，可以采用 PPT 或实操演示的形式，并分别由各小组成员、专业教师以及企业代表进行考核打分，并将结果填入表 1-2-2~ 表 1-2-5 中。

表 1-2-2　小组考核表

组长		学号		班级		组别									
组员姓名															
任务二		新能源汽车高压绝缘工具的认知及使用													
考核项目	分值	等级				考核对象（组别）									
		A	B	C	D										
实训规范	40	40	30	20	10										
PPT 汇报	40	40	30	20	10										
7S 管理	20	20	15	10	5										
合计	100	各组得分													
注意：小组互评分记录按各组平均分（包含被评价组）计算															

表 1-2-3　教师对小组考核表

考核项目		考核依据	分值	得分
考勤（5%）		未出现无故迟到、早退和旷课的现象	5	
工作过程（80%）	获取信息进行决策	掌握新能源汽车高压绝缘工具的使用方法	10	
	任务实施	完成高压绝缘工具的检查与维护	10	
		完成高压作业基本工具的使用	10	
		使用数字万用表和绝缘电阻测试仪等检测工具	10	
		识别各类绝缘工具	20	

（续）

考核项目		考核依据	分值	得分
工作过程（80%）	工作质量	能按照工作方案操作，按计划完成工作任务	10	
	团队合作	与小组成员、同学之间能合作交流、协调工作	10	
项目成果（15%）	工作完整	能按时完成工作任务的所有环节	5	
	工作规范	能在整个操作过程中规范操作，避免意外事故发生	5	
	汇报展示	能准确表达、汇报工作成果	5	
合计			100	

表 1-2-4　企业对小组考核表

项目（任务）名称	
您对本次任务完成质量考核	☐非常好（90~100 分） ☐一般（70~90 分） ☐不太理想（70 分以下）
您的评分与建议	（若企业没有参与考核，则选择综合考核方式一）

表 1-2-5　综合评分表

综合考核方式一	小组自评（30%）	小组互评（20%）	教师考核（50%）		综合得分
综合考核方式二	小组自评（30%）	小组互评（20%）	教师考核（40%）	企业考核（10%）	综合得分
综合评语	（作业过程中存在的问题及改进建议）				

赛事篇-竞赛指南

在历年的全国中职与高职的竞赛平台均采用相同指标的设备平台、工具、耗材，明确要求参赛者必须熟练使用常规检测设备仪器套装，包含手持示波器、万用表、绝缘电阻测试仪、故障诊断仪等。除故障诊断仪外，你会使用其他的仪器吗？扫描二维码，观看使用说明，说说如何使用手持示波器。

拓展-情智课堂

从0到2000万：新能源汽车产业的蓬勃发展

2006年，比亚迪第一款搭载了磷酸铁锂离子蓄电池的F3e纯电动汽车研发成功，这款车使用了F3燃油版的车身，但装载了比亚迪自主研发的电动机、减速器、动力蓄电池以及BMS，可以说是“燃油车的壳，电动汽车的芯”。受限于当时的配套环境问题，F3e并未上市，但这款车对我国的新能源汽车产业有着特殊的意义。

2007年，中华人民共和国国家发展和改革委员会（简称国家发展改革委）发布了《产业结构调整指导目录（2007年本）》，新能源汽车正式进入发改委的鼓励产业目录。也正是从2007年开始，国内关于发展新能源汽车的呼声越来越高。2009年1月，科技部、财政部、发改委、工业和信息化部共同启动了“十城千辆”工程，通过提供财政补贴，计划用三年左右的时间，每年发展十个城市，每个城市推出1000辆新能源汽车开展示范运行，涉及这些大中城市的公交、出租、公务、市政、邮政等领域，力争使全国新能源汽车的运营规模到2012年占到汽车市场份额的10%。2010年5月31日，财政部、科技部、工业和信息化部、国家发展改革委联合印发了《关于开展私人购买新能源汽车补贴试点的通知》，论证后对符合条件的城市开展私人乘用车的试点，对购买插电式混合动力汽车和纯电动车的车主予以补贴。

在政策的大力支持下，我国的新能源汽车产业蓬勃发展，新能源汽车产销量飞速增长。中国汽车工业协会公布的产销数据显示，2015年新能源汽车生产340471辆，销售331092辆，跃居世界第一。2020年9月，我国新能源汽车生产累计突破了500万辆，实现了《节能与新能源汽车产业发展规划（2012—2020年）》中提出的目标。2022年2月，我国新能源汽车生产累计突破了1000万辆。2023年7月3日，我国第2000万辆新能源汽车在广州正式下线。从2009年的“十城千辆”工程到第1000万辆新能源汽车的下线，我国用时十三年；从第1000万辆新能源汽车下线到第2000万辆新能源汽车下线，我国仅用了一年零五个月的时间。

新能源汽车产业的飞速发展也带来了人才紧缺的问题，工业和信息化部2023年发布的《制造业人才发展规划指南》指出，到2025年，节能与新能源汽车的人才总量预计达到120万人，但人才缺口预计可达103万人。其中，新能源汽车维修领域将面临80%的人才空白。现在是产业飞速发展的风口期，希望同学们努力学习，提升自我，在实现人生抱负的同时，成为素质高、专业技术全面、技能熟练的大国工匠、高技能人才。

笔记栏

项目二 动力蓄电池箱的组装与检测

任务一　单体蓄电池的认知

开卷–任务分组

班级		组号		指导教师	
组长		学号		日期	
组员	姓名：______ 学号：______		姓名：______ 学号：______		
	姓名：______ 学号：______		姓名：______ 学号：______		
	姓名：______ 学号：______		姓名：______ 学号：______		

知识目标	技能目标	素养目标
➢ 了解国内外四代主流动力蓄电池 ➢ 掌握各类单体蓄电池的标识、结构以及工作原理 ➢ 掌握单体蓄电池特性，如充放电、容量、内阻、循环寿命等性质	➢ 通过对不同类型单体蓄电池标识的学习，使学生具有识别单体蓄电池标识并判断其特性的能力 ➢ 通过对单体蓄电池的标识以及单体蓄电池结构特征的了解，使学生具有独立完成单体蓄电池的外观检查并编制单体蓄电池信息表的能力	➢ 通过对动力单体蓄电池标识的认识，培养学生实事求是、严谨规范的工作态度 ➢ 通过对单体蓄电池结构的理论学习与虚拟仿真结构的识别，培养学生严谨科学、开拓创新的探索精神 ➢ 通过小组合作进行单体蓄电池外观检查，编写检查表的过程，培养学生协同合作的团队意识

框架–任务导图

本任务核心内容导图如图 2-1-1 所示。

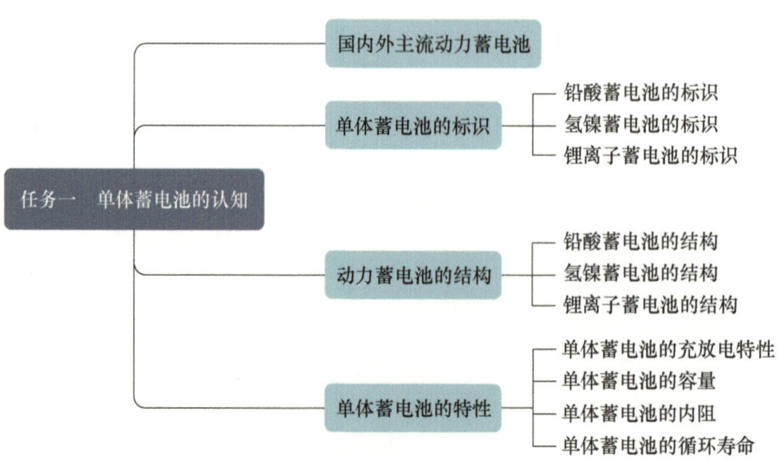

图 2-1-1　本任务核心内容导图

驱动-任务导入

作为纯电动汽车的“心脏”，动力蓄电池直接影响车辆的安全、使用寿命和性能。动力蓄电池一般是由单体蓄电池组成模块，再由模块组成蓄电池包，单体蓄电池的性能决定了动力蓄电池的性能。

《电动汽车安全指南》中建议，电动汽车应定期在售后服务中心检查，建议维护周期为每 5000km 或半年。定期维护的内容应包含均衡充电、气密性检测、绝缘性能检测、外观检查等。如果你来检查单体蓄电池的性能与外观，你会如何做呢？

学习-相关知识

问题 1： 对于目前国内外主流动力蓄电池，你了解的有哪些？

国内外动力蓄电池的发展经历了四代：铅酸蓄电池、氢镍蓄电池、锂离子蓄电池、燃料电池。

一、国内外主流动力蓄电池

动力蓄电池是纯电动汽车驱动能量的唯一来源，直接影响纯电动汽车的动力性能、续驶能力和安全性。从纯电动汽车成本构成看，动力蓄电池系统占据了纯电动汽车成本的 30%~50%。动力蓄电池技术一直影响着电动汽车实用化的进程。根据动力蓄电池的使用特点、要求和应用领域不同，国内外动力蓄电池的发展经历四代：铅酸蓄电池、氢镍蓄电池、锂离子蓄电池、燃料电池，如图 2-1-2 所示。

a)　b)　c)　d)

图 2-1-2　四代动力蓄电池

a）铅酸蓄电池　b）氢镍蓄电池　c）锂离子蓄电池　d）燃料电池

其中，铅酸蓄电池、氢镍蓄电池和锂离子蓄电池均属于电能转换和储能装置，蓄电池本身并不能发出电能，必须对动力蓄电池进行充电，将电能转换成化学能，使用时将化学能转变为电能作为车载动力。锂离子蓄电池是目前市场的主流动力蓄电池。

燃料电池是车载动力最经济、最环保的解决方案，但是要实现商业化还有许多问题需要解决，如价格昂贵（采用贵金属铂、铑作为催化剂）、氢的储存运输等问题，是前景最乐观的动力蓄电池。

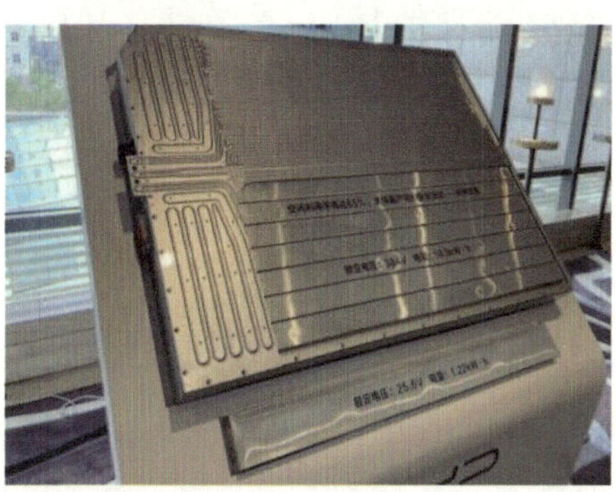

图 2-1-3　比亚迪 DM-i 超级混合动力电动汽车专用功率型刀片蓄电池

问题 2： 近年来，比亚迪推出一款 DM-i 超级混合动力电动汽车专用功率型刀片蓄电池，如图 2-1-3 所示。衡量蓄电池性能有额定电压和蓄电池容量两个非常重要的参数。那么该刀片蓄电池的单体额定电压和容量分别是多少?

25.6V 和 1.22kW · h

二、单体蓄电池的标识

单体蓄电池标签上一般标有标称电压、标称容量、标称内阻、标称重量、标称尺寸和充电电压等。图 2-1-4 所示为宁德时代锂离子动力蓄电池的单体蓄电池标签信息。不同类型的蓄电池，标识规定有所差异化。

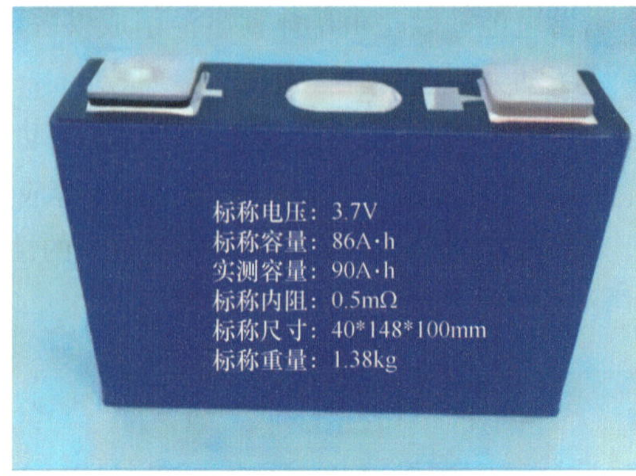

图 2-1-4　宁德时代锂离子动力蓄电池的单体蓄电池标签信息

1. 铅酸蓄电池的标识

根据 JB/T 2599—2012 标准有关规定，铅酸蓄电池的名称由单体蓄电池的串联数（格数）、型号、额定容量、蓄电池功能和形状等组成，通常分为三段表示（图 2-1-5），第一段为数字，表示单体蓄电池的串联数。每一个单体蓄电池的标称电压为 2V，当单体蓄电池串联数为 1 时，第一段可省略，6V、12V 蓄电池分别用 3 和 6 表示。第二段为 2~4 个汉语拼音字母，表示蓄电池的用途、结构特征代号。第三段表示蓄电池的额定容量。

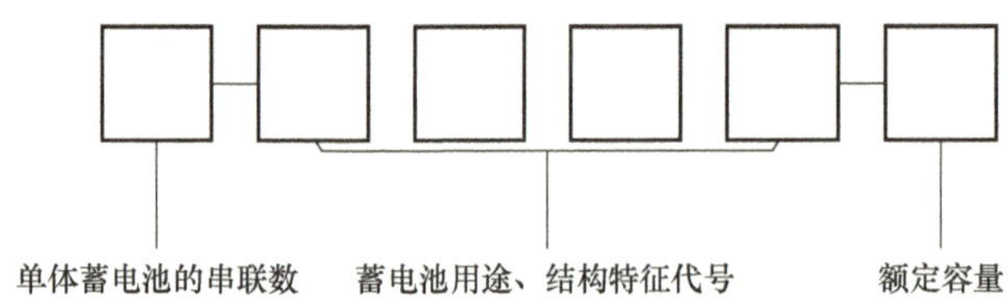

图 2-1-5　铅酸蓄电池标号

2. 氢镍蓄电池的标识

氢镍蓄电池尺寸划分标准在国内外有所不同，如中国氢镍蓄电池的型号分为 1 号、2 号、5 号、7 号、8 号、9 号，对应的美国氢镍蓄电池的型号分为 D、C、AA、AAA、N、AAAA。中美氢镍蓄电池的型号和尺寸对照见表 2-1-1。

表 2-1-1　中美氢镍蓄电池的型号和尺寸对照

美国型号	中国型号	尺寸（平头）
AAAA	9 号	高度（41.5 ± 0.5）mm，直径（8.1 ± 0.2）mm
AAA	7 号	高度（43.6 ± 0.5）mm，直径（10.1 ± 0.2）mm
AA	5 号	高度（48.0 ± 0.5）mm，直径（14.1 ± 0.2）mm
A	A	高度（49.0 ± 0.5）mm，直径（16.8 ± 0.2）mm
SC	SC	高度（42.0 ± 0.5）mm，直径（22.1 ± 0.2）mm
C	2 号	高度（49.5 ± 0.5）mm，直径（25.3 ± 0.2）mm
D	1 号	高度（59.0 ± 0.5）mm，直径（32.3 ± 0.2）mm
N	8 号	高度（28.5 ± 0.5）mm，直径（11.7 ± 0.2）mm
F	F	高度（89.0 ± 0.5）mm，直径（32.3 ± 0.2）mm

除了以上几种常见的型号外，氢镍蓄电池型号还时常用分数“1/3、2/3、1/2、4/5、5/4、7/5”表示，这些分数表示的是蓄电池相应的高度，例如“2/3AA”表示高是一般 AA 氢镍蓄电池的 2/3 的氢镍蓄电池，“4/5A”表示高是一般 A 氢镍蓄电池的 4/5 的氢镍蓄电池。

3. 锂离子蓄电池的标识

根据国际标准 IEC61960-3：2017，便携式锂二次电池单体命名规则如下：

1）锂离子蓄电池标识由三个字母加五个或六个尺寸数字组成。

2）第一个字母表示锂离子蓄电池的负极材料，如 I 表示锂离子蓄电池，L 表示锂金属电极或锂合金电极。

3）第二个字母表示锂离子蓄电池的正极材料，如 C 表示钴，N 表示镍，M 表示锰，V 表示钒，T 表示钛。

4）第三个字母表示锂离子蓄电池的形状，R 表示圆柱形蓄电池，P 表示方形蓄电池。

5）圆柱形蓄电池的五个数字分别表示锂离子蓄电池的直径和高度，直径的单位为 mm，高度的单位为 1/10mm。当直径或高度任一尺寸大于或等于 100mm 时，两个尺寸之间应加一条斜线，如 ICP08/34/150。

6）方形蓄电池的六个数字分别表示蓄电池的厚度、宽度和高度，三者的单位均为 mm。若三个尺寸任一个大于或等于 100mm 时，尺寸之间应加斜线，若三个尺寸中若有任一个小于 1mm，则在此尺寸前加字母 t，此尺寸的单位为 1/10mm。锂离子蓄电池型号说明见表 2-1-2，部分电池并不根据 IEC 61960-3：2017 标准进行命名，如 ICR18650、LP083448SH、LP083467AR 等。锂离子单体蓄电池如图 2-1-6 和图 2-1-7 所示。

表 2-1-2　锂离子蓄电池型号说明

锂离子蓄电池型号	型号说明
ICR18650	圆柱形锂离子蓄电池，正极材料为钴，其直径约为 18mm，高约为 65mm
ICP083448	方形二次锂离子蓄电池，正极材料为钴，其厚度约为 8mm，宽度约为 34mm，高约为 48mm
ICP08/34/150	方形二次锂离子蓄电池，正极材料为钴，其厚度约为 8mm，宽度约为 34mm，高约为 150mm
ICPt73448	方形二次锂离子蓄电池，正极材料为钴，其厚度约为 0.7mm，宽度约为 34mm，高约为 48mm
LC18650	圆柱形锂离子蓄电池，直径为 18mm，高为 65mm
LP083448SH	方形锂离子蓄电池，厚度为 8mm，高为 48mm，宽度为 34 mm，钢壳高容量
LP083467AR	方形锂离子蓄电池，厚度为 8mm，高为 67mm，宽度为 34 mm，铝壳圆角

图 2-1-6　ICR18650 锂离子单体蓄电池

图 2-1-7　LP083448 锂离子单体蓄电池

问题 3：请查阅相关资料，说出常用的动力蓄电池类型。

有铅酸蓄电池、氢镍蓄电池和锂离子蓄电池三种。

三、动力蓄电池的结构

1. 铅酸蓄电池的结构

阀控式铅酸蓄电池也称为VRLA蓄电池，单体蓄电池主要由一个正极板、一个负极板和正、负极板中间插入的一块隔板以及电解液组成。由于单体蓄电池容量有限，铅酸蓄电池都是由多个单体蓄电池组成的。图2-1-8所示为6V铅酸蓄电池的结构。它由三个相同的单体蓄电池组成，每个单体蓄电池的电压为2V，用联条把3个单体蓄电池串联起来，便成了一个电压为6V铅酸蓄电池。

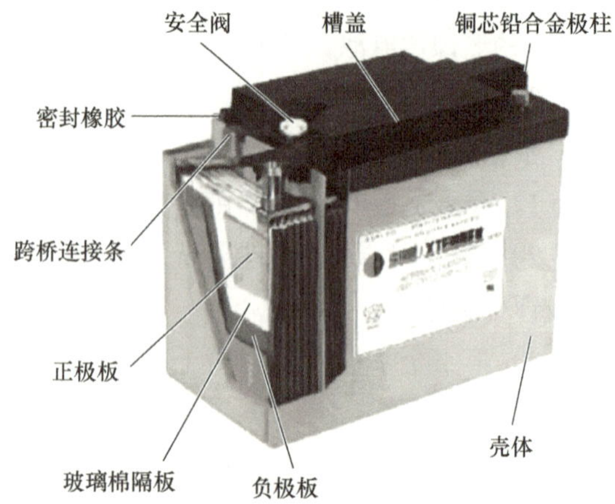

图2-1-8 6V铅酸蓄电池的结构

2. 氢镍蓄电池的结构

氢镍蓄电池主要由正极、负极、碱性电解质、隔离膜、密封橡胶和外壳等组成，圆柱形氢镍蓄电池及其结构如图2-1-9所示。

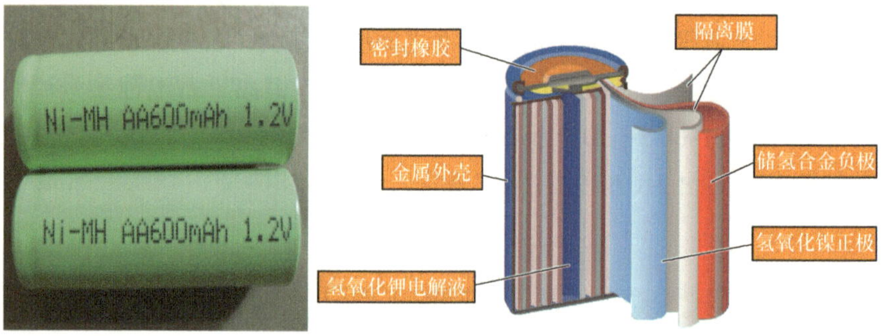

图2-1-9 圆柱形氢镍蓄电池及其结构

3. 锂离子蓄电池的结构

锂离子蓄电池是以锂离子嵌入化合物为正极材料的蓄电池的总称。锂离子蓄电池因正、负极材料不同而性能有所差异，常用的正极材料有钴酸锂、锰酸锂、磷酸铁锂和镍钴锰酸锂（俗称三元）等；常用的负极材料有碳材料，还有在研发的锡基、硅基合金类等材料。

目前，电动汽车所采用的动力蓄电池主要是锂离子蓄电池。动力蓄电池的组成如图2-1-10所示。锂离子单体蓄电池的结构基本相同，主要由正极、负极、隔离膜、电解液和壳体等组成。以圆柱形锂离子蓄电池为例，单体蓄电池的结构如图2-1-11所示。

（1）正极　正极在锰酸锂离子蓄电池中以锰酸锂为主，在磷酸铁锂离子蓄电池中以磷酸铁锂为主，在镍钴锂离子蓄电池中以镍钴锂为主，在镍钴锰锂离子蓄电池中以镍钴锰锂为主。

（2）负极　负极由碳材料与黏合剂的混合物，加上有机溶剂调和制成糊状，并在铜基体上涂覆薄层形成。

（3）隔离膜　隔离膜放置于两极之间，可以避免两极上的活性物质直接接触而造成锂离子蓄电池内部的短路，但可以让带电锂离子通过微孔膜形成通路，作为隔离电极的装置。隔离膜大多使用聚乙烯（PE）、聚丙烯（PP）或由PP+PE+PP三层复合而成的材料制成的多烯微孔膜。

（4）电解液　电解液是由一种或几种碳酸酯类溶剂组成的，是溶解有六氟磷酸锂（$LiPF_6$）、高氯酸锂（$LiClO_4$）、四氟硼酸锂（$LiBF_4$）等溶质的有机电解液。

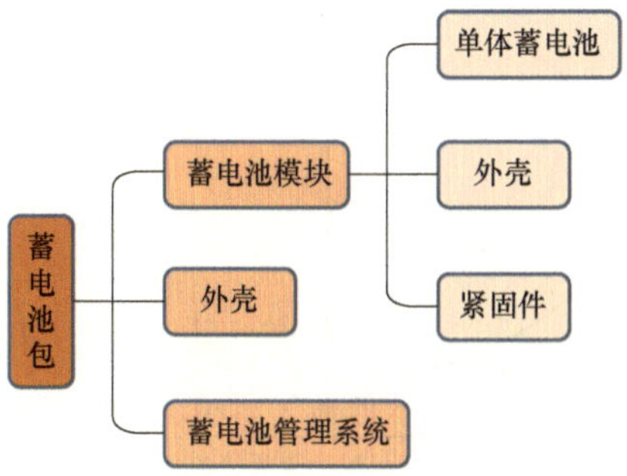

图 2-1-10　动力蓄电池的组成

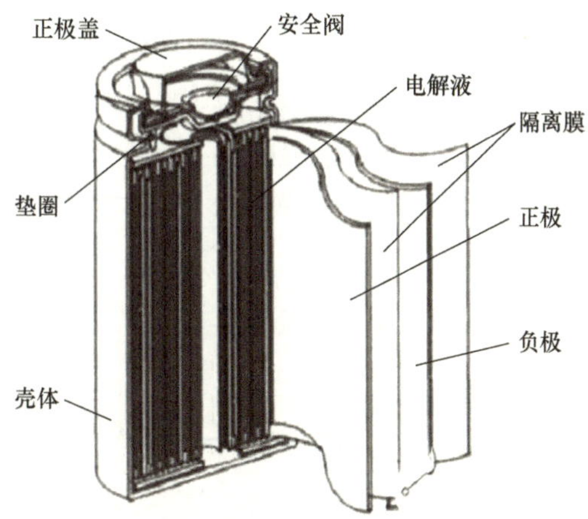

图 2-1-11　圆柱形锂离子单体蓄电池的结构

（5）壳体　壳体包括蓄电池外壳、盖板、极耳、绝缘片和绝缘胶带等。其中，蓄电池外壳可分为钢壳（方形很少使用）、铝壳、镀镍铁壳（圆柱形蓄电池使用）、铝塑膜（软包装）等，盖板可分为正极盖和负极盖，是蓄电池的正、负极引出端。

问题 4：2022 年 6 月 23 日，宁德时代新能源科技股份有限公司发布第三代 CTP- 麒麟动力蓄电池，系统集成度创全球新高，体积利用率突破 72%，能量密度可达 255W・h/kg，轻松实现整车 1000km 续驶。通过三大技术革新，麒麟动力蓄电池可将三元蓄电池系统能量密度提升至 255W・h/kg，磷酸铁锂离子蓄电池系统能量密度提升至 160W・h/kg。在相同的化学体系、同等动力蓄电池尺寸下，麒麟动力蓄电池的电量，相比 4680 系统可以提升 13%，实现了续驶、快充、安全、使用寿命、效率以及低温性能的全面提升。通过阅读这段材料，你认为动力蓄电池重要的性能参数有哪些?

动力蓄电池充放电特性、容量、内阻、循环寿命等重要的性能参数。

四、单体蓄电池的特性

1. 单体蓄电池的充放电特性

（1）充电　以锂离子单体蓄电池为例，充电主要采用的是限压限流法，充电过程分为涓流充电、恒流充电、恒压充电和充电终止四个阶段。锂离子蓄电池充电过程见表 2-1-3，充电曲线图如图 2-1-12 所示。

表 2-1-3　锂离子蓄电池充电过程

充电阶段	充电过程
涓流充电	涓流充电用来先对完全放电的蓄电池单元进行预充电（恢复性充电）。在蓄电池电压低于 3V 左右时采用涓流充电，涓流充电电流是恒流充电电流的 1/10，即 0.1C（单体恒流充电电流为 2200mA，涓流充电电流为 220mA）
恒流充电	当蓄电池电压上升到涓流充电阈值以上时，提高充电电流进行恒流充电。恒流充电的电流在 0.2~1.0C 范围内。蓄电池电压随着恒流充电过程逐步升高，视蓄电池正极材料设定此电压为 3.0~4.2V
恒压充电	当蓄电池电压上升到 4.2V 时，恒流充电结束，开始恒压充电阶段。电流根据电芯的饱和程度，随着充电过程的继续，充电电流由最大值慢慢减小，当减小到 0.01C 时，认为充电终止
充电终止	有两种充电终止方法：第一种方法是采用最小充电电流判断或采用定时器或者两者的结合。最小电流法监视恒压充电阶段的充电电流，并在充电电流小于 0.02C 时终止充电。第二种方法从恒压充电阶段开始时计时，持续充电 2h 后终止充电过程

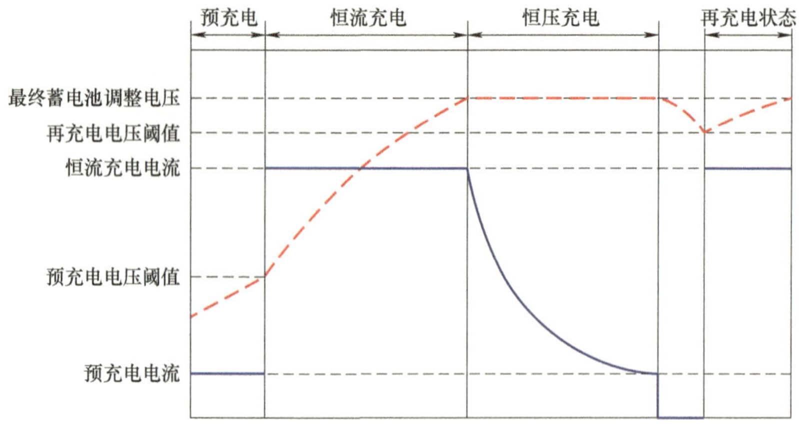

图 2-1-12 锂离子蓄电池充电曲线图

（2）过充电 上述充电过程考虑动力蓄电池总电压或平均电压控制，由于单体蓄电池电压的不一致性，有的单体蓄电池相对动力蓄电池内其他单体蓄电池已经进入过充电阶段。

1）若在恒流阶段发生过充电，由于电流强度大，电压、温度、内压持续升高，以 4V 锂离子动力蓄电池为例，电压达到 4.5V 时，温升 40℃，塑料壳体变硬。电压达到 4.6V 时，温升可达 60℃，塑料壳体形变明显并不可恢复，若继续过充电，气阀打开、温升继续升高、不可逆反应加剧，如图 2-1-13 所示。

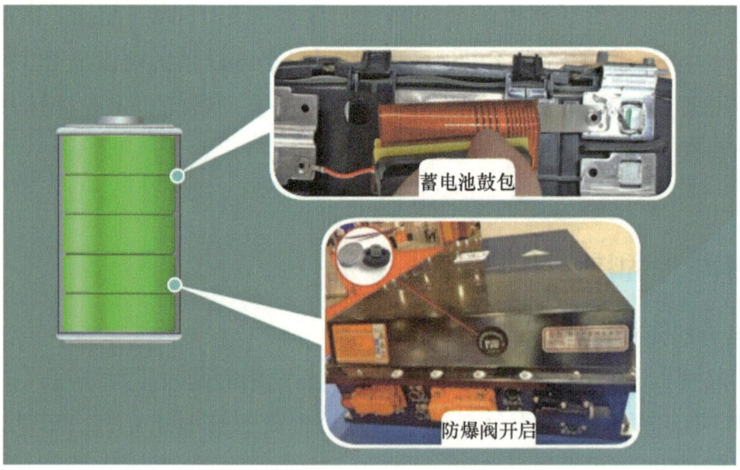

图 2-1-13 蓄电池恒流阶段过充电

2）若在恒压阶段发生过充电，电流强度较小，过充电症状不如恒流阶段显著。只要温升、内压过高，就伴随副反应，动力蓄电池容量就会减小，而副反应具有惯性，发展到一定程度后，可能在充电过程中，也可能在充电结束后的短时间里，使动力蓄电池内部物质燃烧，导致动力蓄电池报废。过充电将加速动力蓄电池容量衰减，导致动力蓄电池失效。

（3）放电 单体蓄电池放电阶段可以分为恒流放电阶段与恒压放电阶段，如图 2-1-14 所示。

1）在恒流放电时，放电初始电压可能陡然跌落，主要是由动力蓄电池欧姆电阻造成的，动力蓄电池的欧姆电阻包括连接单体蓄电池电极的导线电阻和触点电阻。经过一段时间以后，蓄电池到达新的电化学平衡，电压变化不明显，放热反应加欧姆电阻放热使动力蓄电池温升较大。

2）单体蓄电池持续放电，当蓄电池荷电状态（SOC）小于 20% 或电压下降至 2.5V 时，转入恒压放电，电压曲线进入下降阶段，极化阻抗增大，输出效率降低，热耗增大，接近终止电压时停止放电。

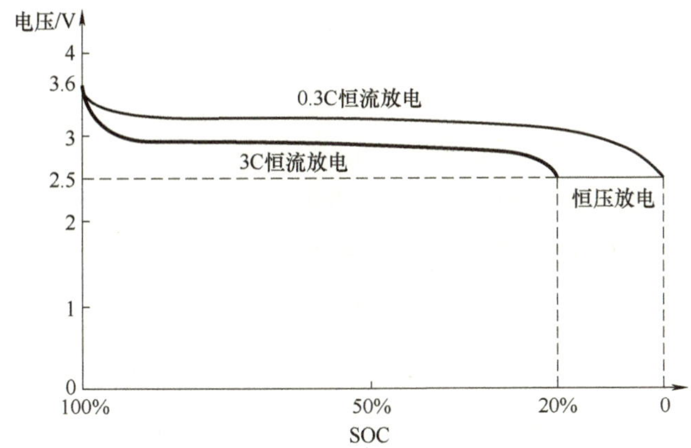

图 2-1-14　单体蓄电池放电曲线图

（4）过放电　在放电过程中，动力蓄电池内的单体蓄电池必有相对的过放电情况。特别是放电后期，电压接近马尾曲线，动力蓄电池中单体蓄电池容量呈正态分布，电压分布很复杂，容量最小的单体蓄电池电压跌落最早、最快。若这时其他单体蓄电池电压降低不是很明显，小容量单体蓄电池电压跌落情况被掩盖，将造成小容量单体蓄电池被过度放电。

在容量小的单体蓄电池放电进入马尾曲线以后，若电流持续较大，电压迅速降低，并很快反向，这时单体蓄电池被反方向充电，或称为被动放电，活性物质结构被破坏。过一段时间，单体蓄电池活性材料接近全部丧失，等效为一个无源电阻，电压为负值，数值上等于反充电流在等效电阻上产生的压降。停止放电后，原单体蓄电池电动势消失，电压不能恢复，因此，一次反充电足以使单体蓄电池报废。在动力蓄电池中，单体蓄电池过放电容易发生，不易控制，控制器采用的限压限流办法都不起有效作用，动力蓄电池输出功率的变化产生的电阻、极化电压波动足以掩盖单体蓄电池电压跌落信号，使动力蓄电池的电压监视失去意义。

过充电和过放电对动力蓄电池的损害都是致命的，不同之处仅在于过充电产生大量气体、易自燃和爆炸、表象剧烈，过放电外观变化和缓，但失效速率极快，在正常使用中都应严格避免出现对动力蓄电池过充电和过放电。

2. 单体蓄电池的容量

单体蓄电池容量是指在一定条件下（包括放电倍率、环境温度、终止电压等），供给蓄电池或者蓄电池放出的电量，即蓄电池储存电量的大小，是蓄电池重要的性能指标。容量单位为安培·小时（A·h）。

蓄电池容量相关概念见表 2-1-4。

表 2-1-4　蓄电池容量相关概念

相关概念	定义
理论容量（C_0）	假定全部活性物质参加蓄电池的成流反应所能提供的电量
额定容量（C）	按照国家或有关部门规定的标准，保证蓄电池在一定的放电条件（如环境温度、放电倍率、终止电压等）下放出的最低限度容量

（续）

相关概念	定义
实际容量（C_x）	在实际应用情况下蓄电池实际放出的电量 恒定电流放电时 $$C=IT$$ 变电流放电时 $$C=\int_0^T I(t)\mathrm{d}t$$ 式中 I——放电电流，是放电时间 t 的函数 T——放电至终止电压所用的时间
剩余容量	在一定放电倍率下放电后，蓄电池剩余的可用容量

3. 单体蓄电池的内阻

电流通过蓄电池内部时受到阻力，使蓄电池的工作电压降低，该阻力称为电池内阻。蓄电池内阻包括欧姆内阻 R_0 和电极在化学反应时表现出的极化内阻 R_p，两者之和为蓄电池内阻。

$$R_{内}=R_0+R_p$$

蓄电池内阻是化学电源的一个极为重要的参数，它直接影响蓄电池的工作电压、工作电流、输出能量与功率等。对于一个实用的化学电源，其内阻越小越好。蓄电池内阻较小，在许多情况下常常忽略不计，但电动汽车用动力蓄电池常常处于大电流、深放电工作状态，内阻引起的压降较大，此时内阻对整个电路的影响不能忽略。

1）欧姆电阻是由电极材料、电解液、隔膜的内阻及各部分零件的接触电阻组成的。蓄电池内材料的组成如图 2-1-15 所示。它与蓄电池的尺寸、结构、电极的成形方式（如铅酸蓄电池的有涂膏式电极与管式电板，碱性蓄电池的有盒式电极和烧结式电极）以及装配的松紧度有关。

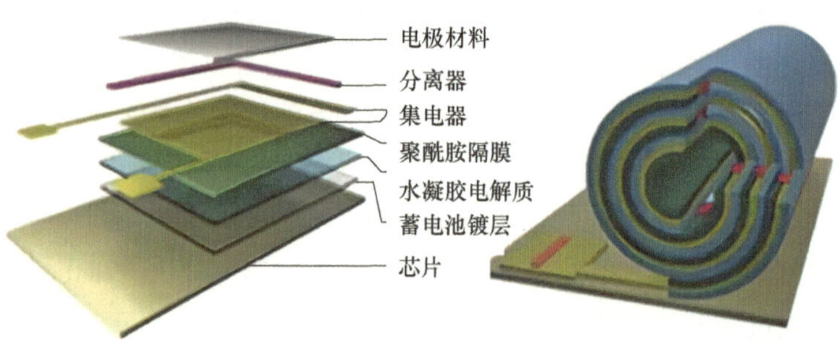

图 2-1-15 蓄电池内材料的组成

2）极化内阻是指化学电源的正极与负极在电化学反应进行时，由于极化所引起的内阻，它是电化学极化和浓差极化所引起的电阻之和。极化内阻与活性物质的本性、电极的结构、蓄电池的制造工艺有关，尤其是与蓄电池的工作条件密切相关，蓄电池的放电电流和温度对其影响很大。在大电流密度下放电时，电化学极化和浓差极化均增加，甚至可能引起负极的钝化，极化内阻增大，蓄电池输出电压下降，如图 2-1-16 所示。低温对电化学极化、离子的扩散均有不利影响，故在低温条件下蓄电池的极化内阻增大。因此极化内阻不是一个数值不变的常数，而会随着放电率和温度等条件的改变而改变。

4. 单体蓄电池的循环寿命

单体蓄电池的循环寿命是指按一定测试标准，当蓄电池容量降到某一规定值（一般规定为额定值的 80%）以前，蓄电池经历的充放电循环总次数。蓄电池经历一次充电和放电，称为一次循环。一般充放电速率、充放电深度、环境温度、储存条件、蓄电池维护过程、电流波纹以及过充电量和过充电频度等都会对蓄电池的循环寿命产生影响。因此各类蓄电池的循环寿命都有差异，即使同一系列、同一规格的产品，循环寿命也可能有很大差异。目前，常用的蓄电池中，锌银蓄电池的循环寿命最短，一般只有 30~100 次；铅酸蓄电池的循环寿命为 300~500 次；锂离子蓄电池的使用周期较长，循环寿命可达 1000 次以上，如比亚迪汉使用的磷酸铁锂刀片蓄电池循环寿命可以达到 2000 次。

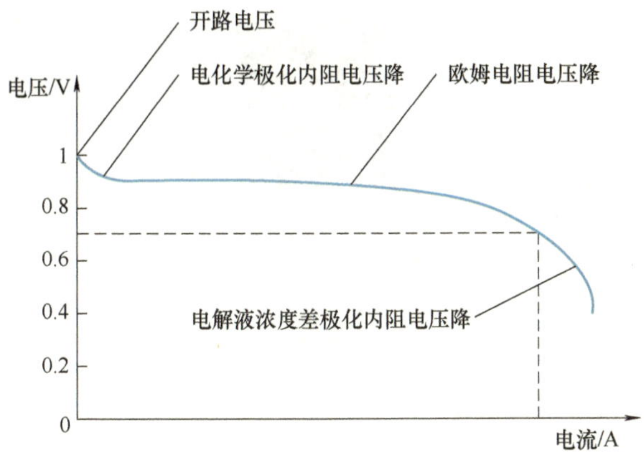

图 2-1-16 电池内阻产生的压降

在动力蓄电池成组使用中，由于各单体蓄电池间的不一致性和串联动力蓄电池的短板效应，蓄电池包的最大可用容量与单体的可用容量下降速度不同步，也将导致各单体蓄电池 SOC 各不相同，使蓄电池包循环寿命和单体蓄电池相比明显降低。过充电或过放电都会对蓄电池造成额外的损伤，致使动力蓄电池的容量衰减加剧，此时的动力蓄电池循环寿命降低更加明显。

实践-任务实施

一、安全要求及注意事项

安全要求及注意事项如下：

1）任务实施前，需要做好场地防护准备以及检查实训场地和设备设施是否存在安全隐患。

2）实训开始前，提前做好场地防护，设置警示标识，在操作位置布置好绝缘防护措施。

3）合理使用防护用品及专业工具，并严格按照示范动作操作。

4）单体蓄电池充电存在电压上限和电压下限，不同类型蓄电池一般不尽相同，充电和放电时注意根据实际情况进行调整。

5）蓄电池内阻测试仪精度较高，在测量过程中表头不得有脏物，否则可能会影响测量精度。

6）蓄电池应没有破损和漏液等现象，如有，应立即处理。

7）检查应急消防设备是否齐全。

8）在实训过程中，严禁嬉戏打闹，做好数据记录和结果记录。

9）实训结束后，必须清理场地和设备，撤除警示标识。

二、设备及工具

准备的设备及工具有动力蓄电池系统虚拟仿真软件 1 套、游标卡尺 1 个、单体蓄电池若干。

三、操作步骤

实训一　单体蓄电池虚拟结构解剖

问题 5： 扫描图 2-1-17 所示二维码，观看单体蓄电池的虚拟结构解剖，完成下面各类单体蓄电池的结构识别。

图 2-1-17　单体蓄电池虚拟结构解剖操作视频二维码

实训二　单体蓄电池的外观检查

问题 6： 参考下面的操作步骤，了解单体蓄电池外观检查表的编制与填写，完成单体蓄电池的外观检查。

1）在计算机上制表，表格参数包括蓄电池型号、蓄电池类型、额定电压、充电限制电压、额定容量、尺寸、生产日期、执行标准等基础信息等，见表 2-1-5。打印成册留作后续记录废旧蓄电池回收的相关信息。

表 2-1-5　单体蓄电池基本信息检查表

基本信息	
蓄电池型号	
蓄电池类型	
额定电压	
充电限制电压	
额定容量	
尺寸	
生产日期	
执行标准	

2）先观察单体蓄电池的标签，再填写蓄电池的类型（如磷酸铁锂离子蓄电池、氢镍蓄电池、铅酸蓄电池、三元锂离子蓄电池等）并根据实际情况记录单体蓄电池的蓄电池型号、蓄电池类型、额定电压、充电限制电压、额定容量、尺寸、生产日期、执行标准信息等，如图 2-1-18 所示。

3）用游标卡尺测量单体蓄电池的长、宽、高等，如图 2-1-19 所示，记录对应的数值。

4）编制单体蓄电池外观缺陷检查表，见表 2-1-6，并根据缺陷代码填写。

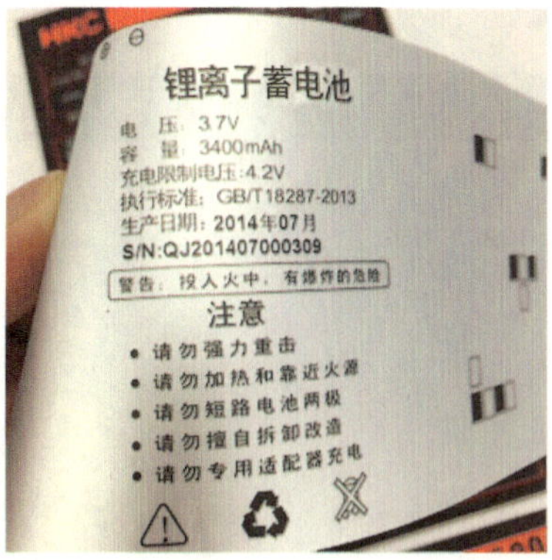

图 2-1-18 单体蓄电池标签

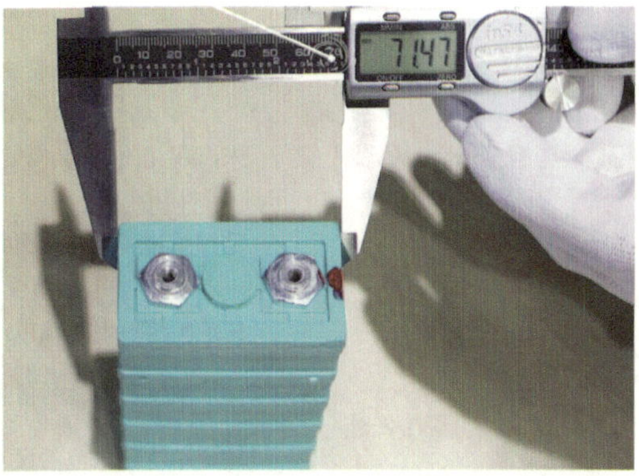

图 2-1-19 测量单体蓄电池尺寸

表 2-1-6 单体蓄电池外观缺陷检查表

序号	缺陷代码	缺陷名称	备注

考核-任务评价

各组选出代表进行本任务的成果汇报，可以采用 PPT 或实操演示的形式，分别由各小组成员、专业教师以及企业代表考核打分，并将结果填入表 2-1-7~ 表 2-1-10 中。

表 2-1-7 小组考核表

组长		学号				班级				组别			
组员姓名													
任务一		单体蓄电池的认知											
考核项目	分值	等级				考核对象（组别）							
		A	B	C	D								
实训规范	40	40	30	20	10								
PPT 汇报	40	40	30	20	10								
7S 管理	20	20	15	10	5								
合计	100	各组得分											
注意：小组互评分记录按各组的平均分（包含被评价组）计算													

表 2-1-8　教师对小组考核表

考核项目		考核依据	分值	得分
考勤（5%）		未出现无故迟到、早退和旷课的现象	5	
工作过程（80%）	获取信息进行决策	掌握单体蓄电池的相关基础知识	10	
	任务实施	完成单体蓄电池虚拟仿真结构解剖	10	
		完成单体蓄电池的信息检查	10	
		完成单体蓄电池的尺寸测量	10	
		完成单体蓄电池的缺陷检查	20	
	工作质量	能按照工作方案操作，按计划完成工作任务	10	
	团队合作	与小组成员、同学之间能合作交流、协调工作	10	
项目成果（15%）	工作完整	能按时完成工作任务的所有环节	5	
	工作规范	能在整个操作过程中规范操作，避免意外事故发生	5	
	汇报展示	能准确表达、汇报工作成果	5	
合计			100	

表 2-1-9　企业对小组考核表

项目（任务）名称	
您对本次任务完成质量考核	□非常好（90~100 分） □一般（70~90 分） □不太理想（70 分以下）
您的评分与建议	（若企业没有参与考核，则选择综合考核方式一）

表 2-1-10　综合评分表

综合考核方式一	小组自评（30%）	小组互评（20%）	教师考核（50%）		综合得分
综合考核方式二	小组自评（30%）	小组互评（20%）	教师考核（40%）	企业考核（10%）	综合得分
综合评语	（作业过程中存在的问题及改进建议）				

任务二　单体蓄电池的制造工艺

开卷-任务分组

班级		组号		指导教师	
组长		学号		日期	
组员	姓名：______ 学号：______		姓名：______ 学号：______		
	姓名：______ 学号：______		姓名：______ 学号：______		
	姓名：______ 学号：______		姓名：______ 学号：______		

知识目标	技能目标	素养目标
➢ 了解中国产业信息网发布的单体蓄电池的制造工艺基本流程 ➢ 了解单体蓄电池制造前、中、后三段工艺中的核心技术 ➢ 了解单体蓄电池制造工艺中单体蓄电池激活、单体蓄电池容量测试、X-ray 监测以及绝缘耐压测试等测试技术	➢ 通过对单体蓄电池制造工艺的了解，使学生具有绘制概况单体蓄电池制造工艺流程的能力 ➢ 通过对单体蓄电池制造工艺的了解，使学生能够更好地认识单体蓄电池的结构与制造工艺流程，具有更高效的新能源行业岗位适应能力 ➢ 通过熟悉单体蓄电池的检测流程，使学生具有读取简单制造工艺的参数，以及分析内部图像，从而初步判断蓄电池产品质量的能力	➢ 通过对单体蓄电池制造工艺的学习过程，培养学生勤奋刻苦、不断钻研的学习态度 ➢ 通过对单体蓄电池制造工艺的学习过程，培养学生精益求精、不断创新的大国工匠精神 ➢ 通过小组合作学习，锻炼学生集思广益、精诚团结和群策群力的团队协作意识 ➢ 通过对单体蓄电池的检测图像分析等，培养学生快速适应环境、适应工作岗位，高效且严谨工作的习惯

框架-任务导图

本任务核心内容导图如图 2-2-1 所示。

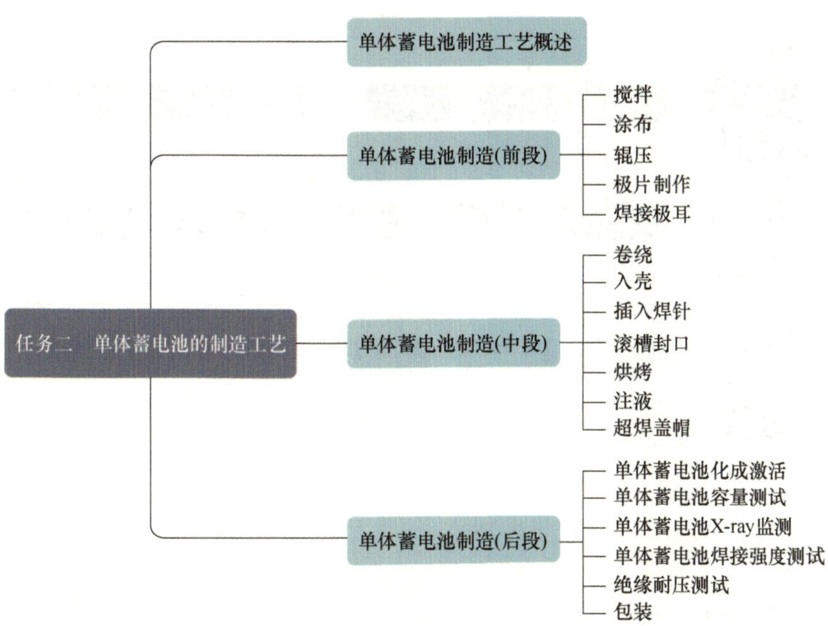

图 2-2-1　本任务核心内容导图

驱动-任务导入

近年来，随着各国对环保的重视及各大车企对汽车电动化转型推进的加速，新能源汽车的普及度有了明显提升，这在一定程度使车企对上游蓄电池性能的要求逐步提升。自 2020 年以来，国内的 CTP 技术、刀片蓄电池、弹匣蓄电池等新型动力蓄电池技术层出不穷，动力蓄电池市场的“竞争”有越演越烈之势。技术就是生命线，动力蓄电池制造工艺核心技术的改进，有利于助力全面电动化进程。

学习-相关知识

问题 1：锂离子蓄电池制造工艺复杂，工序繁多，总体可分为极片制作工艺、单体蓄电池组装工艺和化成检测工艺。极片制作工艺包括搅拌、涂布、辊压、分切、制片、模切等工序，这段工序是保证锂离子蓄电池性能的基础，尤其对蓄电池一致性有重大影响。单体蓄电池组装工艺主要包括卷绕或叠片、入壳封装、焊接极耳、注入电解液、封口及清洗等。化成检测工艺包括化成、分容检测、模块组装、测试等。

一、单体蓄电池制造工艺概述

单体蓄电池是蓄电池系统的最小单元，也称为电芯。多个单体蓄电池串并联组成蓄电池模块，再由多个蓄电池模块组成蓄电池包。蓄电池本质上是一个储存电能的容器，能储存多少的电量是由正极片和负极片所覆载活性物质多少决定的。正、负电极极片的设计根据不同车型来定制。在单体蓄电池制造过程中，决定蓄电池性能主要的因素是能量密度，它与正、负极材料的容量、活性材料的配比、极片厚度、压实密度等密切相关。不同厂家的生产工艺有所差异。图 2-2-2 所示为动力蓄电池制造工序。

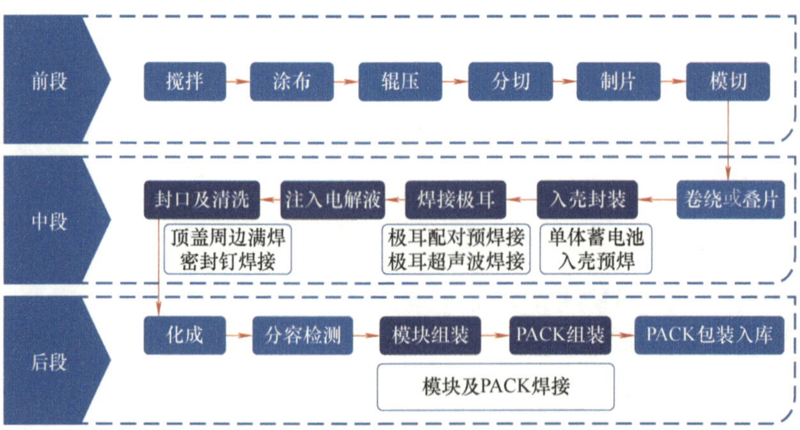

图 2-2-2　动力蓄电池制造工序

问题 2：请查阅相关资料，简单介绍表 2-2-1 中的动力蓄电池制造工艺。

表 2-2-1　动力蓄电池制造工艺介绍

序号	工艺名称	简单介绍
1	搅拌	参考下文解释
2	涂布	参考下文解释
3	辊压	参考下文解释
4	极片制作	参考下文解释
5	焊接极耳	参考下文解释

二、单体蓄电池制造（前段）

1. 搅拌

搅拌又称为配料，是影响锂离子蓄电池性能最关键的工艺之一。搅拌效果直接影响蓄电池性能，是混料中最关键的一步，是将正极活性材料（以钴酸锂、锰酸锂、镍酸锂、磷酸铁锂、三元锂为主）、负极活性材料（以碳元素材料如石墨最为广泛）在真空搅拌机的作用下分别搅拌成浆状。图 2-2-3 所示为宁德时代的搅拌生产车间单体蓄电池正负极“活性”材料混合粉末，无论是原料配比、混料步骤、搅拌时间、车间粉尘管理等均需严格控制，其生产车间对粉尘的管控水平相当于医药级别。

2. 涂布

图 2-2-4 所示为宁德时代涂布工序。首先将搅拌好的浆料以 80m/min 的速度均匀涂抹到 4000m 长的铜箔上、下面，通过涂布机高速运转实现自动化涂布过程。该过程要求铜箔不能有任何的褶皱与翻折，否则都将使整卷铜箔损坏；保证极片厚度和重量一致，保持锂离子蓄电池的一致性；确保没有颗粒、杂物、粉尘等混入极片，否则会导致锂离子蓄电池放电过快，甚至会出现安全隐患。

图 2-2-3　单体蓄电池正负极“活性”材料混合粉末

图 2-2-4　宁德时代涂布工序

接着进行烘干，涂布干燥箱需要采用分段加热，温度设定从极片进入到出烘道采用低、高、低的模式，保证极片干燥彻底，同时不会出现龟裂和卷曲等现象。

最后，对涂布均匀性进行抽样检查，测量极片各部分厚度和单位面积，分析极片厚度和面密度分布情况来确定是否达标。

3. 辊压

辊压是指对正、负极片上锂离子蓄电池材料压实的过程。通过增加正极或负极材料的压实密度，来增大锂离子蓄电池的放电容量、减小内阻、减小极化损失、延长锂离子蓄电池的循环寿命、提高锂离子蓄电池的利用率。图 2-2-5 所示为正常辊压与轧辊偏心情况下的极片厚度。压实密度设定为 1.35g/cm^3，涂布面密度为 12.36g/cm^2，正常情况下厚度偏差为 3μm，压实密度增减小于 0.05g/cm^3，当出现轧辊偏心时，辊压后极片厚度增减达到 ±7μm，压实密度增减达到 0.12g/cm^3，严重影响锂离子蓄电池的一致性。

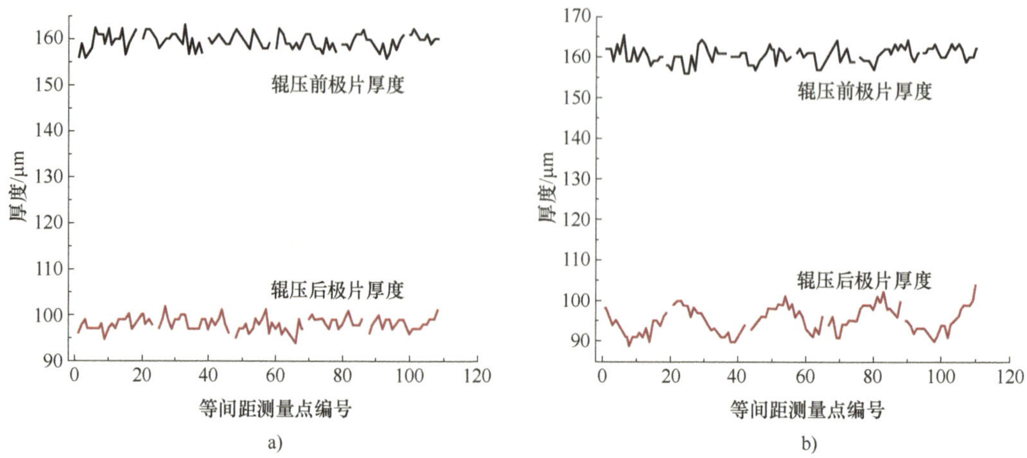

图 2-2-5　正常辊压与轧辊偏心情况下的极片厚度

a）正常辊压极片厚度　b）轧辊偏心极片厚度

4. 极片制作

极片制作是制造锂离子蓄电池的基础工艺，对设备的精度、智能化水平、生产性能的可靠性等要求非常高。极片分切机是按锂离子蓄电池规格，对经过辊压的蓄电池极片进行分条的装备，主要技术要求是分条后的极片不能出现褶皱、脱粉，要求分条尺寸精度高等，同时极片边缘的毛刺要小，否则在毛刺上会产生枝晶刺破隔膜，造成锂离子蓄电池内部的短路。

5. 焊接极耳

正、负极焊接指将锂离子蓄电池正极、负极的极片和极耳通过焊接的形式连接在一起。该工序为锂离子蓄电池生产过程中最关键的工序之一，在此步工序中，最大的潜在风险在于在焊接或铆接的过程中出现虚焊、焊穿、铆接不牢固等情况，这样容易出现锂离子蓄电池断路、内阻增大的情况，影响锂离子蓄电池的使用性能以及循环寿命。

以 18650 锂离子蓄电池为例，设计极耳外露时，极耳焊接盖帽和滚槽时合理配合。若极耳外露过长，滚槽时，易使极耳与钢壳短路。若极耳过短，无法焊接盖帽。目前，主流极耳焊接为超声焊头，有线状和点状（图 2-2-6），国内工艺较多采用线状（过电流、焊接强度考虑）。然后采用高温胶将极耳包覆，需要考虑金属毛刺和金属碎屑造成短路风险。此时车间环境温度≤23℃，露点≤-30℃，正、负极水分质量分数均≤500×10^{-6}~1000×10^{-6}。18650 单体蓄电池正、负极极耳焊接要求见表 2-2-2。

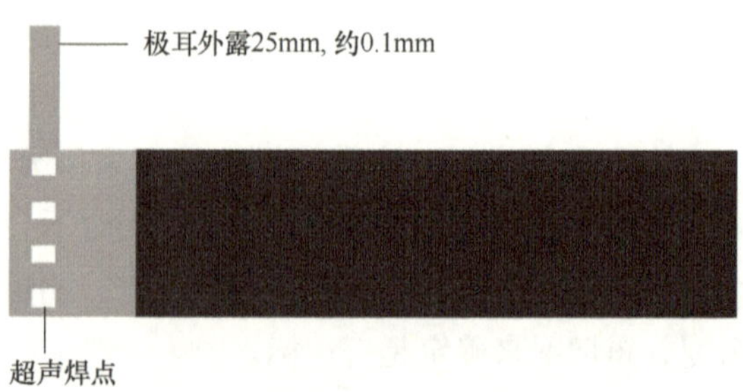

图 2-2-6　超声焊接极耳（点状焊接）

表 2-2-2 18650 单体蓄电池正、负极极耳焊接要求

工艺	正极极耳	负极极耳
极耳外露值	约 20~25mm	约 16~18mm
极片整形高度	约 80~85mm	约 77mm
焊接强度	约 2~3kg	大于 2kg
焊接面积	满足过电流设计	满足过电流设计
包胶面积	高温胶盖住极耳 4~5mm	高温胶盖住极耳 4~5mm

问题 3：单体蓄电池制造工艺中间程序的流程有哪些？

卷绕	入壳	插入焊针	滚槽封口	烘烤	注液	超焊盖帽

三、单体蓄电池制造（中段）

1. 卷绕

卷绕是将隔离膜、正极片、负极片通过卷绕机组成单个卷芯，如图 2-2-7 所示。其原理是采用负极包住正极，再通过隔膜将正、负极片隔离。因为常规体系负极作为蓄电池设计的控制电极，容量设计高于正极，在化成充电时正极的 Li^+ 能在负极“空位”存放。卷绕需关注卷绕张力和极片对齐度。

以 18650 单体蓄电池为例，若卷绕张力小，会影响内阻和入壳率；若张力过大，易造成短路或断片风险。对齐度是指负极、正极和隔膜的相对位置，负极宽度为 59.5mm，正极宽度为 58mm，隔膜为 61mm，三者居中对齐（图 2-2-8）避免短路风险。卷绕张力一般正张力为 0.08~0.15MPa，负张力为 0.08~0.15MPa，上隔膜张力为 0.08~0.15MPa，下隔膜张力为 0.08~0.15MPa，具体要依据设备和工艺进行调整。

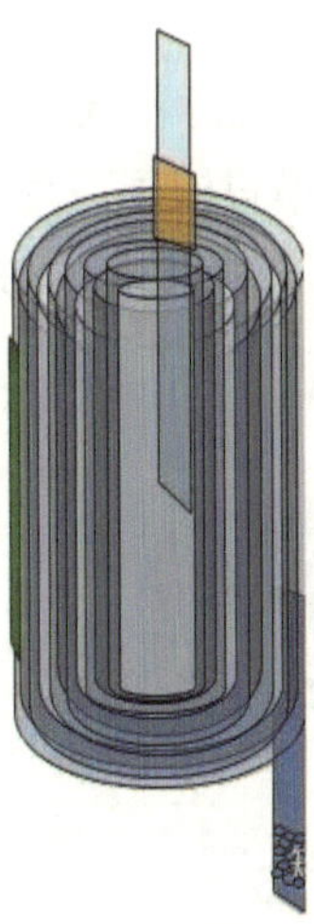

图 2-2-7 裸露单体卷芯

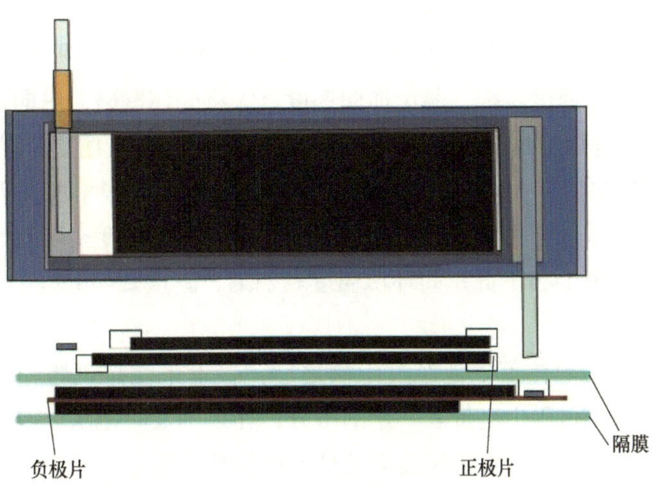

图 2-2-8 卷绕极片隔膜叠放顺序示意图

2. 入壳

卷芯入壳前需要进行 Hi-Pot 测试（测试是否存在高压短路），吸尘处理（入壳前进一步控制粉尘）。制造过程中的三大控制点是水分、毛刺、粉尘。测试后，将下面垫垫入卷芯底部后弯折负极耳，使极耳面正对卷芯卷针孔，最后垂直插入钢壳或铝壳（以 18650 蓄电池为例，外

直径≈18mm＋高度≈71.5mm）。要求卷芯的横截面面积＜钢壳内截面面积，入壳率为97%~98.5%，需要考虑到极片反弹值和后期注液时下液程度。同下面垫工序，将上面垫装配完成。此车间环境温度≤23℃，露点≤-40℃。图2-2-9所示为卷芯入壳过程。

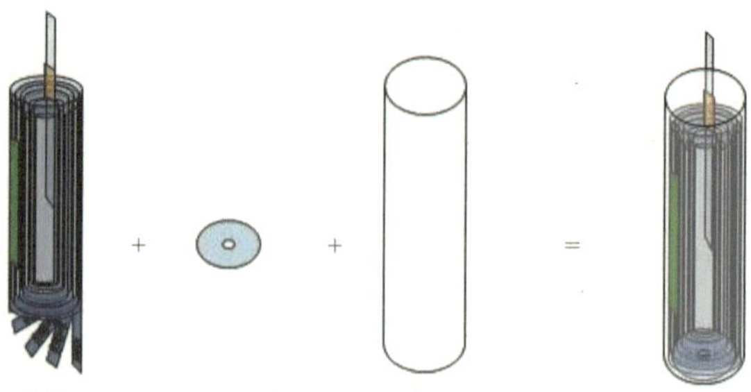

图2-2-9 卷芯入壳过程

3. 插入焊针

将焊针（一般是铜质或合金材质）插入卷芯中间孔，如图2-2-10所示。常用焊针规格为 ϕ2.5×1.6mm，达到负极极耳焊接强度≥12MPa为合格，若过低，容易虚焊，使内阻偏大；若过高，容易将钢壳表面的镍层焊掉，导致焊点处生锈、漏液等隐患。

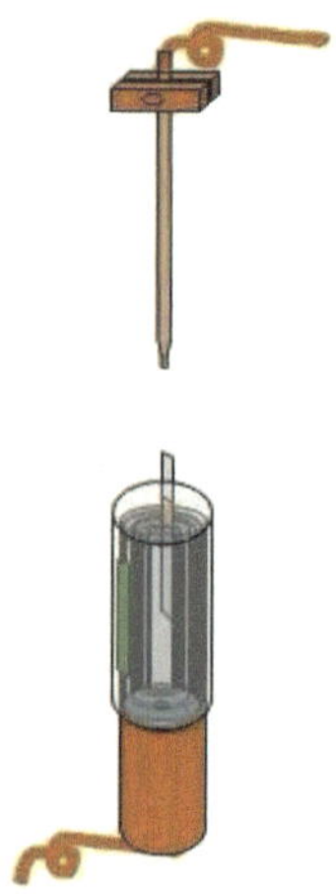
图2-2-10 插入焊针

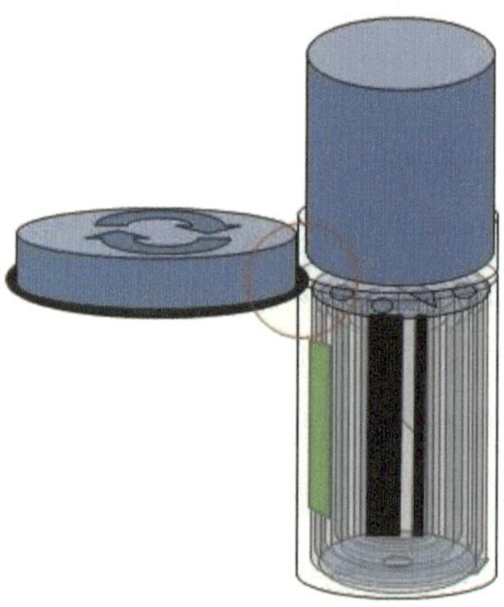
图2-2-11 滚槽

4. 滚槽封口

滚槽是将卷芯固定在壳体内不晃动，如图2-2-11所示。此工序需特别注意横向挤压速度和纵向下压速度匹配，避免横向速度过大将壳体割破，纵向速度过快导致槽口镍层脱落或影响槽高进而影响封口。同时，需要检测槽深、扩口、槽高工艺值是否达标（通过实际和理论计算）。常见的滚刀规格有1.0mm、1.2mm、1.5mm。滚槽完成后需要再次对整体进行吸尘处理，避免有金属碎屑，真空度≤-0.065MPa，吸尘时间为1~2s。此车间环境温度≤23℃，露点≤-40℃。

5. 烘烤

圆柱形单体蓄电池经过滚槽之后，接下来就是烘烤。单体蓄电池在制作过程中会带入一定的水分，如果不及时把水分控制在标准范围内，将会严重影响蓄电池性能的发挥和安全性能。一般采用自动真空烤箱进行烘烤（图2-2-12）。整齐地放入待烘烤单体蓄电池，在烤箱里面摆好干燥剂，设置参数，加热升温至85℃（以磷酸铁锂离子单体蓄电池举例），需要经过几个真空干燥循环才能达到标准。

图2-2-12 自动真空烤箱

几种不同尺寸单体蓄电池烘烤标准见表2-2-3。

表 2-2-3　几种不同尺寸单体蓄电池烘烤标准

型号	烘烤温度 /℃	烘烤时长 /h	正极片含水量 /10^{-6}	负极片含水量 /10^{-6}
14 系列	85	60	≤1500	≤1500
18 系列	85	72	≤1200	≤1200
22 系列	85	72	≤500	≤500

注：设置温度为 85℃，实际温度为（85 ± 3）℃。

6. 注液

将烘烤好的单体蓄电池进行水分测试，符合烘烤标准后注入电解液。将烘烤合格的单体蓄电池快速放入真空手套箱内进行称重，记录质量，套上注液套杯，将设计好质量的电解液加入套杯中（一般会进行泡液实验：将单体蓄电池放入电解液中，浸泡一段时间，测试单体蓄电池最大吸液量，一般按实验量进行注液），放入真空箱中抽真空（真空度≤-0.09MPa），加速电解液浸润极片，进行几次循环后，取出单体蓄电池进行称重，计算注液量是否符合设计值。若少了，需要进行补液；若超了，需要倒掉多余部分，直到符合设计要求。手套箱环境温度≤23℃，露点≤-45℃。

7. 超焊盖帽

提前将盖帽放入手套箱中，一手将盖帽紧扣在超焊机下模具，另一手拿单体蓄电池，单体蓄电池正极耳与盖帽极耳对齐，踩下超焊机脚踏板开关。之后需要全检单体蓄电池，自检极耳焊接效果如下：

1）观察极耳是否对齐。

2）轻拉极耳，看极耳是否松开。

超焊盖帽虚焊的单体蓄电池需要重新进行超焊。

超焊机设备参数见表 2-2-4。

表 2-2-4　超焊机设备参数

型号	功率 /W	预压 /ms	焊接 /ms	保压 /ms	气压 /MPa
14 系列	5~18	1~4	8~18	1~3	0.2~0.3
18 系列	5~18	1~4	8~18	1~3	0.2~0.3
22 系列	12~40	1~4	10~25	1~3	0.3~0.4

问题 4： 请查阅相关资料，连线正确的单体蓄电池测试术语与解释。

术语	解释
高能量蓄电池	某实验环境温度 T 下最大允许持续放电电流
高功率蓄电池	某 SOC 下，实验环境温度 T、脉冲持续时间 t 下最大允许放电电流
高功率应用	电流倍率，1C 等于 1h 放电容量
C	设计目的为高能量应用的动力蓄电池
$I_{max}(T)$	室温环境为（25 ± 2）℃，湿度在 15%~90% 范围内
$I_{max}(SOC, T, t)$	室温下蓄电池包或系统的最大持续输出电功率（W）和其在 1C 倍率放电能量（W · h）的比值低于 10 的装置特性或应有特性
SOC	荷电状态
RT	设计目的为高功率应用的动力蓄电池

四、单体蓄电池制造（后段）

1. 单体蓄电池化成激活

单体蓄电池化成激活是对注液后的单体蓄电池进行激活的过程。通过充、放电使单体蓄电池内部发生化学反应形成 SEI 膜（SEI 膜是锂离子蓄电池首次循环时，由于电解液和负极材料在固液相间层面上发生反应，所以会形成一层铅化膜，就像给单体蓄电池镀了一层面膜），保证后续单体蓄电池在充放电循环过程中的安全可靠和长循环寿命。化成工序中还包括对单体蓄电池“激活”后第二次灌注电解液、称重、注液口焊接、气密性检测、自放电测试、高温老化及静置，保证了产品性能。单体蓄电池的性能激活后，还要经过 X-ray 监测、绝缘监测、焊接监测、容量测试等一系列“体检过程”。

2. 单体蓄电池容量测试

单体蓄电池性能测试国标中，GB/T 31467.1—2015 偏重于功率型单体蓄电池测试，GB/T 31467.2—2015 偏重于高能量型单体蓄电池测试。现有的动力蓄电池多偏向选择后者。

关于环境及测试要求如下：

1）低温环境静置时间不少于 24h，高温环境静置时间不少于 16h，或与环境温度相差 2℃以内。

2）调整 SOC 方法：恒流恒压充电至截止电压，静置 1h 后恒流放电至对应 SOC，以放电时间来衡量剩余 SOC。

单体蓄电池容量测试过程可以分为预循环、标准循环、室温环境容量测试。

1）单体蓄电池测试前预循环步骤如下（室温条件）：

① 以 1C 或按照供应商推荐的充电机制充电至制造商规定的充电截止条件。

② 静置 30min。

③ 使用 1C 或按照制造商推荐的放电机制放电至制造商规定的放电截止条件。

④ 静置 30min。

⑤ 循环以上工序 5 次。

⑥ 当单体蓄电池连续两次放电容量变化不高于额定容量的 3% 时，默认预处理完成，预处理循环可以终止。

2）标准循环测试步骤如下：

① 标准放电：以 1C 或商家推荐放电机制放电至截止电压，静置 30min。

② 标准充电：以 1C 或商家推荐充电机制充电至截止电压，静置 30min。

3）室温下容量测试可以测试出实际的单体蓄电池容量，测试步骤如下：

① 环境适用（室温环境）。

② 标准循环（室温环境）。

③ 1C 放电（室温环境）。

④ 标准充电（室温环境）。

⑤ I_{max} 放电（室温环境）。

温度对单体蓄电池容量影响较大。当温度较高时，单体蓄电池容量趋于一致，当温度低于 0℃以后，单体蓄电池容量降低明显。以某单体蓄电池为例（1C=105A），-20℃环境下容量衰减达到 30% 以上，如图 2-2-13 所示。

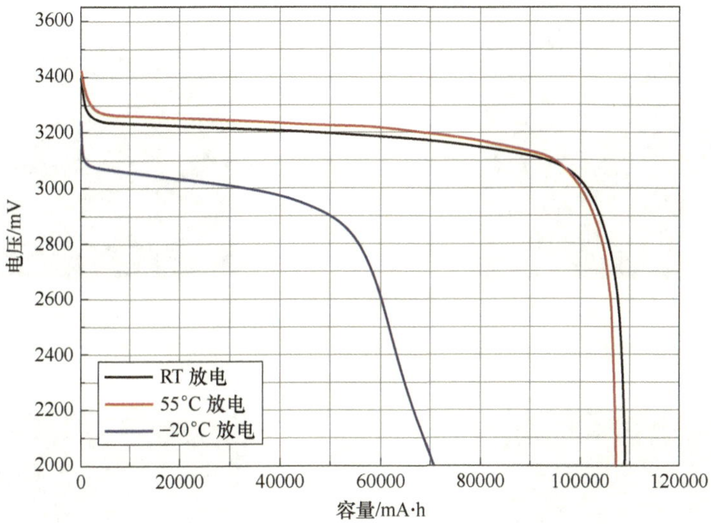

图 2-2-13　某 105A · h 单体蓄电池不同温度下的放电容量

3. 单体蓄电池 X-ray 监测

X-ray 监测是通过 X-ray 射线投射单体蓄电池正极与负极之间的对齐度，要求至少负极要包住正极，以避免局部析锂，产生安全问题。

（1）抽样规范　对生产单体蓄电池进行编号送检，检测结果及时通报。

（2）检测要求　厚度在 50mm 以下测单体蓄电池正面（左上角及右下角）及侧面（顶部及底部），厚度在 50mm 以上测单体蓄电池侧面（顶部及底部）即可。

（3）注意事项　单体蓄电池在运输过程中需使用配套小盒子盛装，需平放（勿竖立放置）且固定良好。经过测试后的单体蓄电池退回装配，进行烘烤后再进行生产，成品单体蓄电池除外。

（4）检测标准　确保单体蓄电池顶部、底部以及左、右两侧负极片包住正极片，且无整体偏上、偏下现象。

单体蓄电池侧面顶部影像检验标准如图 2-2-14 所示。

单体蓄电池底部影像检验标准如图 2-2-15 所示。

图 2-2-14　单体蓄电池侧面顶部的负极包住正极

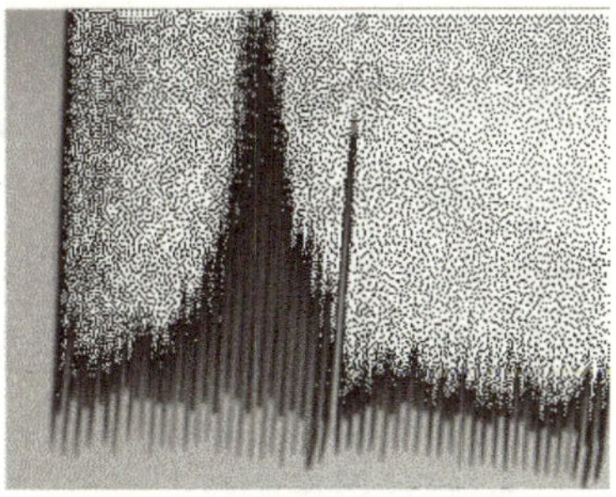

图 2-2-15　单体蓄电池底部的正、负极有明显落差

单体蓄电池正面左上角影像检验标准如图 2-2-16 和图 2-2-17 所示。

单体蓄电池正面右下角影像检验标准如图 2-2-18 和图 2-2-19 所示。

图 2-2-16 单体蓄电池正面
左上角的负极包住正极 OK

图 2-2-17 单体蓄电池正面
左上角的正、负极侧边平齐 NG

图 2-2-18 单体蓄电池正面
右下角的负极包住正极 OK

图 2-2-19 单体蓄电池正面
右下角的正、负极侧边平齐 NG

4. 单体蓄电池焊接强度测试

单体蓄电池焊接强度是指单体蓄电池之间的连接性能。这些连接对单体蓄电池之间的电流流动管理，以及为动力系统提供足够的能量至关重要。如果连接处是高电阻，会发热。当一个单体蓄电池组中有几个这样的连接断开时，那么可用单体蓄电池总量减少，要输出同样的电流，会导致单体蓄电池过热，甚至发生火灾。

单体蓄电池焊接强度测试可以参考单体蓄电池连接强度测试是否已形成固键，从而减少蓄电池产生故障的可能性。测试方式有机械拉力测试和采用先进的测试系统进行测试。

机械拉力测试需要用到小的钩子或者剪切工具，以及配上高度灵敏的力传感器（能够测量 0.01N 的力）。如果连接表面有一层污染物，键合没有形成牢固连接。也有可能是由于虚焊，形成较小的键合面积而没有强度。在这种情况下，只有使用物理的机械测试，才能真正检测出焊接强度。图 2-2-20 所示为对三种焊接技术生成的固键的测试方法。

目前一些先进的测试系统能够使用 CCD 识别键合位置，建立微米精度的 X、Y、Z 轴，将剪切工具对准测试点，如图 2-2-21 所示。其测试分类可分为破坏性测试和无损测试两种。破坏性测试用于新产品开发，用以评估键合工艺优良或者抽检测试。无损测试属于在线质量检测，通过 100% 连接强度测试，以确保键合工艺安全。这些测试系统可以根据设定的高度、速度、测试起点和终点进行动作测试，甚至可以记录整个测试的图像和视频。

5. 绝缘耐压测试

锂离子蓄电池在制造过程中，极片生产完成后，正、负极极片和隔膜采用卷绕或者叠片的方式组装在一起，隔膜将正、负极极片隔离开。在锂离子蓄电池充放电过程中，隔膜隔离正、负极极片之间的电子传导，而允许锂离子通过。卷绕或叠片组装之后，裸单体蓄电池需要进行热压处理，对极片和隔膜整形，使它们紧密接触，降低锂离子传输的阻力。在滚槽封口时，需要对裸单体蓄电池进行绝缘耐压测试，主要判断单体蓄电池内部是否存在异物颗粒造成短路。

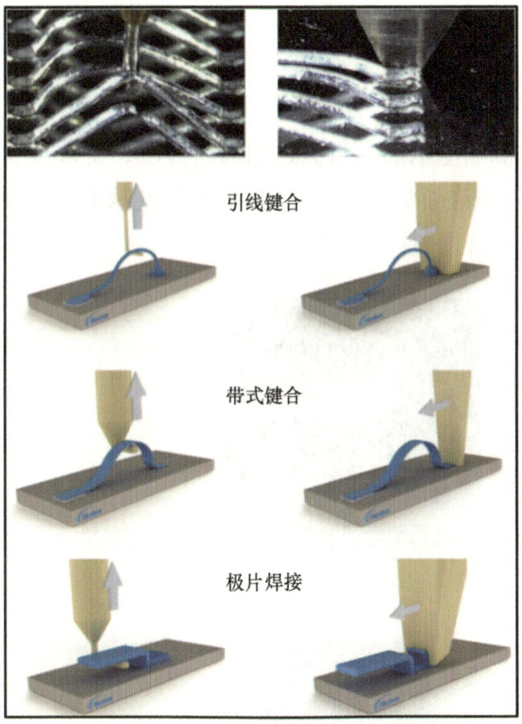

图 2-2-20　机械拉力测试示意图

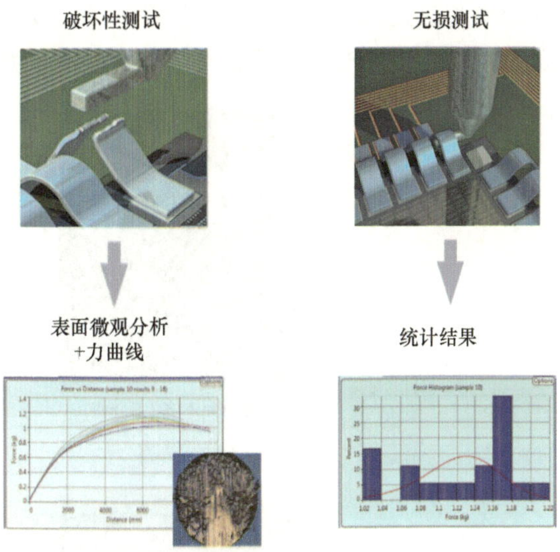

图 2-2-21　采用先进的测试系统进行测试

一般采用安规仪进行绝缘耐压测试，步骤如下：

1）仪器给单体蓄电池加一个电压，在一定时间 t_1 内，对单体蓄电池从 0 开始加电压至 U。

2）电压 U 保持一段时间至 t_2。

3）测试完成后，切断测试电压，并对单体蓄电池杂散电容放电。

绝缘耐压测试示意图如图 2-2-22 所示。

在测试中，正、负极极片由于相互靠近，仅为 15~30μm，裸单体蓄电池内部会形成一定的电容（杂散电容），由于电容量存在，测试电压必须由“零”开始缓慢上升，以避免充电电流过大。电容量越大所需的缓升时间 t_1 越长，一次所能增加的电压越低。充电电流过大时，一定会引起测试器的误判，使测试的结果不正确。一旦被测单体蓄电池的杂散电容被充满，只会剩下实际的漏电电流。由于直流耐压测试会对被测单体蓄电池充电，所以在测试后，一定要对被测单体蓄电池放电。

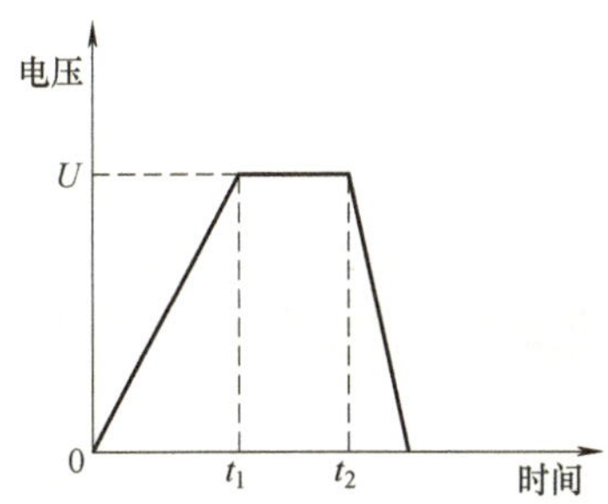

图 2-2-22　绝缘耐压测试示意图

裸单体蓄电池的绝缘耐压测试是产品过程检验的一个重要步骤，可以检测出不合格产品，提高最终锂离子蓄电池产品的安全系数。实际测试需要考虑参数设定和判定标准等众多因素。

6. 包装

每一个单体蓄电池都具有一个唯一的二维码，记录着生产日期、制造环境和性能参数等，如图 2-2-23 所示。强大的追溯系统可以将任何信息记录在案，如果单体蓄电池出现异常，可

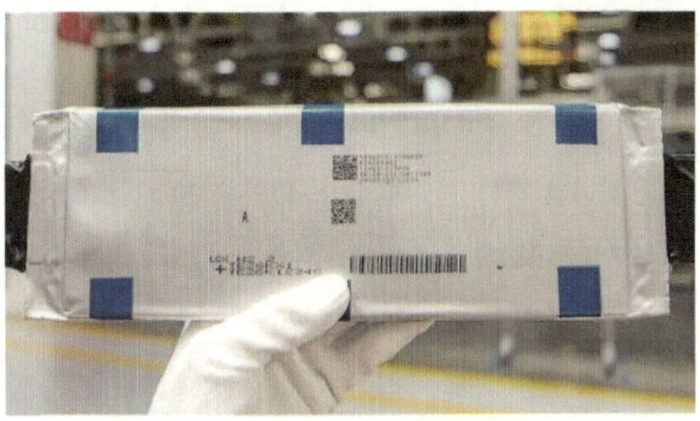

图 2-2-23　单体蓄电池外包装

以随时调取生产信息。同时，这些大数据可以针对性地对后续改良设计做出数据支持。

实践–任务实施

问题 5： X-ray 监测是通过 X-ray 射线投射单体蓄电池正极与负极之间的对齐度，要求至少负极要包住正极，以避免局部析锂，产生安全问题。图 2-2-24 所示为几张单体蓄电池正、负极的放射图，请判断哪些是合格单体蓄电池、哪些是不合格单体蓄电池并标出来。

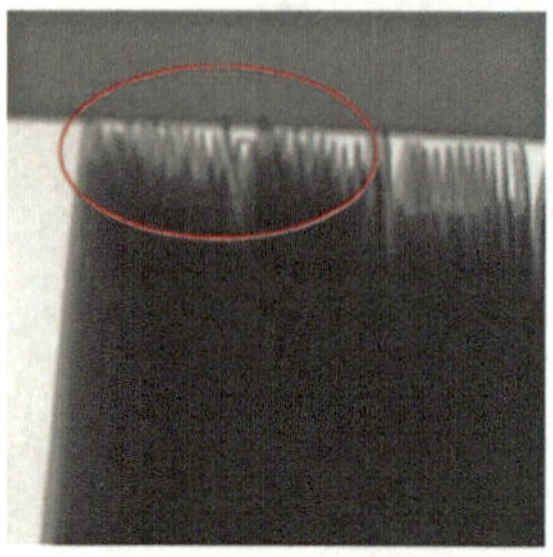

正、负极参差不齐 (不合格)

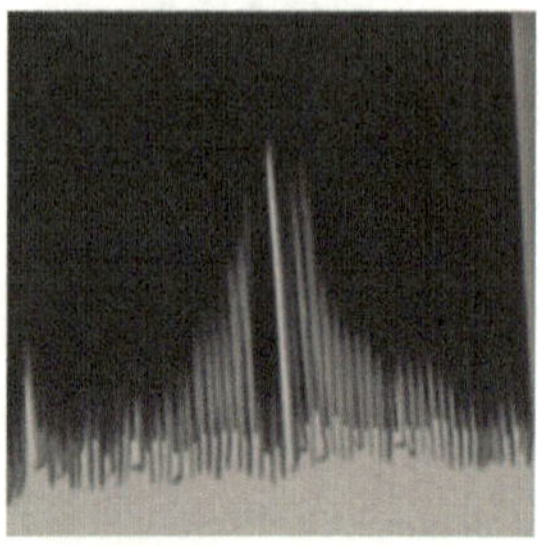

负极卷边 (不合格)

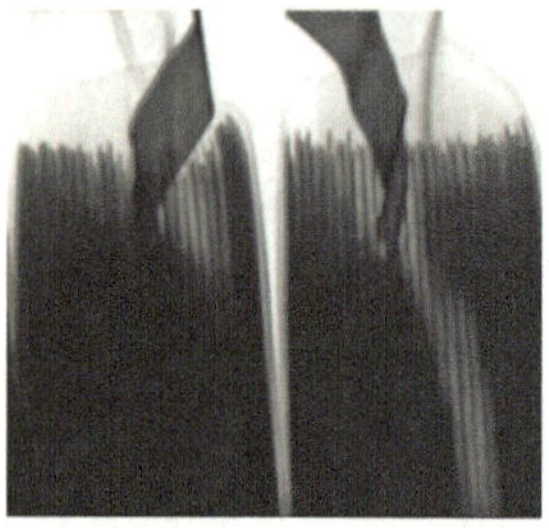

负极未包住正极 (不合格)

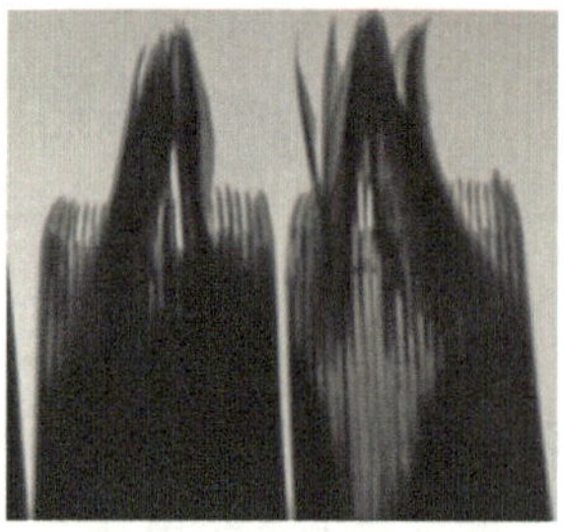

负极包住正极 (合格)

图 2-2-24 单体蓄电池正、负极的放射图

问题 6： 结合当地情况，组织参观当地的蓄电池制造工厂，结合参观情况，完成实践汇报。

考核–任务评价

各组选出代表进行本任务的成果汇报，可以采用 PPT 或实操演示的形式，并分别由各小组成员、专业教师以及企业代表进行考核打分，并将结果填入表 2-2-5~ 表 2-2-8 中。

表 2-2-5 小组考核表

组长		学号				班级				组别			
组员姓名													
任务二		单体蓄电池的制造工艺											
考核项目	分值	等级				考核对象（组别）							
		A	B	C	D								
实训规范	40	40	30	20	10								
PPT 汇报	40	40	30	20	10								
7S 管理	20	20	15	10	5								
合计	100	各组得分											
注意：小组互评分记录按各组的平均分（包含被评价组）计算													

表 2-2-6　教师对小组考核表

考核项目		考核依据	分值	得分
考勤（5%）		未出现无故迟到、早退和旷课的现象	5	
工作过程（80%）	获取信息进行决策	掌握单体蓄电池的制造工艺	10	
	任务实施	绘制单体蓄电池制造工艺流程图	25	
		读取制造工艺的参数并进行图像分析等	25	
	工作质量	能按照工作方案操作，按计划完成工作任务	10	
	团队合作	与小组成员、同学之间能合作交流、协调工作	10	
项目成果（15%）	工作完整	能按时完成工作任务的所有环节	5	
	工作规范	能在整个操作过程中规范操作，避免意外事故发生	5	
	汇报展示	能准确表达、汇报工作成果	5	
合计			100	

表 2-2-7　企业对小组考核表

项目（任务）名称	
您对本次任务完成质量考核	□非常好（90~100 分） □一般（70~90 分） □不太理想（70 分以下）
您的评分与建议	（若企业没有参与考核，则选择综合考核方式一）

表 2-2-8　综合评分表

综合考核方式一	小组自评（30%）	小组互评（20%）	教师考核（50%）		综合得分
综合考核方式二	小组自评（30%）	小组互评（20%）	教师考核（40%）	企业考核（10%）	综合得分
综合评语	（作业过程中存在的问题及改进建议）				

任务三　动力蓄电池PACK技术的认知

开卷-任务分组

班级		组号		指导教师			
组长		学号		日期			
组员	姓名：______	学号：______	姓名：______	学号：______			
	姓名：______	学号：______	姓名：______	学号：______			
	姓名：______	学号：______	姓名：______	学号：______			

知识目标	技能目标	素养目标
➢ 掌握动力蓄电池 PACK 组成，动力蓄电池模块组装、固定与连接的过程 ➢ 了解动力蓄电池 PACK 电气、热管理设计要求 ➢ 了解动力蓄电池 PACK 总成安全性测试、电性能测试、可靠性测试等	➢ 通过本任务的理论学习，使学生具有概括阐述动力蓄电池 PACK 主要工艺的能力 ➢ 通过学习动力蓄电池模块组装、固定与连接的理论知识以及虚拟仿真，使学生具有完成单体蓄电池的检测与配对、模组与总成的组装测试等 PACK 工艺的能力	➢ 通过对动力蓄电池 PACK 工艺流程的学习与实践，培养学生知行合一、敢为人先的实践精神 ➢ 通过完成动力蓄电池模块组装、固定等一系列 PACK 工艺的学习，培养学生精益求精、严谨务实的工匠精神 ➢ 通过小组合作学习的模式，培养学生集思广益、精诚团结和群策群力的团队协作意识 ➢ 培养学生严格执行 7S 现场管理的习惯

框架-任务导图

本任务核心内容导图如图 2-3-1 所示。

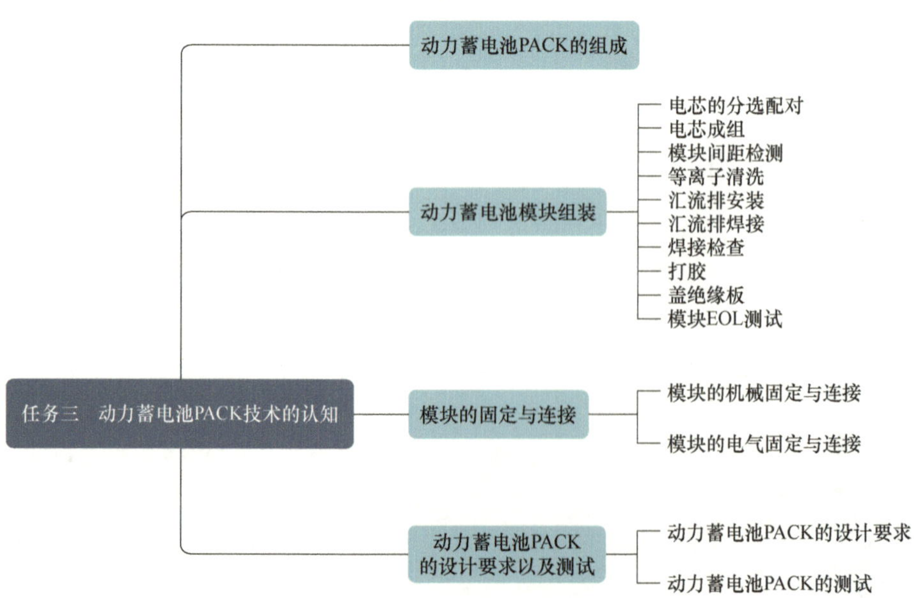

图 2-3-1　本任务核心内容导图

驱动-任务导入

随着新能源汽车市场爆发，动力蓄电池产能逐步扩大，对其性能的要求也越来越高。通常，锂离子蓄电池生产的自动化水平直接影响蓄电池的品质，因此全自动化在锂离子蓄电池行业内的应用日益被关注。《中国智能制造2025》规划发布后，智能制造开始上升为国家战略，即将进入新能源汽车行业的你，是否了解动力蓄电池PACK生产过程呢?

学习-相关知识

问题1：请查阅相关资料，了解动力蓄电池PACK的组成主要有哪些。

动力蓄电池PACK包括蓄电池模块、壳体、电气系统、热管理系统、蓄电池管理系统（BMS）。

一、动力蓄电池PACK的组成

动力蓄电池PACK是一种蓄电池的制作工艺，是将单体蓄电池组装成蓄电池包的过程，即利用机械设备将多个单体蓄电池通过串并联连接起来，并考虑系统机械强度、热管理、蓄电池管理系统匹配等问题。其重要的技术体现在整体结构设计、焊接和加工工艺控制、防护等级、主动热管理系统等。

动力蓄电池PACK包括蓄电池模块、壳体、电气系统、热管理系统、蓄电池管理系统几个部分，如图2-3-2所示。

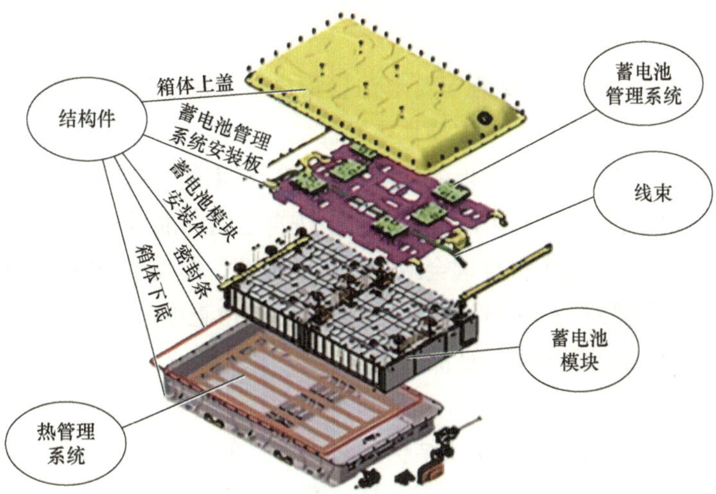

图2-3-2 动力蓄电池PACK的组成

（1）蓄电池模块　蓄电池模块是由多个单体蓄电池（电芯）串并联连接而成的。如果把整个动力蓄电池PACK比作一个人体，那么蓄电池模块就是心脏，负责储存和释放能量，为汽车提供动力。

（2）壳体　壳体包括动力蓄电池PACK上盖、托盘、各种金属支架、端板和螺栓等支撑牢固部件。壳体可以看作是动力蓄电池PACK的骨骼，可以起到支撑，抗机械冲击、机械振动和环境保护的用途。

（3）电气系统　电气系统由高压跨接片或高压线束、低压线束和继电器组成。高压线束可以看作是动力蓄电池 PACK 的大动脉血管，将锂离子蓄电池的动力不断输送到各个需要电力的部件中。低压线束可以看作是动力蓄电池 PACK 的神经网络，实时传输检测信号和控制信号。

（4）热管理系统 热管理系统一般有风冷、水冷、液冷和相变材料冷却四类。以水冷系统为例，热管理系统主要由冷却板、冷却水管、隔热垫和导热垫组成。热管理系统相当于给动力蓄电池 PACK 安装了一个空调。动力蓄电池充放电的过程实际上就是化学反应的过程，化学反应会释放大量的热量，需要将热量带走，让动力蓄电池处于一个合理的工作温度范围内，以提高动力蓄电池的可靠性和延长动力蓄电池的使用寿命。

（5）蓄电池管理系统 蓄电池管理系统可以看作是动力蓄电池的大脑，主要由 CMU 和 BMU 组成。

问题 2： 动力蓄电池是电动汽车的关键技术。单体蓄电池组合成模块，模块组合成 PACK 包，连接方式多采用焊接工艺。特斯拉电动汽车的 PACK 采用的是激光焊工艺，国内电动汽车采用的是电阻焊。请比较两种焊接方式的特点。

1）激光焊是较为理想的焊接方式。激光焊配合工业机器人正在逐步成为自动化动力蓄电池模块生产线的主力，焊接工艺效率高，易于实现自动化生产。在不断改进焊接工艺，限制成形过程中的热影响以后，在实际生产中的应用越来越多。

2）电阻焊是利用电流流经工件接触面及邻近区域产生的电阻热效应将其加热到熔化或塑性状态，使之形成金属结合的一种方法。目前国内一般采用电阻点焊。电阻焊的焊缝是在压力下凝固或集合结晶的，属于压焊范畴，具有锻压、热量集中、加热时间短、热影响区小、焊接成本低、生产效率高、广泛应用等特点。

二、动力蓄电池模块组装

1. 电芯的分选配对

蓄电池模块工艺设计时，需要考虑蓄电池模块电性能的一致性，确保 PACK 整体性能达到或满足整车的要求。为了保证蓄电池模块电性能的一致性，需要测量电芯的电压、内阻和容量，将一致性相近的电芯进行分组。电芯厂家与 PACK 厂家的最终需求是不同的，考虑到制造工艺、成本、电芯性能等因素，PACK 厂家一般会按自己的标准重新对电芯进行分选。电芯分选需要考虑分选标准，标准制定得合理会减少闲置的电芯，提高生产效率，降低生产成本。在实际生产过程中，还需要对电芯的外观进行检查，例如检查电芯有无绝缘膜破损、绝缘膜起翘、电芯漏液、正负极端面污渍等不良品。

2. 电芯成组

在蓄电池模块设计中，蓄电池模块结构是多种多样的，主要根据客户和车型的需求来确定，最终导致蓄电池模块的制造工艺也不一样。蓄电池模块一般由电芯、电芯支架、汇流排（有的也称为连接片）、采样线束和绝缘板等部件组成。图 2-3-3 所示为一种典型的圆柱蓄电池模块结构示意图。

蓄电池模块中电芯之间的连接方式有先并联后串联、先串联后并联、混联方式，如图 2-3-4 所示。

从蓄电池模块连接的可靠性、蓄电池电压不一致性和蓄电池模块性能影响的角度分析，先并联后串联的连接方式优于先串联后并联的连接方式，而先串联后并联的蓄电池拓扑结构有利于对系统各个电芯进行检测和管理。

（1）模块搭建 图 2-3-5 所示为典型圆柱蓄电池模块搭建工艺流程。

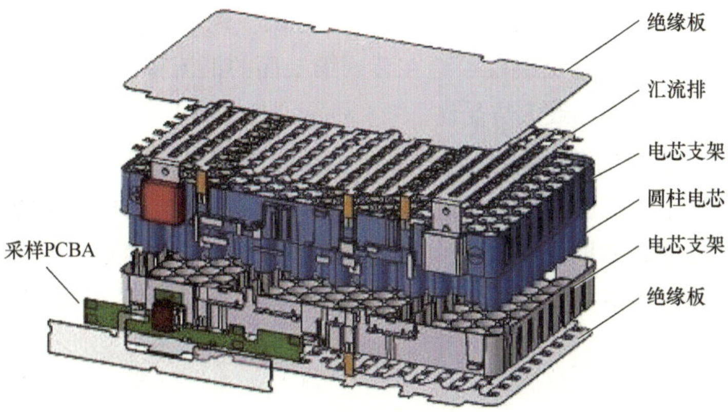

图 2-3-3 圆柱蓄电池模块结构示意图

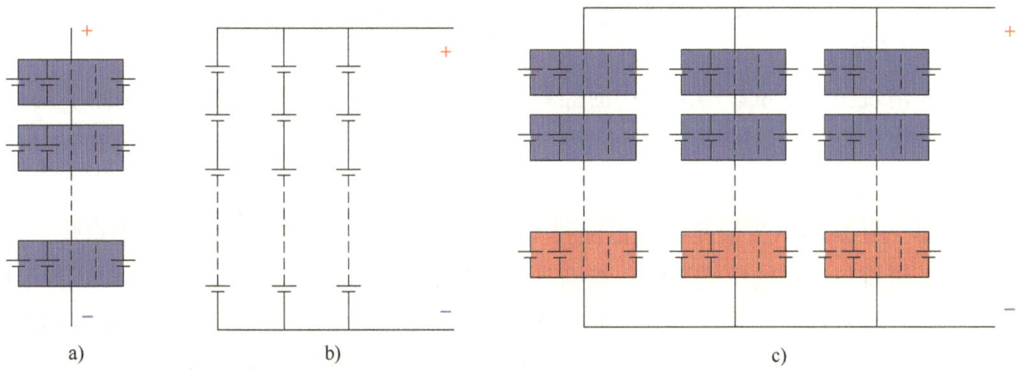

图 2-3-4 蓄电池模块连接方式

a）先并后串蓄电池模块拓扑 b）先串后并蓄电池模块拓扑 c）混联蓄电池模块拓扑

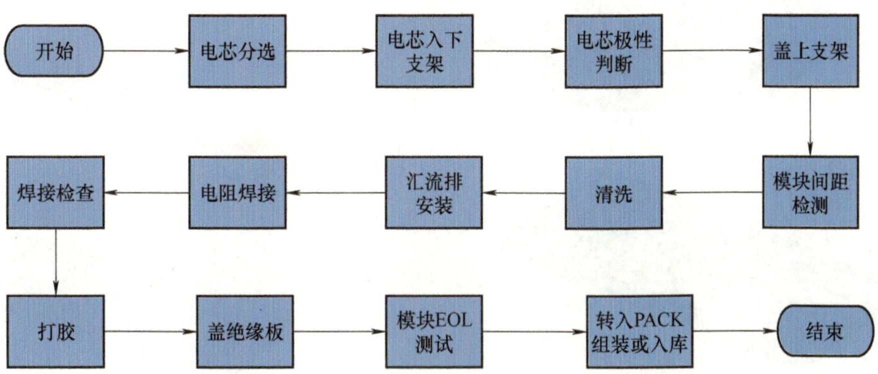

图 2-3-5 典型圆柱蓄电池模块搭建工艺流程

（2）电芯入下支架 电芯入下支架是指把电芯插入下支架的电芯定位孔中。其难点在于电芯与下支架孔之间的配合公差，若孔太大，会方便电芯插入，但是电芯固定不牢固，影响焊接效果。若孔太小，将电芯插入下支架定位孔会比较困难，严重时可能导致电芯插不进去，影响生产效率。为了便于电芯插入，又能固定好电芯，可以把下支架孔前端开成喇叭口，如图 2-3-6 所示。装配时，需要防止电芯极性装反，若是手动装配，需要对电芯极性进行快速检查，以免不良品流入后面工序。

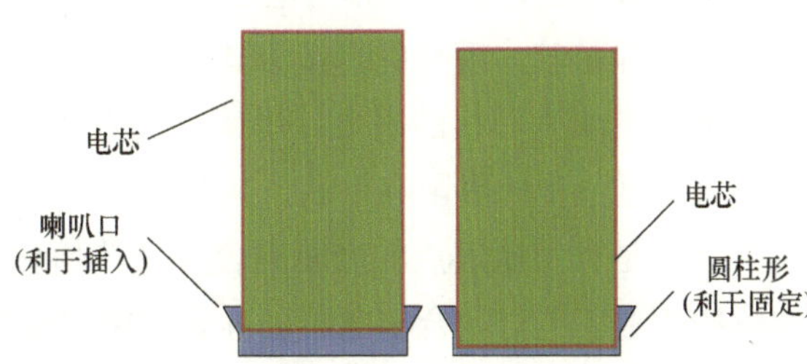

图 2-3-6 下支架开喇叭口示意图

（3）电芯极性判断　电芯极性判断是指检查电芯的极性是否符合要求，属于安全检查。如果没有极性检查，而电芯极性又装反了，在装入第二面的汇流排时蓄电池模块就会发生短路，导致产品毁坏，严重时可能导致人员受伤。

（4）盖上支架　支架如图 2-3-7 所示。盖上支架是指把上支架盖到电芯上，并把电芯固定在支架内。一般情况下，盖上支架比电芯入下支架困难，一是与圆柱电芯的生产工艺有关，工艺里面有个滚槽的工序，如果控制不好，会导致电芯尺寸的一致性差，影响盖上支架，严重的会盖不上去。二是电芯与下支架固定不好，导致电芯有一定的歪斜，导致上支架不好盖或者盖不上。

3. 模块间距检测

模块间距检测是指检测电芯极柱端面与支架表面的间距，目的是检查电芯极柱端面与支架的配合程度，用于判断电芯是否固定到位，为是否满足焊接条件进行预判。

4. 等离子清洗

等离子清洗主要是依靠等离子中活性离子的“活化作用”去除物体表面污渍的。这种方法可以有效地去除电芯极柱端面的污物和粉尘等，为电阻焊接做准备，以减少焊接的不良品。

5. 汇流排安装

汇流排（图 2-3-8）安装是指把汇流排安装固定到蓄电池模块上，以便电阻点焊。设计时，需要考虑汇流排与电芯的位置精度，特别是定位基准的问题，目的是使汇流排位置处于电芯极柱面的中心，便于焊接。在进行上、下支架设计时，要考虑对汇流排的隔离。如果不好做隔离设计，在工序设计时需要考虑增加防短路工装的使用，可以避免在异常情况下发生短路。

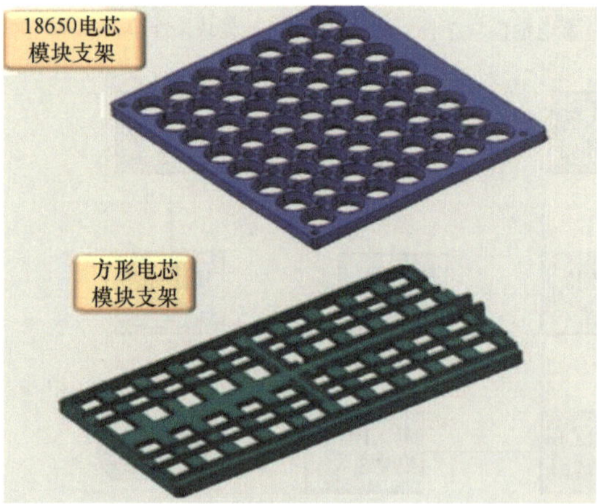

图 2-3-7　支架

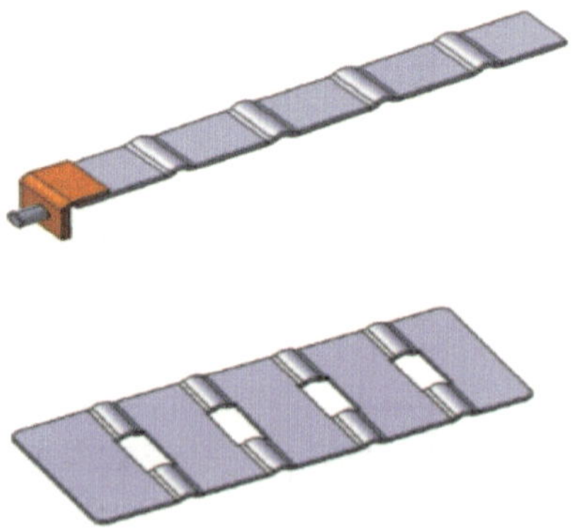

图 2-3-8　汇流排

6. 汇流排焊接

汇流排焊接是把汇流排与电芯极柱面熔接在一起。焊接方式有激光焊、锡焊和电阻焊三种。

激光焊是较为理想的焊接方式（图 2-3-9）。激光焊配合工业机器人正在逐步成为自动化动力蓄电池模块生产线的主力，焊接工艺效率高，易于实现自动化生产。在不断改进焊接工艺，限制成形过程中的热影响以后，其在实际生产中的应用越来越多。

锡焊是利用低熔点的金属锡合金加热熔化后，渗入并充填金属件连接处间隙的焊接方法。锡焊的高温工艺对聚合物电芯极耳处的密封会产生一定的风险，而且锡的密度大会造成动力蓄电池的重量增加。无论激光焊还是锡焊成组工艺，都不利于更换电芯。

电阻焊是利用电流流经工件接触面及邻近区域产生的电阻热效应将其加热到熔化或塑性状态，使之形成金属结合的一种方法。目前国内一般采用电阻点焊。电阻焊的焊缝是在压力下凝固或集合结晶的，属于压焊范畴，具有锻压、热量集中、加热时间短、热影响区小、焊接成本低、生产效率高、广泛应用等特点。目前对电阻焊的质量提出了较高的要求，在进行电阻点焊工艺设计时，需要考虑以下四点：

1）汇流排的材质、结构和厚度。

2）电极（也称为焊针）的材质、形状、前端直径和修磨频次。

3）焊接参数优化，如焊接电流、焊接电压、焊接时间、加压力等。

4）焊接面的清洁度和平整度。

图 2-3-9　激光焊

7. 焊接检查

在电阻焊接过程中，设备一般对焊接的参数都有监控，如果监测到参数异常，设备都会自动报警。由于影响焊接质量的因素很多，只通过参数监测来判断焊接失效，目前的结果还不是特别理想。在实际的生产控制中，一般会通过人工检查外观和人工挑拨汇流排的方式，再次检查和确认焊接效果。

8. 打胶

胶水在蓄电池模块应用上一般有两种用途：一种用途是固定电芯，主要强调胶水的黏结力、抗剪强度、耐老化、使用寿命等性能指标；另一种用途是把电芯和蓄电池模块的热量通过导热胶传递出去，主要强调胶水的导热系数、耐老化、电气绝缘性、阻燃性等性能指标。由于胶水的用途不同，胶水的性能和配方也不同，实现打胶工艺的方法和设备就不同。在胶水选择和打胶工艺方面，需要考虑以下三点：

（1）胶水的安全环保性能　尽量选择无毒、无异味的胶水，不但可以保护操作者，也可以保护使用者，还能更好地保护环境。

（2）胶水的表干时间　为了提高生产效率，一般希望胶水的表干时间越短越好。在实际生产过程中，如果胶水表干时间过短，由于待料、设备异常等因素，会导致胶水的大量浪费；也可能由于操作员处理不及时，由于胶水固化时间短而导致设备堵塞。按经验，把表干时间控制在 15~30min 比较合理。

（3）胶水的用量　胶水用量主要由产品和工艺来确定，目的是满足产品的要求。目前常用打胶工艺有点胶、涂胶、喷胶和灌胶，每种工艺所需要的设备是不同的。在打胶时需要注意胶量的控制，避免产生溢胶而影响其他工序。

9. 盖绝缘板

盖绝缘板是对蓄电池模块的汇流排进行绝缘保护。在工艺设计时，需要注意绝缘板不能高出支架的上边缘，同时绝缘板与支架边框之间的间隙应小于 1mm。盖好绝缘板后蓄电池模块就搭建完成了。

10. 模块 EOL 测试

EOL 测试（End of Line）（一般也称为下线测试）是生产过程中质量控制的关键环节，仪器如图 2-3-10 所示。主要针对模块的特殊特性进行测试，主要测试项目有绝缘耐压测试、内阻测试、电压采样测试、尺寸检测、外观检查。经 EOL 测试合格的模块按规定转入 PACK 组装工序或入库，在转运过程中需要对模块进行绝缘保护和防止模块跌落。测试项目一般根据客户和产品的要求来增减，其中安全检测项目是必不可少的。

图 2-3-10　模块 EOL 测试仪器

问题 3：动力蓄电池模块尺寸确定后，需要考虑固定和连接方式。蓄电池模块的固定和连接有两个作用，一方面是固定和连接电芯，使之成为一个整体，并且具备足够的机械强度和刚度，另一方面是预留模块对外的连接、固定方式和位置。按使用功能分类，固定与连接可以分为机械固定与连接、电气固定与连接。

三、模块的固定与连接

1. 模块的机械固定与连接

机械固定与连接主要起机械承载的作用，设计时需要考虑机械固定与连接的强度和刚度。蓄电池模块主要靠复合 PCB 板、连接汇流排和塑胶支架进行机械固定。

（1）连接汇流排设计　汇流排可以由铜、镍、铝等材质制作而成，截面为矩形或倒角（圆角）矩形的长导体（现在一般都用圆角铜排，如图 2-3-11 所示，以免产生尖端放电），在电路中起输送电流和连接电气设备的作用。铜排具有电阻率低、可折弯度大等优点。

（2）柔性电路板 FBC 设计　柔性电路板 FBC，又称为挠性板，是由在柔性介质表面制作有导体电路组成的，包含或不包含覆盖层，如图 2-3-12 所示。柔性电路板介质的介电常数比较小，可以给导体提供良好的绝缘和阻抗性能。同时，柔性介质很薄并具有柔性，它具有良好的抗拉力、多功能性和散热性能。因为柔性电路板的特性，它在汽车、便携机、手机、通信、医疗和航天等众多领域获得了广泛的应用。

图 2-3-11　圆角铜排

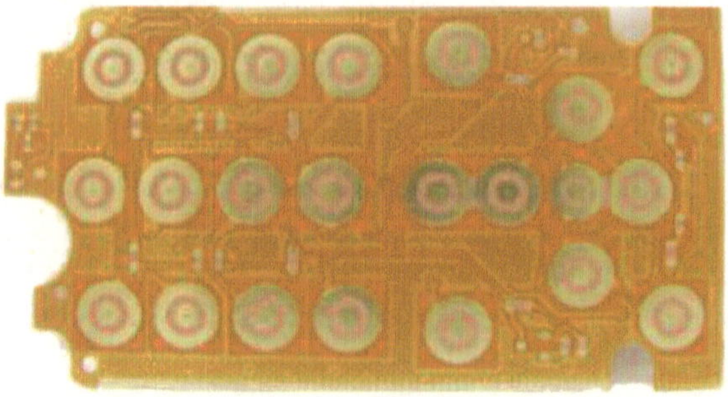

图 2-3-12　柔性电路 FBC 板

2. 模块的电气固定与连接

动力蓄电池模块的电气固定与连接不仅需要考虑固定和连接的强度，还需要考虑过电流能力、是否有电化学腐蚀现象等。蓄电池箱内主要有电压采集线、温度采集线、模块间通信线和蓄电池箱通信线，如图 2-3-13 所示。

图 2-3-13　蓄电池箱内部结构

(1) 电压采集线　电压采集线分为单线采集与采集板采集两种设计方式。

1）单线采集设计方式。在单线采集设计方式中，需要注意每个采集位置使用端子或是锁孔端子需一一对应，使用孔径对应铜板及 PCB 开孔孔径。所有采集线位号标签不得排列错误，线长度根据实际长度标出，不得错位标示，避免采集线过长或过短。第一个电压采集模块位号排列完成，第二个电压采集模块需按起点顺序排列，避免错误排列。标签位号需按蓄电池模块实际采集顺序排列，顺序号不得错乱。相邻两个模块相交线用线耳采集，在组装锁付时第一个采集模块最后一根采集线与第二个采集模块第一根采集线为同一采集点。

2）采集板采集设计方式。每个 34 拼插头可供两个采集模块使用，此采集条 PCB 线束作为采集转接线使用，首先对采集条每个插座端子对应的采集串确认，再一一对应填入 34 拼插头每个端子对应定义位号，电压采集模块插头端与 34 拼插头采集串一一对应即可。

(2) 温度采集线　温度采集线设计包含对插电压采集模块端胶壳及端子的选型、线材的使用、温度采集线标签命名方式等。设计时计算出蓄电池箱内需要温感探头的总数量，根据蓄电池箱内蓄电池模块实际排列合理、平均分配温感探头，不得相隔位置太远，以免影响温度采集精度。

(3) 模块间通信线　模块间通信线设计包含胶壳及端子的使用、模块通信线定义、模块通信线和电源线的使用、模块通信线命名。

(4) 蓄电池箱通信线　图 2-3-14 所示为蓄电池箱通信完整的控制示意图及说明。

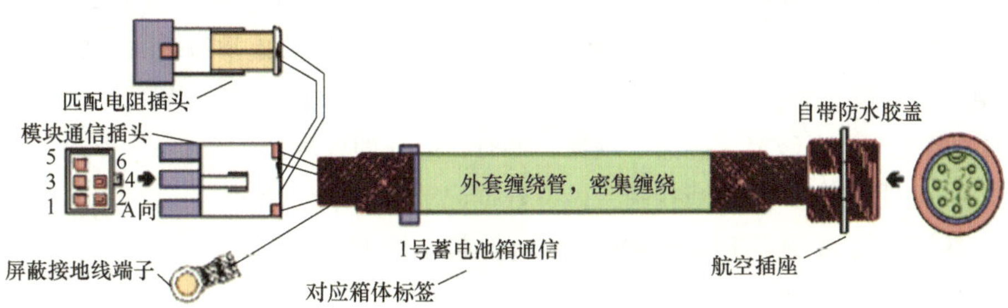

图 2-3-14　蓄电池箱通信完整的控制示意图及说明

四、动力蓄电池PACK的设计要求以及测试

1. 动力蓄电池 PACK 的设计要求

蓄电池箱设计不仅受到整车安装空间和安装方式的影响，还受到模块形状尺寸和安装方式

的影响。设计蓄电池箱时，在满足强度、刚度的前提下，综合考虑这两方面的影响，满足电气设备外壳防护等级 IP67 的设计要求，线束走向合理、美观且固定可靠。具体来看，蓄电池箱的设计需要考虑的因素包括机械结构安全性、电安全性、防水防尘密封性能、通风散热及加热性能，具体的设计要求可以扫描图 2-3-15 所示二维码进行阅读。

2. 动力蓄电池 PACK 的测试

目前，蓄电池包体积能量密度越来越大，容量也越来越大，动力蓄电池的安全性也越来越被人们所关注。在动力蓄电池总成（图 2-3-16）出厂前，人们设计了多种性能测试来保证动力蓄电池在车辆不同行驶工况下的安全性和可靠性，如安全性测试、电性能测试、可靠性测试、壳体防护测试等严苛测试，具体测试内容可以扫描图 2-3-15 所示的二维码进行了解。

图 2-3-15　动力蓄电池 PACK 设计要求及测试二维码

图 2-3-16　动力蓄电池总成

实践-任务实施

一、安全要求及注意事项

安全要求及注意事项如下：

1）进行动力蓄电池总成的组装前，需要配备好专用的拆解工具，以及灭火器、消防沙和急救箱等。

2）组装过程应使用安全防护装备，如高压绝缘手套、防砸绝缘鞋和护目镜等。

3）组装过程应使用专业防护罩组装工装台和绝缘工具等。

4）应按汽车生产企业或动力蓄电池生产企业提供的组装信息或组装手册进行合理组装。

5）动力蓄电池电压远超过安全电压，未经过培训的人员禁止参与组装，组装过程应至少有两名持电工证人员。

6）动力蓄电池没有破损、漏液等现象，如有，应立即处理。

7）在实训过程中，严禁嬉戏打闹，做好数据记录和结果记录。

8）实训结束后，必须清理场地和设备，撤除警示标识。

二、设备及工具

准备的设备及工具包括抓取蓄电池模块工装 1 套、蓄电池训练包 1 个、工位防护套装 1 套、分容柜 1 个、绝缘桌 1 个、检测工具套装 1 套、个人防护套装 1 套、稳压源 1 套、测试柜 1 台、绝缘内阻测试仪 1 个、检漏仪 1 个、绝缘耐压测试仪 1 个、动力蓄电池系统虚拟仿真软件 1 套。

三、操作步骤

问题 4： 扫描图 2-3-17 所示二维码，观看蓄电池模块组装虚拟仿真视频，结合视频以步骤说明完成虚拟仿真环境下的蓄电池模组组装实训。

图 2-3-17 蓄电池模块组装虚拟仿真操作步骤

问题 5： 根据以下步骤说明完成蓄电池模块组装实训。

1）筛选电芯时，检查其是否鼓包、漏液，极柱是否锈蚀，螺纹是否损坏，尺寸是否一致。

2）先用蓄电池内阻测试仪进行校准，然后测量各电芯的内阻和电压，选用的电芯电压应接近 3.3V，并且电压差值≤50mV，内阻≤20mΩ，如图 2-3-18 所示。

3）将内阻和电压一致性相近的电芯放在合格区域，并盖上防护板；将内阻相差过大的电芯放置在不合格区域，如图 2-3-19 所示。

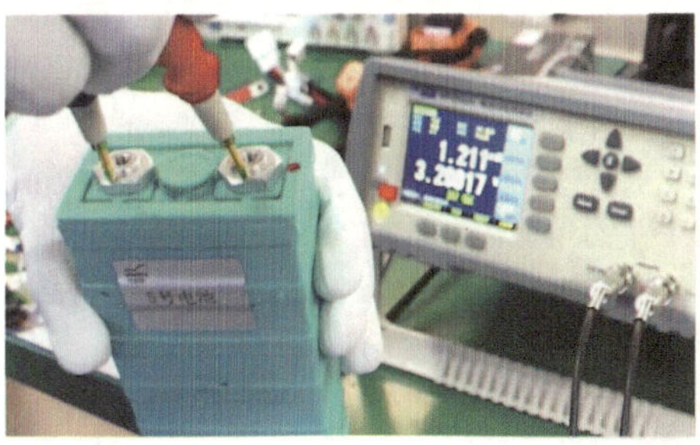

图 2-3-18 测量电芯的电压和内阻

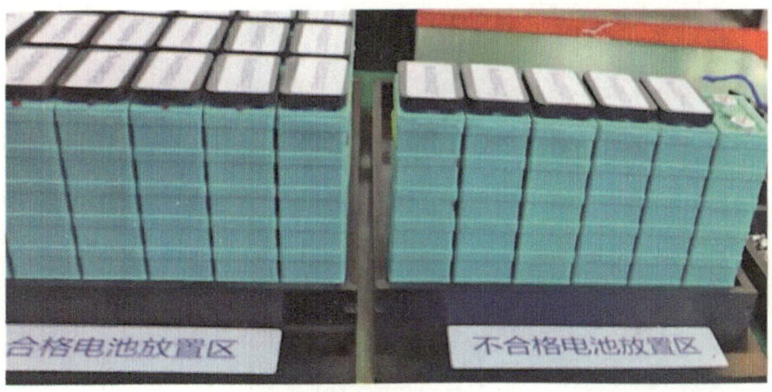

图 2-3-19 分类储存

4）将电芯的防护盖打开，把内阻和电压接近的电芯按照极性放入模块中，六个电芯成一个模块，如图 2-3-20 所示。

5）红点为蓄电池的正极，正、负极按照首尾相连的原则检查蓄电池有没有放反。对所有正、负极进行等离子清洗，并焊接正、负极镀镍钢片，检查焊点，如图 2-3-21 所示。

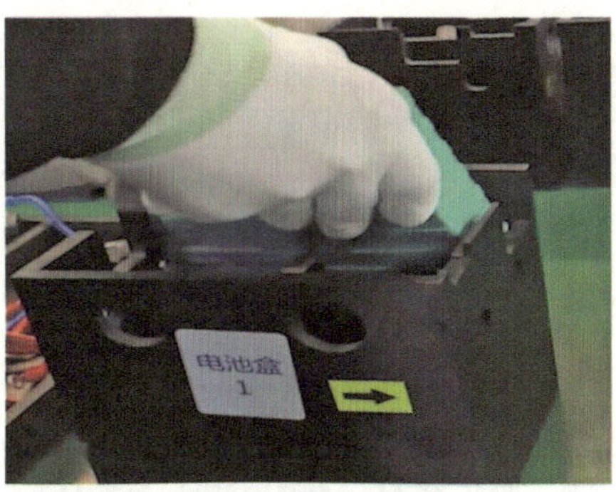

图 2-3-20 模块箱放置电芯

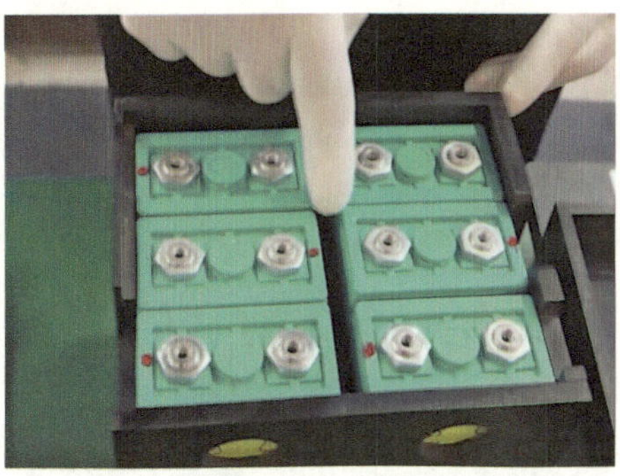

图 2-3-21 检查焊点

6）盖上蓄电池模块上隔板，注意检查防护板极性与蓄电池极性对应，如图 2-3-22 所示。

7）手动预紧防护板，然后用工具紧固螺栓，如图 2-3-23 所示，张贴条码。

8）使用等离子设备对组装后的蓄电池模块所有正、负极进行清洁，测试模块的电压、内阻，并扫码记录数据。合格的蓄电池模块和连接铜片、支撑板，利用螺钉组装起来，并粘贴条码，如图 2-3-24 所示。

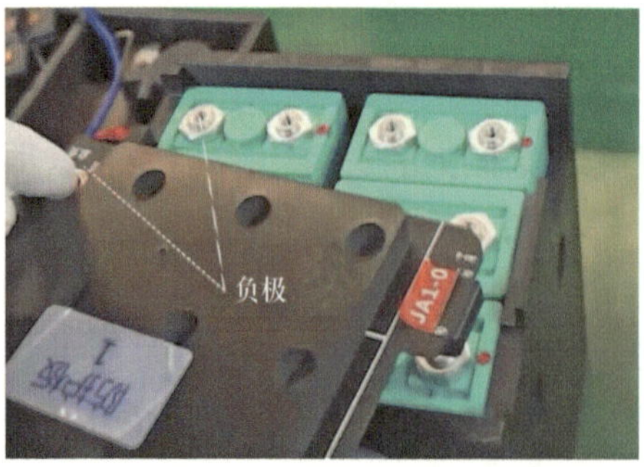

图 2-3-22　盖上蓄电池模块上隔板

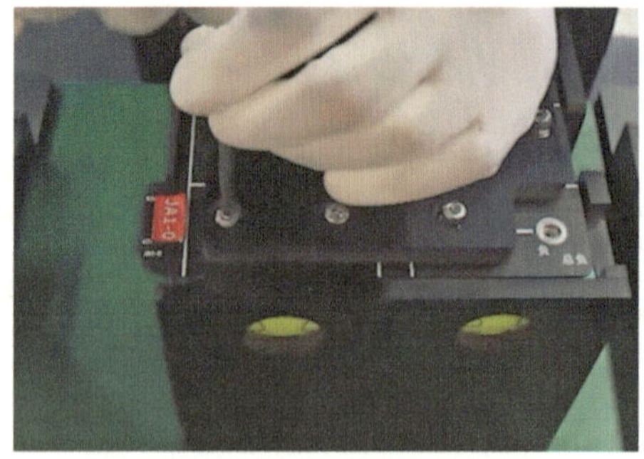

图 2-3-23　紧固螺栓

9）将蓄电池模块进行下线测试，先进行外观检查，看有无破损、变形和漏液等现象。

10）用绝缘耐压测试仪（图 2-3-25）接蓄电池模块的正、负极，进行绝缘耐压测试，看蓄电池模块绝缘耐压性能是否符合标准。

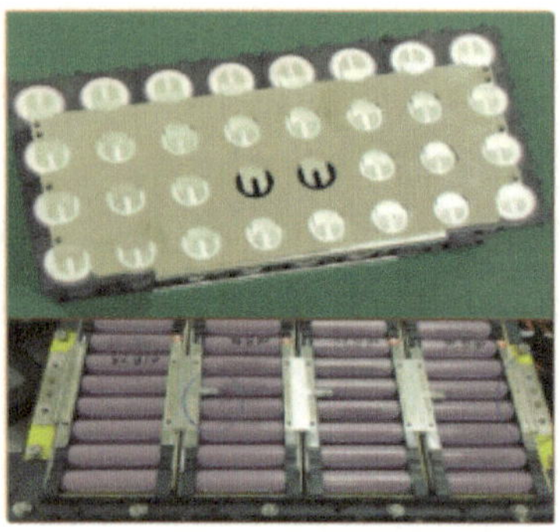

图 2-3-24　组装蓄电池模块

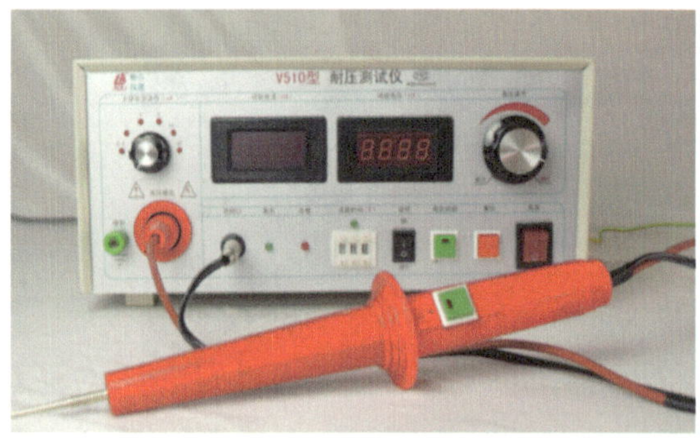

图 2-3-25　绝缘耐压测试仪

11）将蓄电池模块放进测试柜中，如图 2-3-26 所示，进行内阻测试和电压采样测试，看蓄电池模块内阻和电压是否符合标准。

12）在上述测试都合格后，用尺寸测量机测量蓄电池模块尺寸，如图 2-3-27 所示，尽量选择尺寸相差较小的蓄电池模块转入 PACK 组装工序或入库。

图 2-3-26　蓄电池模块测试柜

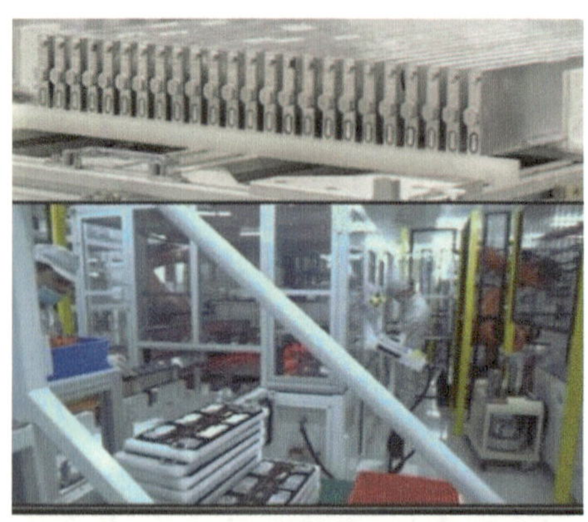

图 2-3-27　蓄电池电池模块全尺寸测量

13）将熔断器及蓄电池管理系统固定到蓄电池箱上，如图 2-3-28 所示，在蓄电池箱上安装高压插接器及高压板，在高压板、高压插接器、熔断器等组件之间连接铜排及电缆。

14）将蓄电池模块固定在蓄电池箱箱底，将采集线固定到蓄电池模块上，连接总正总负铜排，整理线束走向，并利用扎带将线束固定到线槽、模块上，测量总正、总负对蓄电池箱的绝缘内阻，绝缘内阻最小值应大于 100 Ω/V，动力蓄电池总成组装完成，如图 2-3-29 所示。

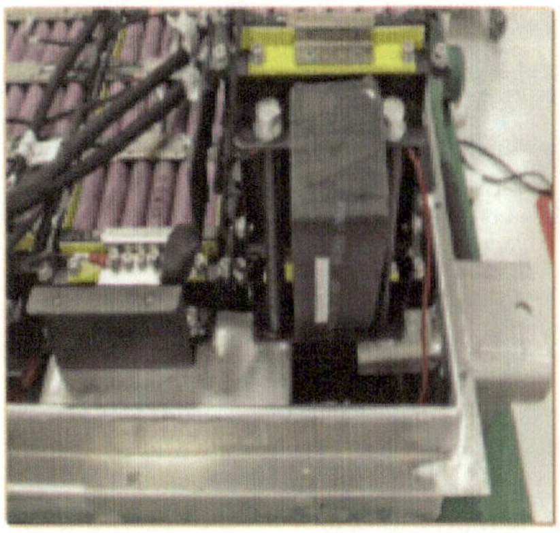

图 2-3-28　将熔断器及蓄电池管理系统固定到蓄电池箱上

图 2-3-29　蓄电池模块固定在蓄电池箱箱底

15）检查稳压源和测试柜处于关闭状态，连接动力蓄电池、稳压源和测试柜（注意正极朝外、负极朝内）。开启测试软件，测试动力蓄电池，如图 2-3-30 所示。

16）用测试柜检查动力蓄电池的空电电压、满电电压、放电容量，并用点温计测量放电 30min 的铜排温度（温度≤65℃才合格），并填写数据，如图 2-3-31 所示。

图 2-3-30　测试动力蓄电池

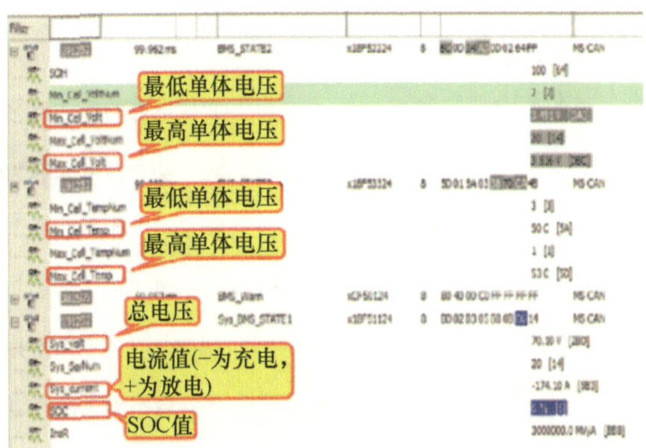

图 2-3-31　记录数据

17）将箱盖安装到箱体上，并用螺栓紧固，使用检漏仪测试箱体的气密性，如图 2-3-32 所示。

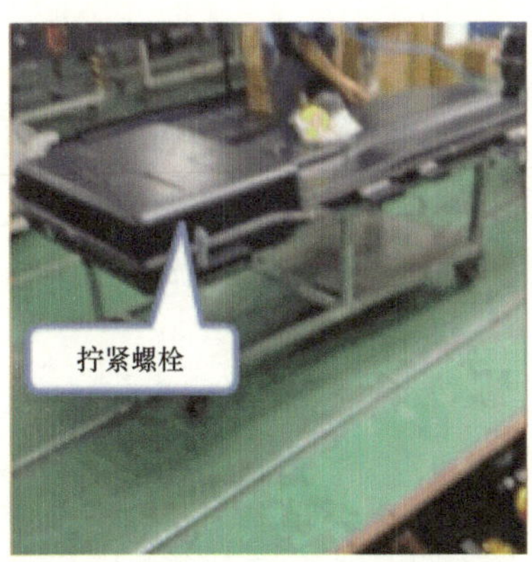

图 2-3-32　箱盖安装到箱体上

考核–任务评价

各组选出代表进行本任务的成果汇报，可以采用 PPT 或实操演示的形式，并分别由各小组成员、专业教师以及企业代表考核打分，并将结果填入表 2-3-1~表 2-3-4 中。

表 2-3-1 小组考核表

组长			学号			班级					组别			
组员姓名														
任务三		动力蓄电池 PACK 技术的认知												
考核项目	分值	等级				考核对象（组别）								
		A	B	C	D									
实训规范	40	40	30	20	10									
PPT 汇报	40	40	30	20	10									
7S 管理	20	20	15	10	5									
合计	100	各组得分												

注意：小组互评分记录按各组的平均分（包含被评价组）计算

表 2-3-2 教师对小组考核表

考核项目		考核依据	分值	得分
考勤（5%）		未出现无故迟到、早退和旷课的现象	5	
工作过程（80%）	获取信息进行决策	掌握动力蓄电池 PACK 的组成	10	
		掌握动力蓄电池模块组装过程	10	
		掌握动力蓄电池模块固定与连接	10	
		掌握蓄电池箱结构设计及测试项目标准	10	
	任务实施	完成电芯的筛选与配对	10	
		完成动力蓄电池电气连接和机械连接	10	
	工作质量	能按照工作方案操作，按计划完成工作任务	10	
	团队合作	与小组成员、同学之间能合作交流、协调工作	10	
项目成果（15%）	工作完整	能按时完成工作任务的所有环节	5	
	工作规范	能在整个操作过程中规范操作，避免意外事故发生	5	
	汇报展示	能准确表达、汇报工作成果	5	
合计			100	

表 2-3-3 企业对小组考核表

项目（任务）名称	
您对本次任务完成质量考核	□非常好（90~100 分） □一般（70~90 分） □不太理想（70 分以下）
您的评分与建议	（若企业没有参与考核，则选择综合考核方式一）

表 2-3-4 综合评分表

综合考核方式一	小组自评（30%）	小组互评（20%）	教师考核（50%）		综合得分
综合考核方式二	小组自评（30%）	小组互评（20%）	教师考核（40%）	企业考核（10%）	综合得分
综合评语	（作业过程中存在的问题及改进建议）				

证书-考证指南

考证指南

在交通运输部职业资格中心 2022 年 7 月发布的《新能源汽车检测维修专业能力考核标准》中，涉及新能源汽车动力蓄电池及蓄电池管理系统检测与维修的考量。通过查看标准 4.4 的内容，要求制订动力蓄电池的维修方案（包括蓄电池模块均衡、更换，蓄电池管理系统的检修与标定，动力蓄电池故障检测诊断与排除等内容）。通过新能源汽车检测维修专业能力考核可获得由交通运输部职业资格中心颁发的交通运输专业能力考核合格证书。

任务四　动力蓄电池的拆装与检测

开卷-任务分组

班级		组号		指导教师	
组长		学号		日期	
组员	姓名：＿＿＿ 学号：＿＿＿		姓名：＿＿＿ 学号：＿＿＿		
	姓名：＿＿＿ 学号：＿＿＿		姓名：＿＿＿ 学号：＿＿＿		
	姓名：＿＿＿ 学号：＿＿＿		姓名：＿＿＿ 学号：＿＿＿		

知识目标	技能目标	素养目标
➢ 掌握动力蓄电池拆卸前提条件 ➢ 了解动力蓄电池安装在实车上的前期准备与实施过程 ➢ 掌握动力蓄电池安装至实车后进行的常规检查，如 SOC 标定、密封性检查、等电位测试等	➢ 通过学习动力蓄电池的拆卸前提条件与拆卸实训练习，使学生具有独立拆卸动力蓄电池的能力 ➢ 通过学习动力蓄电池安装与测试的理论知识以及实训练习，使学生具有独立更换动力蓄电池以及进行绝缘检测的能力	➢ 通过对动力蓄电池拆卸的准备，培养学生规范操作、安全防护的意识 ➢ 通过对动力蓄电池的更换以及绝缘检测的实训任务，培养学生知行合一、团结互助的工作态度 ➢ 通过一系列动力蓄电池拆装与检测的准备，培养学生未雨绸缪、计划缜密的工作习惯 ➢ 培养学生严格执行 7S 现场管理的习惯

框架-任务导图

本任务核心内容导图如图 2-4-1 所示。

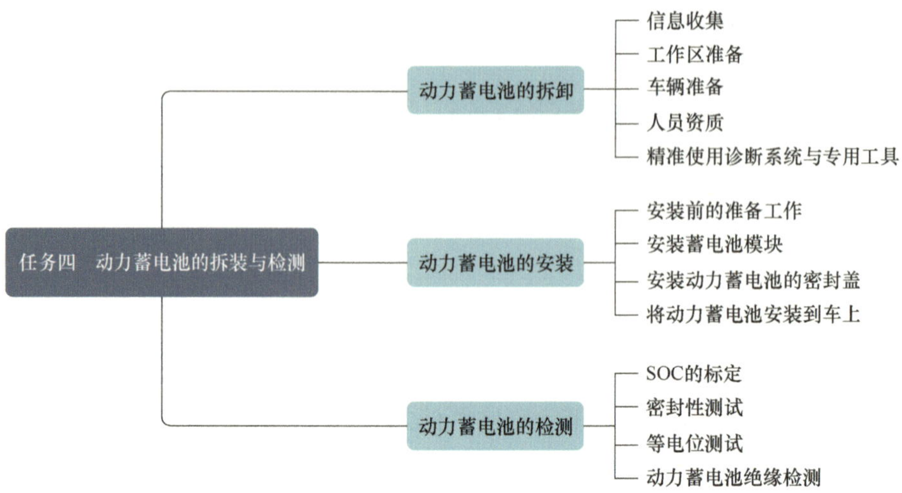

图 2-4-1　本任务核心内容导图

驱动-任务导入

一辆行驶里程数约为 30000km 的比亚迪秦 EV，起动时“OK”灯不亮，且仪表显示“检查动力蓄电池系统”，用故障诊断仪读取故障码并检测相关数据流，发现蓄电池包需要进行更换。你作为一名维修人员，请严格按照相关的作业标准对该车的蓄电池包进行更换。

学习-相关知识

问题 1：动力蓄电池系统是电动汽车的动力能源，它为整车驱动和其他用电器提供电能。该系统由动力蓄电池模块、蓄电池信息采集器、串联线、蓄电池信息采样线、托盘和密封罩组成。

一、动力蓄电池的拆卸

电动汽车动力蓄电池电压高达 400V，其拆卸属于高压作业，需严格按照厂家拆卸规范以及高压作业规范要求，由具有拆卸资质的人员进行。动力蓄电池拆卸前提条件包含信息收集、工作区准备、车辆准备、人员资质、精准使用诊断系统和专用工具、维修说明。

1. 信息收集

1）拆卸动力蓄电池之前，技术人员应查看汽车厂家维修信息里有关该部件的拆卸和更换内容。维修信息由生产厂家提供，如图 2-4-2 所示。

2）技术人员需查看维修信息，数据库单独列出了拆卸更换程序中的具体部件注意事项。

3）技术人员应当查看已发布的车辆技术服务公告，并查看是否有车辆技术服务公告相关的最新问题，可能会影响拆卸更换程序。

图 2-4-2　全国汽车维修技术信息查询网站

2. 工作区准备

1）拆卸动力蓄电池时，技术人员必须准备一个绝缘的台面，用于放置拆下来的动力蓄电池。如果不使用绝缘的台面，发生电解质泄漏的动力蓄电池就会通过工作台短接到地面造成安全隐患。

2）如果动力蓄电池的冷却系统为水冷式，在拆卸动力蓄电池之前必须确保将其冷却回路内的冷却液完全排干。技术人员应将汽车的膨胀水箱出口盖住，使膨胀水箱中的冷却液无泄漏；在排干动力蓄电池的冷却液后，将其冷却回路的入口和出口盖住，以确保没有异物进入冷却液的入口和出口，或该高压系统的任何暴露区域。

3）动力蓄电池修理工位必须洁净（无油脂、无污物、无碎屑）、干燥（无溢出液体），且无飞溅火花（不靠近车身维修区域）。因此，必须避免紧靠车辆清洗场所（清洗车间）或车身修理工位。如果条件允许，应使用活动隔板进行隔离，如图 2-4-3 所示。

图 2-4-3　维修工位隔离

4）为了防止有人未经授权进入工位（未获资质人员、客户、到访者等）以及无法确保高电压本质安全或出现不明状态，工作时应使用隔离带。离开工作区域时，应竖立发光黄色警告提示。

3. 车辆准备

技术人员在准备车辆时通常应做好以下工作：

1）拉紧车辆的驻车制动器手柄。

2）关闭车辆的驱动系统（“READY”或“OFF”）。

3）断开车辆的辅助蓄电池连接。

4）留出足够的时间让变频器电容充分放电。

5）拆下车辆的维修开关。维修开关如图 2-4-4 所示。

许多混合动力汽车和纯电动汽车须在车辆 12V 辅助蓄电池断开连接之前和 / 或之后采取特

殊的防护措施。这些防护措施包括但不限于：

1）车辆下电后（“READY”或“OFF”），须等待维修手册中规定的时间后才可断开 12V 辅助蓄电池的连接。

2）断开 12V 辅助蓄电池的连接后，须等待规定的时间后才能进行作业。

有些汽车制造商要求锂离子蓄电池包在拆卸之前必须放电到规定的 SOC 以下。有些制造商要求技术人员在蓄电池包拆卸之前必须检查蓄电池包温度传感器的温度显示，确保蓄电池包的温度降至规定温度以下。

图 2-4-4 电动汽车的维修开关

4. 人员资质

要求只允许具备动力蓄电池修理资质的维修人员进行这项工作，或包括进行过“高电压本车型车辆作业专业人员”培训、高电压系统培训，特别是动力蓄电池修理培训的维修人员。

5. 精准使用诊断系统与专用工具

进行故障查询时，应在拆卸和打开动力蓄电池前使用诊断系统，只有符合检测计划且满足“外部没有机械损伤”前提条件时，才能打开动力蓄电池并根据检测计划更换损坏组件。除更换损坏组件外，不允许对动力蓄电池内部进行任何修理工作。例如导线束损坏时，不允许进行维修，而是只能进行更换。更换损坏组件时，必须严格遵守维修说明中规定的工作步骤。

在部件拆卸和 / 或更换时，可能需要使用专用维修工具（SST）。许多动力蓄电池包括一些小型蓄电池包，必须弯下身才能顺利取下。有些蓄电池包则必须使用起重机或专用的带吊钩的蓄电池包举升装置才能拆下来。例如，必须使用动力蓄电池的维修开关作为工具才能拆卸图 2-4-5 所示的安全按钮，然后方可拆下蓄电池模块盖。这样的设计保证了技术人员在拆下盖子之前高压维修开关就已经被拆除。具体拆卸过程见本任务实训。

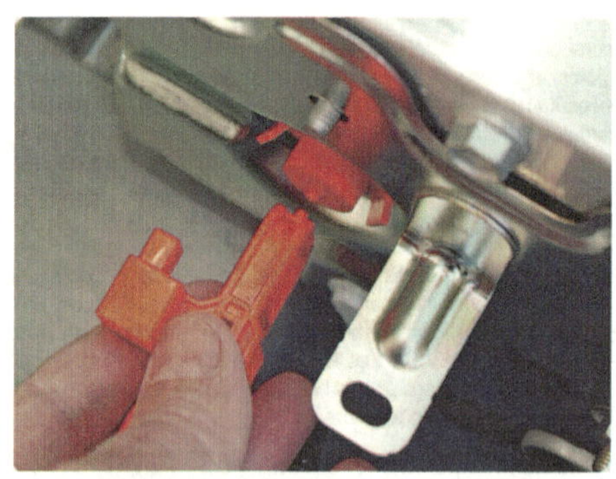

图 2-4-5 丰田普锐斯蓄电池模块盖拆卸工具

最重要的专用工具包括：

1）可移动总成升降台以及用于拆卸和安装动力蓄电池的适配接头套件。

2）动力蓄电池模块充电器。

3）用于修理动力蓄电池后进行试运行的性能测试仪。

4）用于拆卸和安装蓄电池模块的起重工具。

5）用于松开动力蓄电池内部卡子的塑料专用装配工具。

6）用于整个动力蓄电池的起重横梁。

7）隔离带。

8）带发光条的黄色警示锥筒。

问题 2：下面是动力蓄电池安装注意事项，请查看框内内容。

动力蓄电池安装注意事项
- 动力蓄电池必须完整无损
- 安装蓄电池模块之前要对蓄电池模块外壳进行低压力测试
- 用手泵或烟雾机进行检测，目的是确保外壳不会发生泄漏
- 使用特殊定位销，帮助引导大型动力蓄电池安装到位

二、动力蓄电池的安装

1. 安装前的准备工作

1）组装新蓄电池模块前，必须使新蓄电池模块的充电状态达到之前读取剩余蓄电池模块水平。

2）更换所有蓄电池模块时，通过专用充电机读取一个蓄电池模块的电压，作为所有其他蓄电池模块的额定充电电压，从而确保充电时间最小化。

3）将蓄电池包的蓄电池管理器（BMC）（或蓄电池信息采集器）安装到新蓄电池包上。

4）使用经过批准的清洁剂（例如酒精、玻璃清洗液、蒸馏水）清洁冷却通道部分和下部蓄电池模块。

5）存在粗杂质时，可在确定原因后使用带塑料盖的普通吸尘器进行清洁。

6）将导热剂涂覆于露出的冷却通道部分上。

7）将新蓄电池模块的序列号记录在位置图上，因为稍后需要将其输入诊断系统内。

8）带有冷却模块的蓄电池包，更换所有蓄电池模块时要更换冷却模块。

2. 安装蓄电池模块

1）使用专用工具小心抬起蓄电池模块，包括蓄电池管理器（或蓄电池信息采集器）。要注意相邻部件，特别是高电压导线。

2）使用绝缘套筒安装蓄电池模块的螺母，并按规定力矩拧紧。

3）连接蓄电池管理系统导线束的插头与蓄电池管理系统。

4）安装并固定拆下的隔板。插上相关蓄电池模块的高电压插头。

5）连接蓄电池模块与壳体上所固定导线之间的高电压导线。

6）将新蓄电池模块的序列号及其在动力蓄电池内的安装位置记录在从诊断系统中打印出来的单子上。

7）在诊断系统内有一项服务功能用于修理后进行动力蓄电池试运行。在此必须将新蓄电池模块的序列号输入蓄电池管理系统内。

3. 安装动力蓄电池的密封盖

1）检查密封盖下部件的密封面，并清除可能存在的污物。

2）在他人的帮助下小心地放上密封盖。在此必须注意不要让尖锐棱边接触密封垫。

3）由于采用自攻螺栓，因此使用工具进行继续工作前必须用手小心地安装，否则存在密封盖下部件螺纹损坏的风险。不允许使用电动螺钉旋具，否则可能会导致螺栓 / 螺纹断开。

4）维修时，必须在密封盖下部件内部内螺纹损坏的情况下，将壳体开孔钻成直径 6.5mm 的通孔。说明：为了避免壳体内部产生碎屑，只允许放上密封盖后进行钻孔。进行密封盖钻孔后，必须用螺母固定螺栓。

5）按规定力矩拧紧螺栓，将单独提供的警告信息安放在密封盖上。

4. 将动力蓄电池安装到车上

佩戴绝缘手套，用万用表测试更新的动力蓄电池母线是否有电压输出，若没有电压输出就

更换装车。在他人的帮助下使用总成升降台小心地将动力蓄电池移回车辆下方。抬起动力蓄电池时，必须注意锁止件和中间位置，而且不允许将总成升降台抬得过远，确保平整、密封，如图 2-4-6 所示。佩戴绝缘手套，安装托盘的紧固件，不同车型的拧紧力矩不同。

如果是通过动力蓄电池托底和底盘之间进行电位补偿的，还需要拧入电位补偿螺栓（线），如图 2-4-7 所示。安装上车后，整车上电，在诊断系统内进行动力蓄电池检测诊断（写入该动力蓄电池的实际容量及 SOC、删除故障码等），对车辆进行试运行标定。

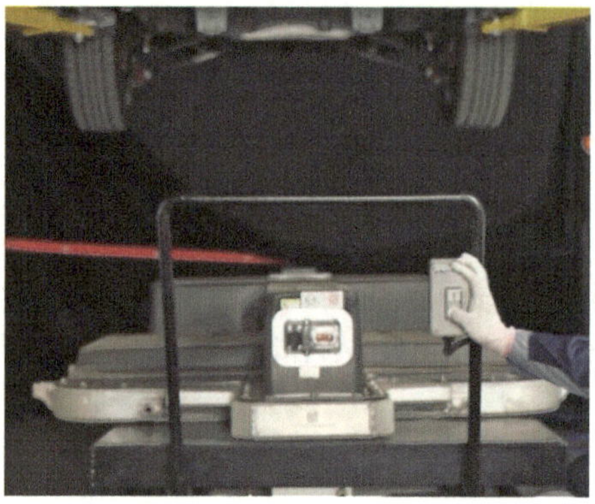

图 2-4-6　动力蓄电池安装上车

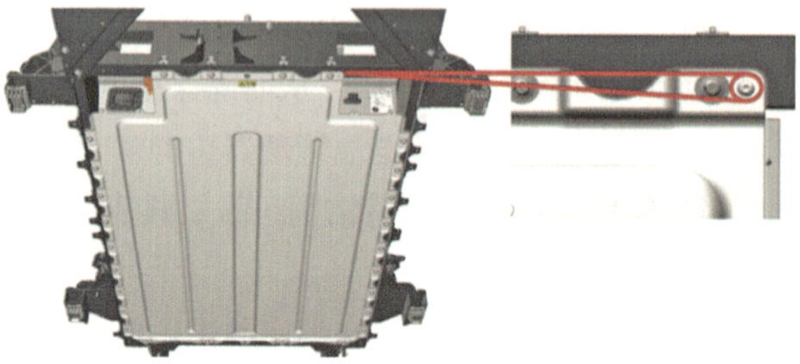

图 2-4-7　安装电位补偿螺栓（线）

三、动力蓄电池的检测

1. SOC 的标定

更换动力蓄电池时，安装新的动力蓄电池后，一般用诊断仪检查电气故障，若无故障码则可正常运行。部分电动汽车更换动力蓄电池后，由于工作人员未进行 SOC 标定或 SOC 错误标定，可能出现动力蓄电池容量与蓄电池管理系统容量不一致的现象，将会导致车辆的续驶里程与当前 SOC 值不匹配，严重情况下会出现续驶里程跳变或驾驶人误判续驶里程，导致车辆抛锚。出现此类动力蓄电池容量标定错误时，请联系蓄电池技术工作人员进行处理。

以比亚迪秦 EV 为例，其处理方法如下：

1）在条件允许的情况下，通过充电柜对车辆进行放电至车辆自动切断动力，然后给车辆进行充电至 SOC 为 100%。在 SOC 达到约 90% 时，通过前机舱动力网 CAN 口连接上位机，打开蓄电池管理控制器监控系统，采集车辆充电到 SOC 为 100% 时的本次充电容量，将此充电容量对于 SOC100% 重新标入蓄电池管理控制器中，恢复车辆上电，车辆恢复正常。

2）如果不能通过充电柜对车辆进行放电，则需要在 SOC 尽量小的情况下将车辆停放在充电位上，开启 PTC 制热，将车辆电量放电至动力自动切断，然后给车辆进行充电至 SOC 为 100%。在 SOC 达到约 90% 时，通过前机舱动力网 CAN 口连接上位机，打开蓄电池管理控制器监控系统，采集车辆充电到 SOC 为 100% 时的本次充电容量，将此充电容量对于 SOC100% 重新标入蓄电池管理控制器中，恢复车辆上电，车辆恢复正常。

3）如果上述两种情况均无法操作，蓄电池管理控制器自带 SOC 有修正功能，在多次充、放电后会将车辆容量修正为接近实际容量。但是此方法可能会让驾驶人误判续驶里程，导致车辆抛锚。

2. 密封性测试

1）动力蓄电池验电。

2）清洁动力蓄电池外表，安装动力蓄电池维修开关、高压插头及低压端盖。

3）拆卸动力蓄电池安全阀，安装气管转换阀。

4）连接气管、压力表和打气筒，然后接到动力蓄电池转接阀上。

5）用打气筒对动力蓄电池箱内部充入 2~2.5kPa 压力的气体。

6）观察压力表数值变化，在 1min 内压力回落不能超过 0.2kPa。

7）打开压力表阀门，放出动力蓄电池箱内部气体并将压力表及气管拆下。

8）拆卸转接阀，安装泄压阀，使用 10N · m 的力矩拧紧（该测试适用于吉利 EV450 车型，比亚迪秦 EV 车型不需要进行该测试，根据密封方式决定是否进行该测试）。

3. 等电位测试（图 2-4-8）

1）检查仪表外观，打开毫欧表，选择 20mΩ 档。

2）将毫欧表两个表笔短接，旋转调零旋钮对毫欧表进行调零。

3）将毫欧表调至 200mΩ 档，测量动力蓄电池四个测试点与壳体固定螺栓之间的电阻，应不大于 100mΩ。

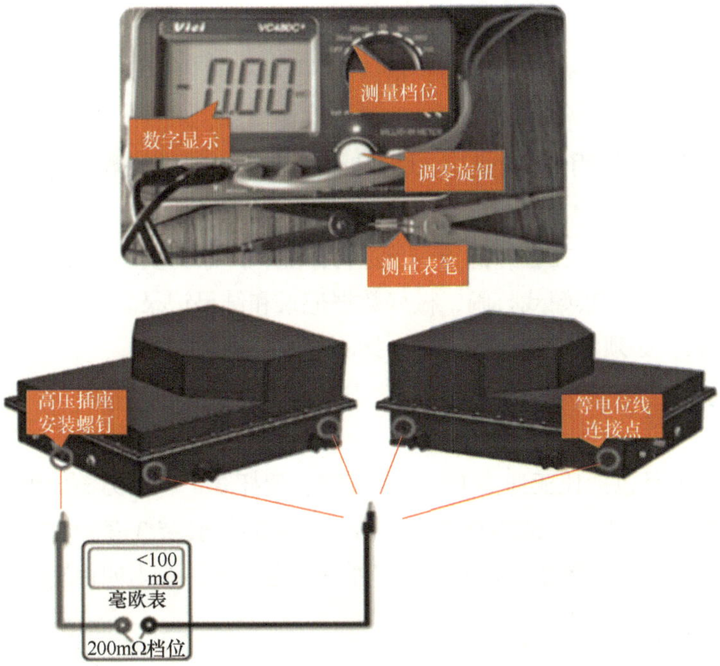

图 2-4-8　等电位测试示意图

4. 动力蓄电池绝缘检测（图 2-4-9）

1）拆卸动力蓄电池高压插头及维修开关。

2）使用数字式绝缘电阻表对动力蓄电池正极与壳体紧固螺栓进行绝缘测试。

3）使用数字式绝缘电阻表对动力蓄电池负极与壳体紧固螺栓进行绝缘测试。

实践–任务实施

一、安全要求及注意事项

安全要求及注意事项如下：

1）实训开始前，提前准备好需要使用的个人防护用品，并检查是否符合使用标准。

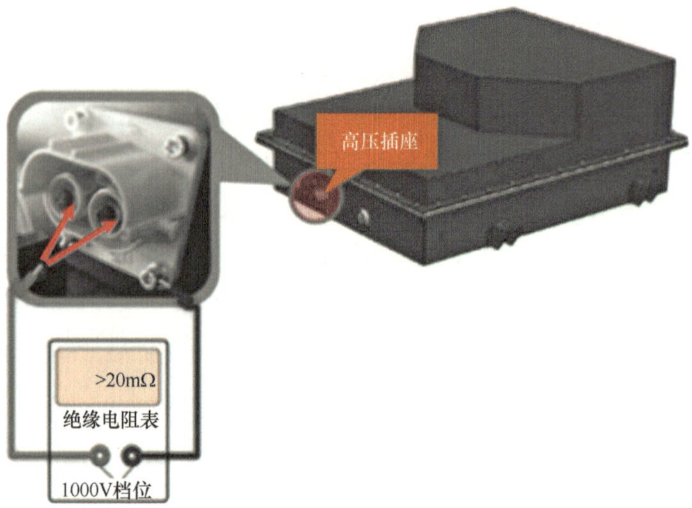

图 2-4-9 动力蓄电池绝缘检测示意图

2）实训开始前，提前做好场地防护，设置警示标识，在操作位置布置好绝缘防护措施。

3）实训开始前，熟悉并正确使用实训过程的设备和仪器。

4）拆卸高压零部件前，必须做好防护措施。

5）拆卸高压零部件时，必须使用绝缘工具。

6）在实训过程中，使用绝缘电阻测试仪和万用表等一起进行测量时，必须遵循单手操作的原则。

7）在实训过程中，必须在教师的指引下进行作业，严禁对实训设备进行改装操作。

8）在实训过程中，严禁嬉戏打闹，做好数据记录和结果记录。

9）实训结束后，必须清理场地和设备，撤除警示标识。

二、设备及工具

准备的设备及工具包括比亚迪秦 EV 整车 1 辆、量杯 2 个、动力蓄电池吊车 1 台、一体化工量具（拆装工具套装）1 套、故障诊断仪 1 台、绝缘防护套装 3 套、数字万用表 1 个、气动扳手 1 台、耐磨手套 1 双、绝缘手套 1 双、车外三件套 1 套、车内四件套 1 套。

三、操作步骤

实训 动力蓄电池的更换

问题 3： 扫描图 2-4-10 所示二维码，根据视频步骤完成动力蓄电池的更换。

问题 4： 根据下面实训步骤指导，完成比亚迪秦 EV 动力蓄电池的绝缘检测。

图 2-4-10 动力蓄电池的更换视频二维码

1）关闭起动开关，断开辅助蓄电池的负极连接，断开手动维修开关（装有时），等待 3~5min。

2）拆开充配电总成的高压母线检测盖，戴好绝缘手套，车辆上电，使用万用表分别测量直流母线正与车身、直流母线负与车身之间的电压。测量直流母线负极与车身地之间的电压有 328.9V，说明动力蓄电池与车身之间存在绝缘故障，如图 2-4-11 所示。

3）测量高压母线之间的电压小于 10V，说明高压母线无绝缘故障。

4）由以上步骤即可判断出动力蓄电池绝缘不良。拆解动力蓄电池，找到漏电的蓄电池模块或直接更换动力蓄电池（比亚迪车型不允许开包检测，只能更换，宁德时代、国轩高科等动力蓄电池都可以开包检测），更换完动力蓄电池后需要给动力蓄电池标定 SOC。

图 2-4-11 测量直流母线负极与车身地之间的电压

考核-任务评价

各组选出代表进行本任务的成果汇报，可以采用 PPT 或实操演示的形式，并分别由各小组成员、专业教师以及企业代表考核打分，并将结果填入表 2-4-1~ 表 2-4-4 中。

表 2-4-1 小组考核表

组长		学号		班级		组别								
组员姓名														
任务四		动力蓄电池的拆装与检测												
考核项目	分值	等级				考核对象（组别）								
		A	B	C	D									
实训规范	40	40	30	20	10									
PPT 汇报	40	40	30	20	10									
7S 管理	20	20	15	10	5									
合计	100	各组得分												
注意：小组互评分记录按各组的平均分（包含被评价组）计算														

表 2-4-2 教师对小组考核表

考核项目		考核依据	分值	得分
考勤（5%）		未出现无故迟到、早退和旷课的现象	5	
工作过程（80%）	获取信息进行决策	掌握相关理论知识	10	
	任务实施	认知动力蓄电池的拆卸事项	10	
		认知动力蓄电池的安装事项	10	
		认知动力蓄电池的检测事项	10	
		完成动力蓄电池的更换	10	
		完成动力蓄电池 PACK 绝缘检测	10	
	工作质量	能按照工作方案操作，按计划完成工作任务	10	
	团队合作	与小组成员、同学之间能合作交流、协调工作	10	

（续）

考核项目		考核依据	分值	得分
项目成果（15%）	工作完整	能按时完成工作任务的所有环节	5	
	工作规范	能在整个操作过程中规范操作，避免意外事故发生	5	
	汇报展示	能准确表达、汇报工作成果	5	
合计			100	

表 2-4-3　企业对小组考核表

项目（任务）名称	
您对本次任务完成质量考核	□非常好（90~100 分） □一般（70~90 分） □不太理想（70 分以下）
您的评分与建议	（若企业没有参与考核，则选择综合考核方式一）

表 2-4-4　综合评分表

综合考核方式一	小组自评（30%）	小组互评（20%）	教师考核（50%）		综合得分
综合考核方式二	小组自评（30%）	小组互评（20%）	教师考核（40%）	企业考核（10%）	综合得分
综合评语	（作业过程中存在的问题及改进建议）				

赛事篇–竞赛指南

2022 年全国中高职竞赛规则中明确要求：重点考核选手仪器设备的规范使用、高压安全防护、单体蓄电池及蓄电池管理系统缺陷查找与修复的能力，要求能对单体蓄电池、接触器、传感器、控制模块（含主控制器、采集器等）、采样线束（电压、温度、电流采集）、高低压插接器、高低压线束、维修开关、车载充电机、交直流充电接口等进行检测分析，对动力蓄电池电压、静态内阻、绝缘电阻、接地电阻等参数进行检测，按要求对故障部位进行修复，并恢复蓄电池管理系统参数，完成动力蓄电池功能恢复并进行充放电测试。扫描右侧二维码，学习蓄电池管理系统参数检查与充、放电测试。

拓展-情智课堂

比亚迪CTB蓄电池、车身一体化技术

党的二十大报告在强调加快实施创新驱动发展战略时指出，“加快实现高水平科技自立自强”“以国家战略需求为导向，集聚力量进行原创性引领性科技攻关，坚决打赢关键核心技术攻坚战。”在激烈的国际竞争中，科技创新已经成为影响综合国力的决定性因素。过去10年，中国汽车产业在技术、产品和供应链等方面自研创新中不断进取，在全球汽车产业链中的大国地位越来越凸显。

2022年5月20日，比亚迪发布CTB蓄电池、车身一体化技术及首款搭载了CTB技术的e平台3.0车型。CTB蓄电池、车身一体化技术简化了车身结构和生产工艺，在安全、操控、高效和美学方面都实现了突破，赋予整车更强的性能表现。

CTB蓄电池、车身一体化技术，将蓄电池上盖与车身地板进一步合二为一，从原来的动力蓄电池“三明治”结构进化成整车的“三明治”结构。动力蓄电池系统既是能量体，也是结构件。这种融合简化了车身结构和生产工艺，是对传统车身设计的一次变革。

CTB刀片蓄电池的结构灵感来源于蜂窝铝结构。刀片蓄电池相邻单体蓄电池可以紧密排列在一起，通过上盖板和底板组成类蜂窝结构。这让CTB刀片蓄电池的结构强度得到突破，能够顺利通过50t重卡碾压的极端测试。同时，CTB技术实现了车身与动力蓄电池系统的高度融合，整车扭转刚度提升一倍。搭载CTB技术的纯电动车型，车身扭转刚度可以超过40000N·m/(°)。高扭转刚度意味着车辆在不同工况下，形变量更小、车体响应更快，车辆弯道操控体验有明显提升。同时，CTB刀片蓄电池的质心更均衡，实现整车50∶50黄金轴荷，车辆的稳定性更好、惯量更低、车身响应跟随更快。首款搭载CTB技术的车型——海豹，整车扭转刚度可达到40500N·m/(°)，目前超越了很多百万级燃油汽车，比亚迪通过CTB技术真正打造出了一辆“撞不断的电动汽车”。

比亚迪作为自主品牌中进军新能源领域最早的企业，对于新能源技术改革有着深刻的见解，一直以来坚持“技术创新与迭代”。通过掌握平台、蓄电池、电机、电控及芯片等全产业链核心技术，比亚迪实现了产业链自主可控和创新链标杆引领。

科技改革是生产的生命力，习近平总书记强调：科学无国界，科学家有祖国。广大科技工作者要树立敢于创造的雄心壮志，敢于提出新理论、开辟新领域、探索新路径，在独创独有上下功夫。要多出高水平的原创成果，为不断丰富和发展科学体系做出贡献，实现伟大科技兴国之路。

笔记栏

项目三 蓄电池管理系统的检测与调试

任务一 蓄电池管理系统的认知

开卷–任务分组

班级		组号		指导教师	
组长		学号		日期	
组员	姓名：______ 学号：______ 姓名：______ 学号：______ 姓名：______ 学号：______				姓名：______ 学号：______ 姓名：______ 学号：______ 姓名：______ 学号：______

知识目标	技能目标	素养目标
➢ 掌握蓄电池管理系统的功能与组成 ➢ 掌握蓄电池管理系统的结构和工作过程 ➢ 掌握蓄电池管理系统的通信方式及通信故障	➢ 通过学习蓄电池管理系统的功能与组成，使学生具有阐述和概括蓄电池管理系统组成部件功能的能力 ➢ 通过学习蓄电池管理系统拓扑结构与工作原理，使得学生具有绘制简单的拓扑结构，并阐述和概括工作原理的能力 ➢ 通过比亚迪秦 EV 车型的动力蓄电池结构的识别，使得学生具有识别实车上动力蓄电池部件的能力	➢ 通过蓄电池管理系统的结构与工作原理的学习，培养学生勤于思考、敢于挑战和勇于攀登的创新精神 ➢ 通过蓄电池管理系统的工作原理分析，培养学生抽丝剥茧、精益求精和十年磨一剑的大国工匠精神 ➢ 通过小组学习，锻炼学生集思广益、精诚团结和群策群力的团队协作意识 ➢ 培养学生严格执行 7S 现场管理的习惯

框架–任务导图

本任务核心内容导图如图 3-1-1 所示。

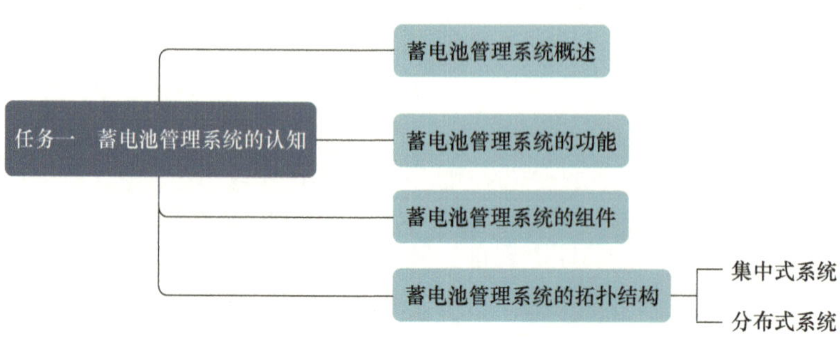

图 3-1-1 本任务核心内容导图

驱动-任务导入

蓄电池管理系统可以看作电动汽车动力蓄电池的“大脑”，由于动力单体蓄电池的不一致性易出现过充电、过放电和局部过热的危险，严重影响蓄电池包的使用寿命和安全，蓄电池管理系统作为保护动力蓄电池使用安全的控制系统，时刻监控动力蓄电池的使用状态，通过均衡功能调节蓄电池包的不一致性，为新能源车辆的使用安全提供保障。

目前，国内的蓄电池系统管理技术比较成熟，可以有效保证单体蓄电池成组后，动力蓄电池的安全、使用寿命、充放电等方面具有优良的性能。为避免发生动力蓄电池自燃、漏电等事故，蓄电池管理系统的研发技术仍需不断提升，大量的测试与研发岗位紧缺。本任务主要介绍蓄电池管理系统的组成、功能，以及测试等方面知识，为学习者就业奠定基础。

学习-相关知识

问题 1： 蓄电池管理系统是对蓄电池进行监控与控制的系统，将采集的蓄电池信息实时反馈给用户，同时根据采集的信息调节参数，充分发挥蓄电池的性能。其硬件部分包括电池管理器（BMC）、绝缘模块、电池信息采集器、接触器、霍尔传感器 / 分流器、熔断器、手动维修开关（MSD）、预充电阻等。

一、蓄电池管理系统概述

随着电动汽车的广泛应用，蓄电池的容量、安全性、健康状态与续驶能力日益成为关注重点。蓄电池管理系统是对蓄电池进行监控与控制的系统，将采集的蓄电池信息实时反馈给用户，同时根据采集的信息调节参数，充分发挥蓄电池的性能。它通过通信接口分别与无线通信模组及显示模组连接，与采集模组的输出端、控制模组的输入端连接，以及蓄电池包及电气设备连接，更有新型现代化蓄电池管理系统通过无线通信模块与 Server 服务器端连接，实现远程监控。

问题 2： 请查阅相关资料，补充图 3-1-2 中紫色框与红色框的名称（继电器和热管理）。

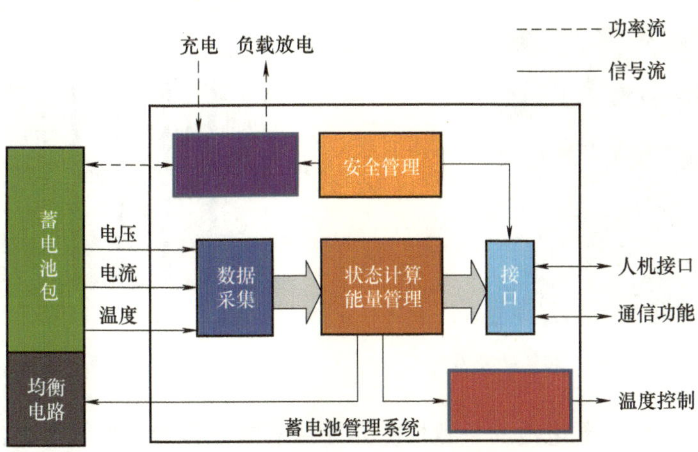

图 3-1-2　蓄电池管理系统功能示意图

二、蓄电池管理系统的功能

蓄电池管理系统的主要功能有能量管理、安全管理、热管理、数据采集、蓄电池状态计算、均衡管理、通信功能和人机接口等，可以防止蓄电池出现过充电和过放电，延长蓄电池的使用寿命，监控蓄电池的状态。

（1）能量管理　能量管理包括以电流、电压、温度、SOC 和 SOH 为输入进行充电过程控制，以 SOC、SOH 和温度等参数为条件进行放电功率控制两个部分。

（2）安全管理　安全管理包括温度报警、绝缘检测、自动灭火、过电压和过电流控制、过充放电控制，在发生碰撞紧急情况下关闭动力蓄电池的功能。

（3）热管理　热管理包括在动力蓄电池工作温度超高时进行冷却，在低于适宜工作温度下限时进行动力蓄电池加热，使动力蓄电池处于适宜的工作温度范围内，并在动力蓄电池工作过程中保持单体蓄电池间温度均衡。对于大功率放电和高温条件下使用的动力蓄电池，动力蓄电池的热管理尤为必要。

（4）数据采集　采集的动力蓄电池的数据（如温度、SOC、电压、电流等数据）。采样速率、精度和前置滤波特性是影响动力蓄电池系统性能的重要指标。电动汽车蓄电池管理系统的速率一般要求大于 200Hz（50ms）。图 3-1-3 所示的比亚迪秦 EV 的蓄电池信息采集器。采集器插件上的红色采集的是单体蓄电池的电压，黑色采集的是动力蓄电池的温度，每个蓄电池模块有 3 个温度传感器，传感器的电阻值为 9.2kΩ 左右。

（5）蓄电池状态计算　蓄电池状态包括蓄电池包 SOC 和蓄电池包健康状态（SOH）两方面。SOC 表示动力蓄电池剩余电量，是计算和估计电动汽车续驶里程的基础。SOH 表示动力蓄电池的技术状态，可以预估可用寿命等健康状态的参数。图 3-1-4 所示为 SOC 和 SOH 监测界面。

图 3-1-3　比亚迪秦 EV 的蓄电池信息采集器

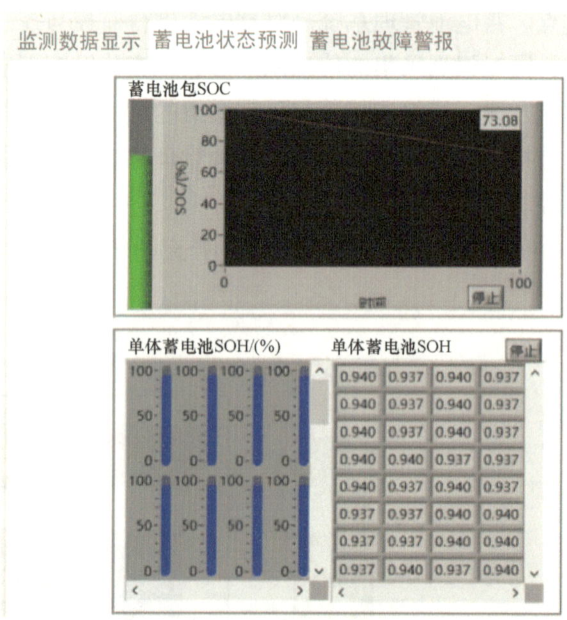

图 3-1-4　SOC 和 SOH 监测界面

（6）均衡管理　动力蓄电池的一致性差异导致蓄电池包的工作状态是由最差单体蓄电池决定的。在蓄电池包各个单体蓄电池之间设置均衡电路，实施均衡控制是为了使各单体蓄电池充、放电的工作情况尽量一致，提高整体蓄电池包的工作性能。

（7）通信功能　通信功能是指通过蓄电池管理系统实现动力蓄电池参数和信息与车载设备或非车载设备的通信。为充放电控制、整车控制提供数据依据是蓄电池管理系统的重要功能之一。根据应用需要，数据交换可采用不同的通信接口，如模拟信号、PWM 信号、CAN 总线或 I2C 串行接口。

（8）人机接口　人机接口是根据设计的需要设置显示信息以及控制按键、旋钮等。

问题 3：请根据图 3-1-5 提示，简述 BMS 的主要组成部分。

BMS 主要由蓄电池控制单元（BMU）、CSC 采集系统、高压配电盒（BBOX，也称电池高压分配单元）和 CAN 通信线束等组成。

三、蓄电池管理系统的组件

目前，国外公司蓄电池管理系统做得比较好的有联电、大陆、德尔福、AVL 和 FEV 等，现在基本上都是按照 AUTOSAR 架构以及 ISO26262 功能安全的要求来做，如图 3-1-5 所示为吉利帝豪 EV450 的 BMS 电器架构图，主要由蓄电池控制单元（BMU）、CSC 采集系统、高压配电盒（BBOX，也称电池高压分配单元）和 CAN 通信线束等组成。

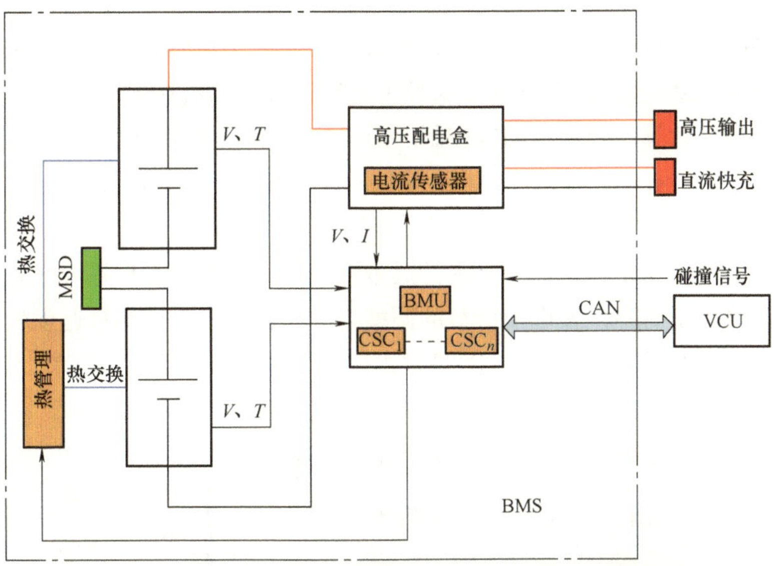

图 3-1-5　吉利帝豪 EV450 BMS 电器架构图

（1）蓄电池控制单元（BMU）　BMU 安装于动力蓄电池总成内部，是 BMS 的核心部件，BMU 将单体蓄电池电压、电流、温度及整车高压绝缘等信息上报 VCU 并根据 VCU 的指令完成对动力蓄电池的控制。

（2）CSC 采集系统　每一个蓄电池模组均配有一个 CSC 采集系统，以监测蓄电池模组中每个单体蓄电池的电压、温度等信息。CSC 采集系统将相关信息上报 BMU 并根据 BMU 的指令执行单体蓄电压均衡。

（3）高压配电盒（BBOX）　高压配电盒安装在动力蓄电池总成的正负极输出端，由高压正极继电器、高压负极继电器、预充继电器、预充电阻、电流传感器和熔断器等组成。

（4）预充继电器与预充电阻　预充继电器与预充电阻在放电或充电初期，需闭合预充继电器进行预充电，预充完成后吸合放电 / 充电接触器断开预充继电器。

（5）电流传感器与熔断器　电流传感器的类型主要有分流器和霍尔传感器两种，通过在电阻的两端形成毫伏级的电压信号，用于监测母线充、放电电流的大小。熔断器主要用于防止能量回收时过电压、过电流或放电时过电流。

（6）热管理系统　热管理系统是BMS重要组成部分之一，其功能是维持动力蓄电池在适宜的环境温度中工作，最大限度地发挥动力蓄电池的潜力。动力蓄电池的表现和作业环境温度密切相关，要避免动力蓄电池在极端情况下工作，或者在极端情况下能最大限度地保障系统的安全，防止因动力蓄电池热失控引发的起火或爆炸。

问题4：蓄电池管理系统按结构可分为集中式系统和分布式系统。目前，电动汽车多采用分布式系统。请说说分布式系统的优势。

分布式系统结构的优点是减少了布线，便于电源系统的扩展，可以分散安装，通过总线进行连接与信息通信，采集的数据可以就近处理，精度高，有可能更好地计算动力蓄电池的状态，有利于建立标准化的电源管理系统。

四、蓄电池管理系统的拓扑结构

蓄电池管理系统按结构可分为集中式系统和分布式系统。

1. 集中式系统

在集中式系统的结构中，中央控制单元和数据采集单元等形成整个电源系统的管理单元，对电源系统的基本信息（如电压、电流、温度）进行采样，然后在蓄电池管理系统中央处理器内进行数据的处理、计算、判断和相应控制。图3-1-6所示为集中式蓄电池管理系统结构示意图。它比较适用于动力蓄电池容量比较小、模块及动力蓄电池形式比较固定的场合，可以显著地降低系统成本。

（1）优点　集中式系统的优点是材料的成本低，可在蓄电池管理系统之间无限制地通信，安全管理便利，简化了对不同蓄电池参数的调整与改写，对参数的测量速度较快，可靠性高，可以灵活计算，根据不同的情况在中央处理器内修改软件，以满足不同要求。

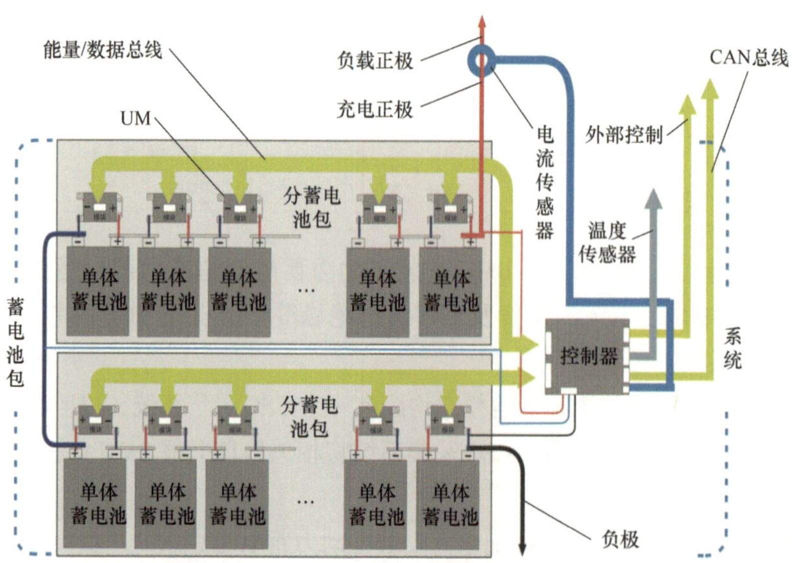

图3-1-6　集中式蓄电池管理系统结构示意图

（2）缺点　集中式系统的缺点是需要解决串联蓄电池的电桩测量中共地、隔离、测量精度等问题，技术难度大。对蓄电池包进行信号采集，不能检测到每个单体蓄电池，精度差、对信号处理要求高。当动力蓄电池出现故障时，只能替换整个蓄电池包，适用于仅由一个动力蓄电池组成的车用动力电源系统。

2. 分布式系统

在分布式系统中，数据采集是分布的，即每个动力蓄电池对应一个采集单元，这些单元与中心的电池管理器通过一根母线进行数据通信，充电控制、放电控制等单元也可能和中央处理单元分开，有的没有总的蓄电池管理系统控制板，直接通过总线传输到电动汽车中心控制器。图 3-1-7 所示为分布式蓄电池管理系统结构示意图。它适用于由多个动力蓄电池组成的电源系统，目前进行蓄电池管理系统开发或生产的企业制作的多为这种分布式系统，如比亚迪秦 EV 采用的就是典型的分布式系统。

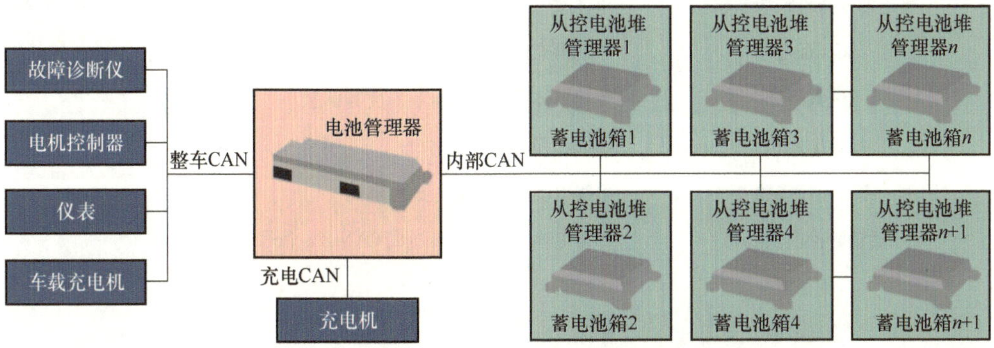

图 3-1-7　分布式蓄电池管理系统结构示意图

（1）优点　分布式系统结构的优点是减少了布线，便于电源系统的扩展，可以分散安装，通过总线进行连接与信息通信，采集的数据可以就近处理，精度高，有可能更好地计算动力蓄电池的状态，有利于建立标准化的电源管理系统。

（2）缺点　分布式系统的缺点是成本比较高，灵活性差，修改麻烦，数据由串行总线传输，系统巡回检测的速度受限制，数据的实时性不高。蓄电池管理系统是一个动力系统，采用分布式检测系统时，由于采样的下位板数目较多，造成动力蓄电池内的走线较多，不利于系统的维护。

实践-任务实施

问题 5： 识别蓄电池管理系统组件，以比亚迪秦 EV 为例，图 3-1-8 所示为比亚迪秦 EV 蓄电池管理系统组件，图示的元件功能见表 3-1-1。

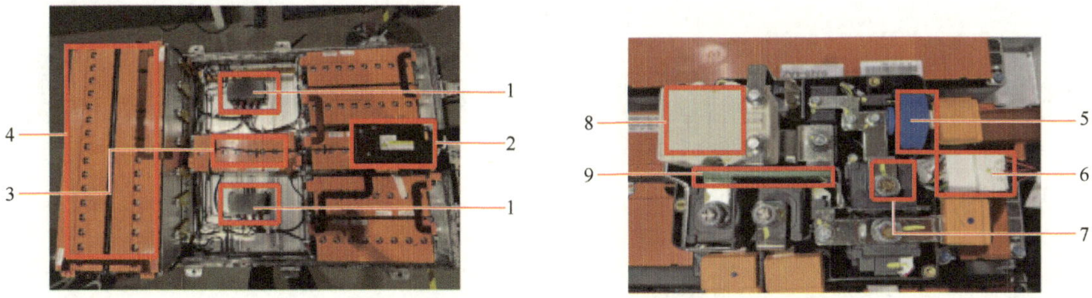

图 3-1-8　比亚迪秦 EV 蓄电池管理系统组件

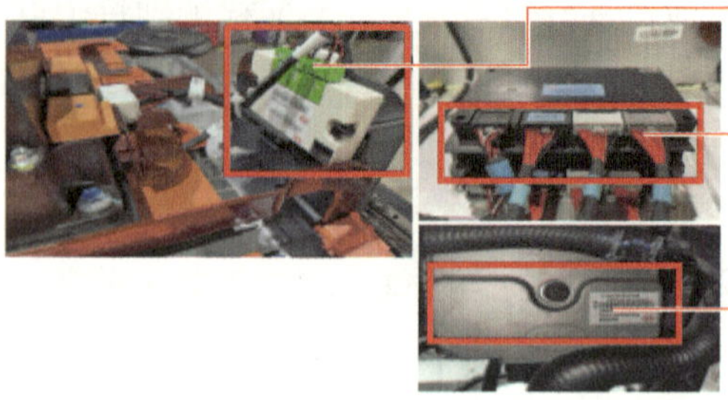

图 3-1-8　比亚迪秦 EV 蓄电池管理系统组件（续）

表 3-1-1　比亚迪秦 EV 蓄电池管理系统元件的功能

序号	元件名称	功能
1	蓄电池采集器或级联模块	单体蓄电池电压温度采集、模块温度采集、采样线异常检测以及被动均衡
2	高压配电箱	车辆预充以及动力蓄电池电源输出
3	采集线束	传输单体蓄电池电压和温度等信息
4	蓄电池包	储能和释放电能
5	霍尔电流传感器	采集电动汽车的充、放电电流
6	通信转换模块线束	将蓄电池子网信息转换成 CAN-Bus 信号
7	接触器	小电流控制大电流
8	预充电阻	限流
9	汇流铜排	连接高压电路
10	通信转换模块	485 信号转换成 CAN-Bus 信号
11	采集线束	电压、温度采集线束
12	蓄电池管理器	充 / 放电管理、蓄电池热管理、接触器控制、功率控制、蓄电池异常状态报警和保护、SOC/SOH 计算、自检以及通信功能等

考核–任务评价

各组选出代表进行本任务的成果汇报，可以采用 PPT 或实操演示的形式，并分别由各小组成员、专业教师以及企业代表考核打分，并将结果填入表 3-1-2~ 表 3-1-5 中。

表 3-1-2　小组考核表

组长		学号		班级		组别								
组员姓名														
任务一		蓄电池管理系统的认知												
考核项目	分值	等级				考核对象（组别）								
		A	B	C	D									
实训规范	40	40	30	20	10									
PPT 汇报	40	40	30	20	10									
7S 管理	20	20	15	10	5									
合计	100	各组得分												

注意：小组互评分记录按各组的平均分（包含被评价组）计算

表 3-1-3 教师对小组考核表

考核项目		考核依据	分值	得分
考勤（5%）		未出现无故迟到、早退和旷课的现象	5	
工作过程（80%）	获取信息进行决策	掌握蓄电池管理系统的功能与组成	10	
		掌握蓄电池管理系统拓扑结构与工作原理	10	
	任务实施	掌握动力蓄电池系统的通信方式与出厂测试主要项目	20	
		识别蓄电池管理系统各部件	20	
	工作质量	能按照工作方案操作，按计划完成工作任务	10	
	团队合作	与小组成员、同学之间能合作交流、协调工作	10	
项目成果（15%）	工作完整	能按时完成工作任务的所有环节	5	
	工作规范	能在整个操作过程中规范操作，避免意外事故发生	5	
	汇报展示	能准确表达、汇报工作成果	5	
合计			100	

表 3-1-4 企业对小组考核表

项目（任务）名称	
您对本次任务完成质量考核	□非常好（90~100 分） □一般（70~90 分） □不太理想（70 分以下）
您的评分与建议	（若企业没有参与考核，则选择综合考核方式一）

表 3-1-5 综合评分表

综合考核方式一	小组自评（30%）	小组互评（20%）	教师考核（50%）		综合得分
综合考核方式二	小组自评（30%）	小组互评（20%）	教师考核（40%）	企业考核（10%）	综合得分
综合评语	（作业过程中存在的问题及改进建议）				

任务二　蓄电池管理系统的检测

开卷-任务分组

班级		组号		指导教师	
组长		学号		日期	
组员	姓名：______ 学号：______		姓名：______ 学号：______		
	姓名：______ 学号：______		姓名：______ 学号：______		
	姓名：______ 学号：______		姓名：______ 学号：______		

知识目标	技能目标	素养目标
➢ 了解蓄电池管理系统的测试项目 ➢ 了解蓄电池管理系统的均衡测试 ➢ 掌握蓄电池管理系统调试软件的使用方法：ZLGCANT 软件调试指南、内网监控软件操作指南、S19 文件下载器等	➢ 能够根据蓄电池管理系统测试接线示意图连线 ➢ 能够根据均衡功能测试的蓄电池参数选择单体蓄电池 ➢ 能够完成蓄电池管理系统测试软件的调试与配置	➢ 通过对多种蓄电池管理系统测试项的认知，培养学生精益求精、锲而不舍的科学精神 ➢ 通过对 ZLGCANT 软件的调试、内网监控、S19 文件下载、BMU 参数配置、CAN 数据解析过程的学习，培养学生实事求是、敢为人先、开拓进取的大国工匠精神 ➢ 通过小组合作学习模式，锻炼学生集思广益、精诚团结和群策群力的团队协作能力 ➢ 培养学生严格执行 7S 现场管理的习惯

框架-任务导图

本任务核心内容导图如图 3-2-1 所示。

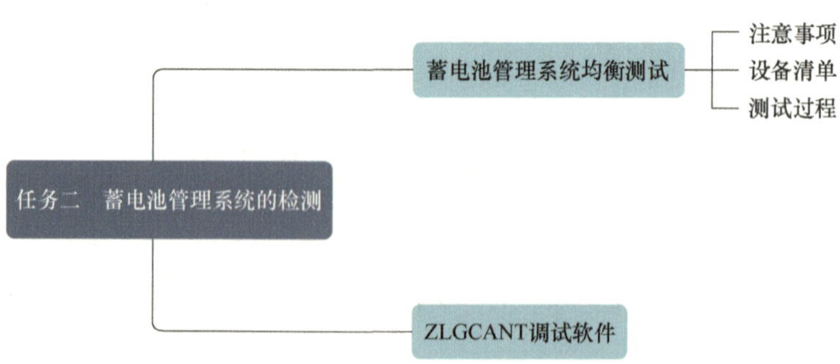

图 3-2-1　本任务核心内容导图

驱动-任务导入

蓄电池管理系统是蓄电池模块与用电设备之间核心接口部件，是蓄电池系统的核心组成部分。由于蓄电池管理系统工作功能较多，各项性能指标要求严格，因此蓄电池管理测试系统在各环节的应用成为必要研发环节。在研发过程中可能存在以下问题：方案选择，达不到设计指标；软硬件设计未测试到位，存在故障；保护策略有误动作或者不动作；充电策略有问题，造成充电不满或充电速度慢；放电策略有问题，慢放电等；采集精度（电压、电流、温度、绝缘电阻、均衡采样）有误。蓄电池管理系统的优劣直接影响动力蓄电池及上述设备的安全及可靠性。

考虑大功率蓄电池 PACK 应用环境的特殊性，蓄电池管理系统的研发、生产和应用等成为相关企业关注的核心业务。本任务重点介绍微宏公司蓄电池管理系统调试过程与科列蓄电池管理系统均衡性能测试方案，给学习者提供一些相关理论与实操基础。

学习-相关知识

问题 1：请查阅相关资料，蓄电池管理系统在出厂时测试严格且复杂，包含的测试项目有（ABCD）。

A. 电气性能测试　　B. EMC 测试　　C. 软件功能测试　　D. 环境可靠性测试

一、蓄电池管理系统均衡测试

1. 注意事项

1）测试场所海拔不超过 1000m。

2）设备运行期间周围空气温度不高于 35℃，不低于 -10℃。

3）安装使用地点无强烈振动和冲击，无强烈电磁干扰，外磁场感应强度不得超过 0.5mT。

4）使用地点不得有爆炸危险介质，周围介质不含有腐蚀金属和破坏绝缘的有害气体及导电介质，不允许有霉菌存在。

5）电压采集模块自身散热器较小，电压采集模块必须安装在散热良好的蓄电池机箱上，否则在大容量均衡时有过热风险。

2. 设备清单

设备清单见表 3-2-1。

表 3-2-1　设备清单

仪器、仪表名称	参考型号	备注
直流充电机	QJ-3003SⅡ	30V/3A 双路
数字万用表	FLUKE-87	（6V 量程）测量精度 ±0.05%
24V 电源	S-500B-24	24V/20A，蓄电池管理系统供电用
钳形电流表	FLUKE-355	分辨率 10mA
电阻负载	DFZ03-50A（48V/24V）	—
锂离子蓄电池	3.2V/50A · h	24 串
24V 蓄电池	24V/10A · h	蓄电池管理系统供电用蓄电池

3. 测试过程

（1）测试接线示意图　参照图 3-2-2 进行测试连接，模拟电动汽车的实际接线情况。其中，“24V 蓄电池”模拟车用蓄电池，“24V 电源”模拟车用充电机，测试系统中只安装了两组蓄电池，共 24 串，实际车辆使用的动力蓄电池可能超过该配置，但测试原理相同。

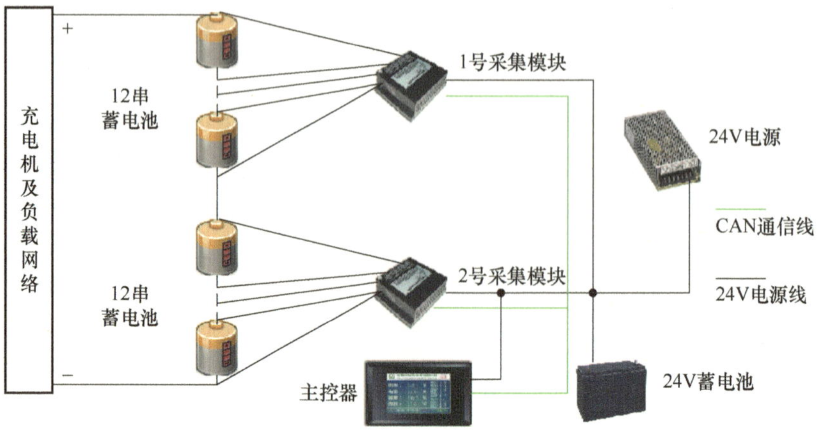

图 3-2-2　测试接线图

（2）蓄电池的选择　参与均衡功能测试的蓄电池额定容量应该尽量一致，但蓄电池实际初始剩余容量不相同，可以参考表 3-2-2 的参数进行蓄电池配置，并将测试数据记在表中。

表 3-2-2　均衡功能蓄电池配置表

蓄电池序号	额定容量 /A·h	初始剩余容量 /A·h	初始电压 /mV	第一次放电截止电压 /mV	第一次充电截止电压 /mV	第二次放电截止电压 /mV	第二次放电放出容量 /A·h	第二次充电截止电压 /mV
1	C3 ± 5%	C3 × 80%						
2	C3 ± 5%	C3 × 90%						
3	C3 ± 5%	C3 × 80%						
4	C3 ± 5%	C3 × 80%						
5	C3 ± 5%	C3 × 80%						
6	C3 ± 5%	C3 × 80%						
7	C3 ± 5%	C3 × 80%						
8	C3 ± 5%	C3 × 80%						
9	C3 ± 5%	C3 × 80%						
10	C3 ± 5%	C3 × 80%						
11	C3 ± 5%	C3 × 80%						
12	C3 ± 5%	C3 × 80%						
13	C3 ± 5%	C3 × 80%						
14	C3 ± 5%	C3 × 80%						
15	C3 ± 5%	C3 × 80%						

（续）

蓄电池序号	额定容量 /A·h	初始剩余容量 /A·h	初始电压 /mV	第一次放电截止电压 /mV	第一次充电截止电压 /mV	第二次放电截止电压 /mV	第二次放电放出容量 /A·h	第二次充电截止电压 /mV
16	C3 ± 5%	C3 × 80%						
17	C3 ± 5%	C3 × 80%						
18	C3 ± 5%	C3 × 70%						
19	C3 ± 5%	C3 × 80%						
20	C3 ± 5%	C3 × 80%						
21	C3 ± 5%	C3 × 80%						
22	C3 ± 5%	C3 × 80%						
23	C3 ± 5%	C3 × 80%						
24	C3 ± 5%	C3 × 80%						

（3）参数的设置　测试均衡功能需要设置参数（图 3-2-3），具体包括：

1）均衡启动电压，即任何两个单体蓄电池的电压差超过该值就启动均衡，可以根据实际情况设置该值，默认值为 10mV。

2）均衡电流，即单体蓄电池均衡的充放电电流，电流越大，均衡能力越强，最大为 5000mA，默认值为 1000mA。注意：均衡电流不能超过蓄电池容量的 1/10，如蓄电池的容量为 20A·h，均衡电流不宜超过 2000mA。

3）根据蓄电池实际参数设置充电过电压切断点和放电欠电压切断点。

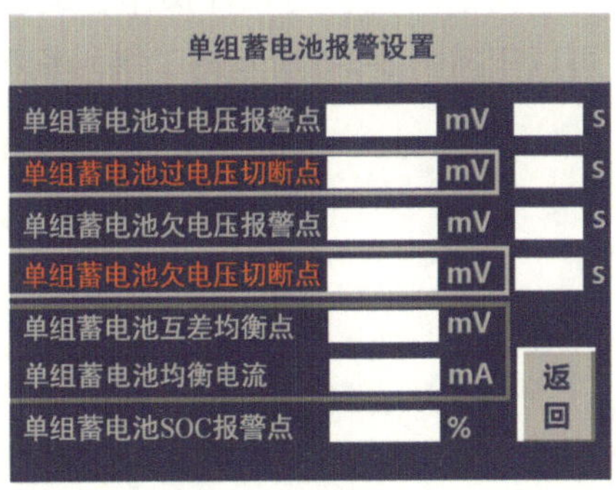

图 3-2-3　设置参数

（4）启动均衡　如果当前所有单体蓄电池的电压差超过均衡门限值，且蓄电池包在充、放电（特殊定制版本在不放电时也可以均衡），均衡功能将自动启动，如果系统中最高电压单体蓄电池和最低电压单体蓄电池分别由不同的采集模块管理，那么蓄电池管理器控制模块将自动控制电压最高的模块给单体蓄电池放电，电压最低的模块给单体蓄电池充电。蓄电池管理器模块每隔 75s 重新对蓄电池进行一次排序，然后决定下一次均衡单体蓄电池。

（5）均衡功能检查　在均衡过程中，如果某一个单体蓄电池正在被均衡，可以通过钳形电流表测量采集线上的均衡电流是否与设置值一致，如图 3-2-4 和图 3-2-5 所示。

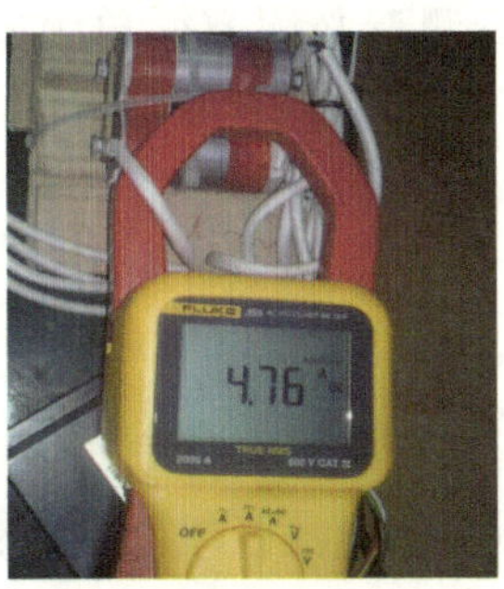

图 3-2-4　均衡电流测量

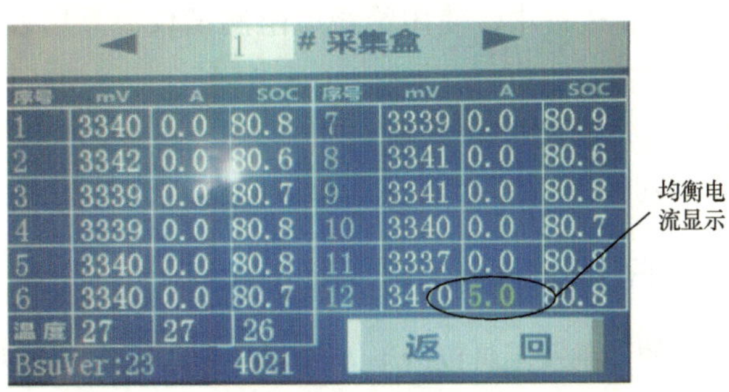

图 3-2-5　均衡电流显示

（6）电压一致性对比　在蓄电池放电过程中（特殊定制版本在不放电时也可以均衡），转移式均衡取高补低，逐渐将使所有单体蓄电池的电压趋于一致，以延长落后蓄电池的放电时间，每次充放电的数据可以记录在表 3-2-2 中进行对比。

（7）增加充放电容量　蓄电池管理系统通过均衡功能，取高补低，能够使不一致蓄电池包充入更多的容量，同时可以增加不一致蓄电池包放电容量。每次充放电的数据可以记录在表 3-2-2 中进行对比。

（8）均衡性能的说明　在不同应用场合，如纯电动、混合动力、储能等，由于充、放电方式差别较大，需要根据具体应用场合做针对性的均衡策略才能够达到最优的均衡效果。

二、ZLGCANT调试软件

周立功 ZLGCANT 软件的数据传输方式是通过 CAN 通信方式传输，使用该软件可以采集原始数据报文，经通信协议解析出实际数据。在蓄电池管理系统中，通过该软件可以采集 CAN（蓄电池管理系统与整车控制器通信）原始数据报文，或采集充电 CAN（蓄电池管理系统与充电机通信）原始数据报文，这些数据可以查找到蓄电池管理系统或其他设备的故障点。

关于周立功的软件操作、文件下载、BMU 参数配置、LECU 地址配置、CAN 数据解析等可以扫描图 3-2-6 所示的二维码资料进行学习。

图 3-2-6　周立功软件操作说明二维码

实践-任务实施

一、安全要求及注意事项

安全要求及注意事项如下：

1）实训开始前，提前准备好需要使用的个人防护用品，并检查是否符合使用标准。

2）实训开始前，提前做好场地防护，设置警告标识，在操作位置布置好绝缘防护措施。

3）合理使用防护用品及专业工具，并严格按照示范动作操作，做到安全、正确。

4）实训过程中，使用绝缘电阻测试仪、万用表等一起进行测量必须遵循单手操作的原则。

5）实训过程中，严禁嬉戏打闹，做好数据记录和结果记录。

6）实训结束后，必须清理场地和设备，撤除警示标识。

二、设备及工具

准备的设备及工具包括单体蓄电池模块 1 个、分容柜 1 台、动力蓄电池管理智能诊断系统 1 套、万用表 1 个、耐磨手套 1 双、万用接线盒 1 个。

三、操作步骤

实训一 简易单体蓄电池均衡操作

1）启动动力蓄电池管理智能诊断系统，使用上位机选择功能测试—选择放电，完成对蓄电池模块的放电，出现“三级警告”提示，如图 3-2-7 和图 3-2-8 所示。

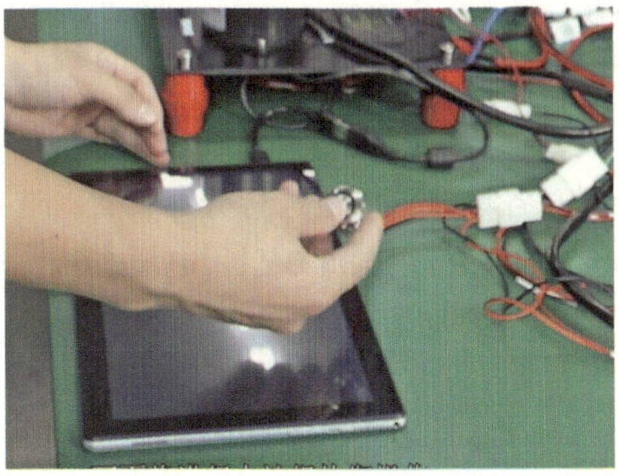

图 3-2-7 启动动力蓄电池管理智能诊断系统

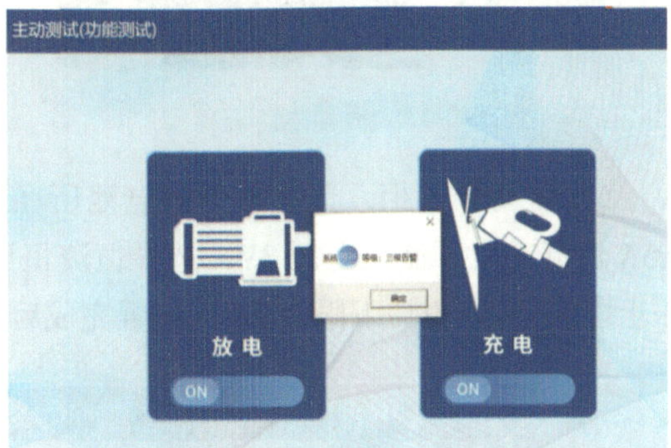

图 3-2-8 上位机设置蓄电池模块放电操作

2）上位机返回查看蓄电池管理采集信息数据流，发现 6 号、12 号、24 号单体蓄电池均为 2.7V，电压过低，如图 3-2-9 所示。

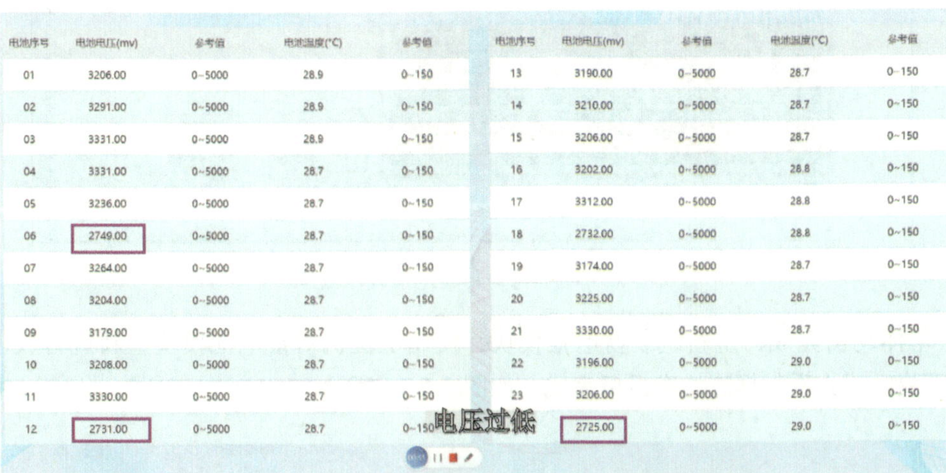

电池序号	电池电压(mv)	参考值	电池温度(°C)	参考值	电池序号	电池电压(mv)	参考值	电池温度(°C)	参考值
01	3206.00	0~5000	28.9	0~150	13	3190.00	0~5000	28.7	0~150
02	3291.00	0~5000	28.9	0~150	14	3210.00	0~5000	28.7	0~150
03	3331.00	0~5000	28.9	0~150	15	3206.00	0~5000	28.7	0~150
04	3331.00	0~5000	28.7	0~150	16	3202.00	0~5000	28.8	0~150
05	3236.00	0~5000	28.7	0~150	17	3312.00	0~5000	28.8	0~150
06	2749.00	0~5000	28.7	0~150	18	2732.00	0~5000	28.8	0~150
07	3264.00	0~5000	28.7	0~150	19	3174.00	0~5000	28.7	0~150
08	3204.00	0~5000	28.7	0~150	20	3225.00	0~5000	28.7	0~150
09	3179.00	0~5000	28.7	0~150	21	3330.00	0~5000	28.7	0~150
10	3208.00	0~5000	28.7	0~150	22	3196.00	0~5000	29.0	0~150
11	3330.00	0~5000	28.7	0~150	23	3206.00	0~5000	29.0	0~150
12	2731.00	0~5000	28.7	0~150	电压过低	2725.00	0~5000	29.0	0~150

图 3-2-9 蓄电池管理采集信息数据流

3）使用万用表对 6 号、12 号、24 号单体蓄电池进行测量，发现单体蓄电池电压值与上位机显示值一致，如图 3-2-10 所示。

4）拆下对应单体蓄电池，使用分容柜对 6 号、12 号、24 号单体蓄电池进行均衡，将分容柜与单体蓄电池连接起来，如图 3-2-11 和图 3-2-12 所示。

图 3-2-10 使用万用表测量单体蓄电池电压

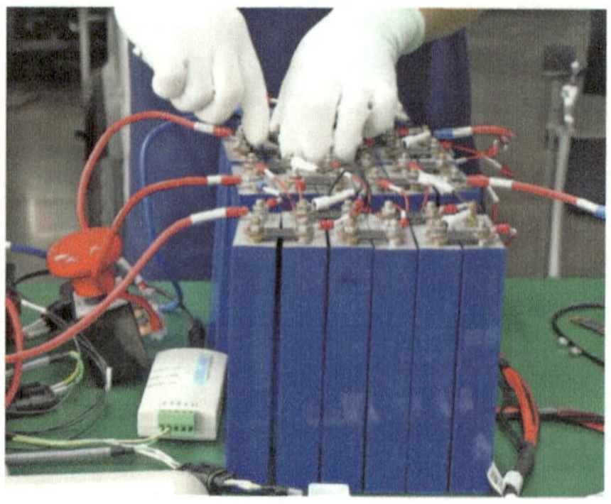

图 3-2-11　拆卸单体蓄电池

图 3-2-12　连接分容柜与单体蓄电池

5）启动分容柜，选择单体蓄电池所在通道，分别对各单体蓄电池进行分容设置：选择 0.5A 恒流充电，截止电压 3V，选择恒流恒压充电，电流 5A，截止电流 0.2A，电压 3.6V，电压上限 3.65V，电压下限 2.65V。设置完成后单击“启动”，进行均衡充电，如图 3-2-13 所示。

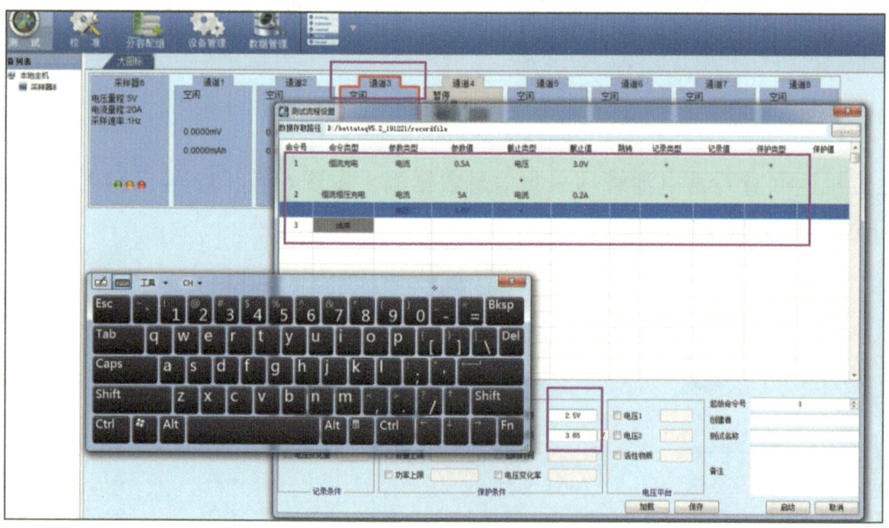

图 3-2-13　分容柜单体蓄电池均衡操作设置

6）单体均衡完成，重新组装蓄电池模块，使用上位机对蓄电池模块重新进行放电操作，显示正常放电，查看数据流均衡目标完成，如图 3-2-14 所示。

电池序号	电池电压(mv)	参考值	电池温度(°C)	参考值	电池序号	电池电压(mv)	参考值	电池温度(°C)	参考值
01	3186.00	0~5000	28.7	0~150	13	3171.00	0~5000	28.6	0~150
02	3273.00	0~5000	28.7	0~150	14	3186.00	0~5000	28.6	0~150
03	3316.00	0~5000	28.7	0~150	15	3187.00	0~5000	28.6	0~150
04	3311.00	0~5000	28.5	0~150	16	3184.00	0~5000	28.6	0~150
05	3215.00	0~5000	28.5	0~150	17	3292.00	0~5000	28.6	0~150
06	3218.00	0~5000	28.5	0~150	18	3218.00	0~5000	28.6	0~150
07	3246.00	0~5000	28.5	0~150	19	3142.00	0~5000	28.6	0~150
08	3182.00	0~5000	28.5	0~150	20	3205.00	0~5000	28.6	0~150
09	3151.00	0~5000	28.5	0~150	21	3318.00	0~5000	28.6	0~150
10	3183.00	0~5000	28.5	0~150	22	3171.00	0~5000	28.8	0~150
11	3313.00	0~5000	28.5	0~150	23	3187.00	0~5000	28.8	0~150
12	3228.00	0~5000	28.5	0~150	24	3227.00	0~5000	28.8	0~150

图 3-2-14　查看数据流

实训二　使用周立功软件完成蓄电池管理系统的CAN数据解析

问题 2： 根据查阅周立功软件使用说明，完成以下实训任务（选做）：

1）查阅周立功软件使用说明，完成周立功软件的操作。

2）查阅周立功软件使用说明，完成文件下载。

3）查阅周立功软件使用说明，完成 BMU 参数配置。

4）查阅周立功软件使用说明，完成 LECU 地址配置。

5）查阅周立功软件使用说明，完成 CAN 数据解析。

考核–任务评价

各组选出代表进行本任务的成果汇报，可以采用 PPT 或实操演示的形式，并分别由各小组成员、专业教师以及企业代表进行考核打分，并将结果填入表 3-2-3~ 表 3-2-6 中。

表 3-2-3　小组考核表

组长		学号			班级			组别						
组员姓名														
任务二		蓄电池管理系统的检测												
考核项目	分值	等　级				考核对象（组别）								
		A	B	C	D									
实训规范	40	40	30	20	10									
PPT 汇报	40	40	30	20	10									
7S 管理	20	20	15	10	5									
合计	100	各组得分												
注意：小组互评分记录按各组的平均分（包含被评价组）计算														

表 3-2-4　教师对小组考核表

考核项目		考核依据	分值	得分
考勤（5%）		未出现无故迟到、早退和旷课的现象	5	
工作过程（80%）	获取信息进行决策	掌握蓄电池管理系统的测试项目	10	
		掌握蓄电池管理系统均衡测试方法	10	
		掌握蓄电池管理系统调试软件操作指南	10	
	任务实施	完成单体蓄电池和模块均衡测试	15	
		完成蓄电池管理系统调试软件的配置和操作过程	15	
	工作质量	能按照工作方案操作，按计划完成工作任务	10	
	团队合作	与小组成员、同学之间能合作交流、协调工作	10	
项目成果（15%）	工作完整	能按时完成工作任务的所有环节	5	
	工作规范	能在整个操作过程中规范操作，避免意外事故发生	5	
	汇报展示	能准确表达、汇报工作成果	5	
合计			100	

表 3-2-5 企业对小组考核表

项目（任务）名称	
您对本次任务完成质量考核	□非常好（90~100 分） □一般（70~90 分） □不太理想（70 分以下）
您的评分与建议	（若企业没有参与考核，则选择综合考核方式一）

表 3-2-6 综合评分表

综合考核方式一	小组自评（30%）	小组互评（20%）	教师考核（50%）		综合得分
综合考核方式二	小组自评（30%）	小组互评（20%）	教师考核（40%）	企业考核（10%）	综合得分
综合评语	（作业过程中存在的问题及改进建议）				

任务三 动力蓄电池热管理系统的拆装与检修

开卷-任务分组

班级		组号		指导教师	
组长		学号		日期	
组员	姓名：________ 学号：________		姓名：________ 学号：________		
	姓名：________ 学号：________		姓名：________ 学号：________		
	姓名：________ 学号：________		姓名：________ 学号：________		

知识目标	技能目标	素养目标
➢ 掌握加热系统的基本构成与功能 ➢ 掌握热管理系统的结构及加热方法 ➢ 了解热管理系统设计方案与整车的热控制策略 ➢ 掌握热失控因素以及危害	➢ 通过学习吉利 EV450 动力蓄电池加热系统拆装与检修，使学生具有独立完成热管理系统拆装与检修的能力	➢ 通过对蓄电池热管理构成、功能、原理的学习，培养学生原理与实践相统一的意识 ➢ 通过对动力蓄电池加热系统拆装与检修和学习，培养学生一丝不苟、吃苦耐劳的精神 ➢ 通过对蓄电池热管理系统四通电磁阀的检修，培养学生严谨的推理思维 ➢ 培养学生严格执行 7S 现场管理的习惯

框架–任务导图

本任务核心内容导图如图 3-3-1 所示。

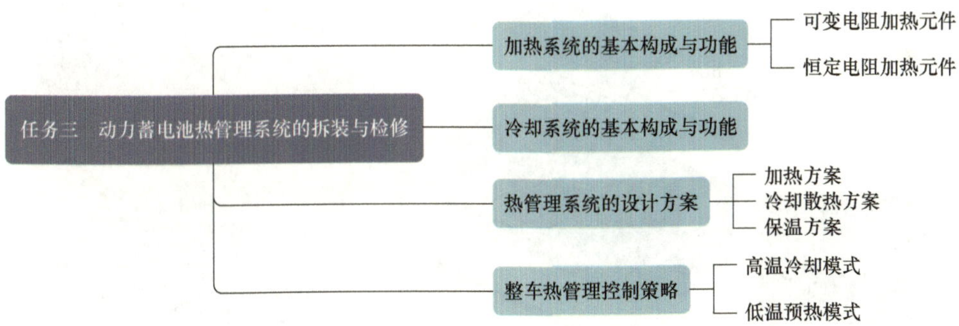

图 3-3-1 本任务核心内容导图

驱动–任务导入

一辆行驶约 4000km 的帝豪 EV450，车主反映车辆在室外放置一晚上后无法进行充电，仪表亮起动力蓄电池故障灯。维修技师使用道通 MS908E 故障诊断仪扫描全车，出现动力蓄电池单体温度严重过低与蓄电池加热器通信故障的故障码。查看该车配置，配有蓄电池包加热器（低温充电时启动）。据此判断，该故障原因可能为蓄电池包加热器或其相关电路故障。首先检查电路，未发现问题；然后更换 PTC 加热器总成，更换后，重新进行充电，蓄电池包温度上升，数分钟之后，充电恢复正常。请问，你知道如何完成蓄电池包的加热系统拆装与检修吗？

学习–相关知识

问题 1：动力蓄电池加热系统元件分为可变电阻加热元件和恒定电阻加热元件，两者有何差异？你所了解的比亚迪秦 EV 车型加热元件有何特点呢？

常见的加热元件有可变电阻加热元件和恒定电阻加热元件，前者通常称为 PTC（Positive Temperature Coefficient），后者通常是由金属加热丝组成的加热膜，如硅胶加热膜、挠性电加热膜等。

比亚迪秦 EV 使用的 PTC 有使用安全、热转换效率高、升温迅速、无明火、自动恒温等特点。其中，陶瓷 PTC 元件较为常用，其成本较低，对于目前价格较高的动力蓄电池来说，是一个有利的因素。陶瓷 PTC 元件通常不能直接用于加热，需要设计金属外壳体，陶瓷 PTC 通过加热外壳体而将热量传导给其他结构。

一、加热系统的基本构成与功能

动力蓄电池的加热系统的功能是保证在低温环境下动力蓄电池能正常充电。加热系统主要由加热元件和电路组成，其中加热元件是最重要的部分。常见的加热元件有可变电阻加热元件和恒定电阻加热元件，前者通常称为 PTC（Positive Temperature Coefficient），后者通常是由金属加热丝组成的加热膜，如硅胶加热膜、挠性电加热膜等，如图 3-3-2 所示。由于汽车地域适用性较为广泛，在寒冷地区要使电动汽车能正常使用，必须对动力蓄电池加入额外的加热系统，以满足要求。

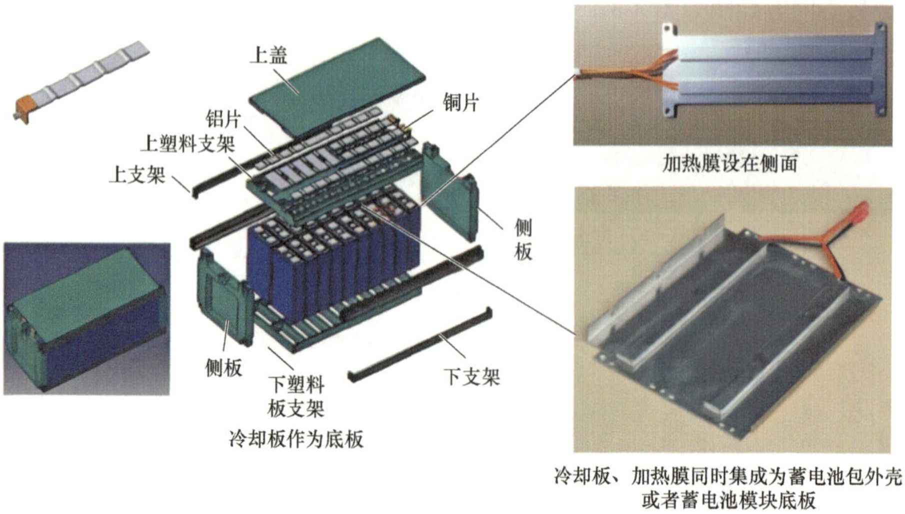

图 3-3-2 动力蓄电池加热膜

1. 可变电阻加热元件

PTC 由于使用安全、热转换效率高、升温迅速、无明火、自动恒温等特点而被广泛使用。其中，陶瓷 PTC 元件较为常用（图 3-3-3），其成本较低，对于目前价格较高的动力蓄电池来说，是一个有利的因素。陶瓷 PTC 元件通常不能直接用于加热，需要设计金属外壳体，陶瓷 PTC 通过加热外壳体而将热量传导给其他结构。

图 3-3-3 电动汽车 PTC 加热板

使用陶瓷 PTC 作为加热元件的缺点也很明显。首先，包含 PTC 的加热件体积较大，会占据蓄电池系统内部较大的空间。其次，PTC 的外壳是金属件，会存在绝缘问题。除了常规的陶瓷 PTC 这类相对硬度较高的材质，还存在一类柔性 PTC。柔性 PTC 的组织结构柔软、重量轻、厚度小（通常可做到 0.5mm 以下），它可以根据需要做成任何形状。这类 PTC 广泛地用于汽车坐垫加热，目前正逐步在动力蓄电池加热中使用。但是，这类 PTC 加热器的成本会相对较高。

2. 恒定电阻加热元件

绝缘挠性电加热膜是另一种加热器，它可以根据工件的任意形状进行弯曲，确保与工件紧密接触，保证最大的热能传递，其厚度可以达到 0.25mm 左右。硅胶加热器是具有传统金属加热器无与伦比的柔软性的薄形面发热体。它在玻璃纤维布上下两片中夹入硅胶后适压而成的两片薄片，具有良好的传热性（标准 1.5mm）。由于具有柔软性，它可以与被加热物体完全密切接触。这两种加热器都属于恒定电阻加热器，其安全性比 PTC 差些。

问题 2： 以吉利 EV450 车型为例，其冷却系统的功能有（ ABCD ）。

A. 冷却驱动电机，防止驱动电机过热

B. 冷却车载充电机，降低车载充电机的工作温度

C. 通过冷却液为电机控制器循环散热

D. 通过冷却液的循环降低动力蓄电池的工作温度

二、冷却系统的基本构成与功能

冷却系统是动力蓄电池热管理系统中最重要的组成部分。由于目前技术瓶颈的限制，动力蓄电池工作的温度环境要满足特定的要求。例如磷酸铁锂离子蓄电池的一般环境温度为 –20~60℃。动力蓄电池在充放电过程中会不断地产生热量，动力蓄电池系统内部温度很容易超过这一温度范围，因此一般的动力蓄电池系统都需要引入冷却系统。现代的纯电动汽车，不同车型冷却系统部件集成不同。以吉利 EV450 为例，其冷却系统的主要部件有冷却水泵、膨胀罐、散热器、散热器风扇和相关管路等，如图 3-3-4 和图 3-3-5 所示。图 3-3-5 中的部件名称见表 3-3-1。

表 3-3-1　吉利 EV450 冷却系统部件名称

序号	名称	序号	名称	序号	名称
1	膨胀罐	8	车载充电机进水管	15	换热器进水管
2	膨胀罐安装支架	9	驱动电机进水管	16	散热器进水管
3	通气软管	10	驱动电机出水管	17	水泵出水管
4	换热器	11	膨胀罐加水软管	18	水泵支架
5	蓄电池进水管	12	三通电磁阀支架	19	散热器出水管
6	蓄电池出水管	13	三通电磁阀	20	风扇总成垫块
7	换热器出水管	14	冷却水泵	21	散热器

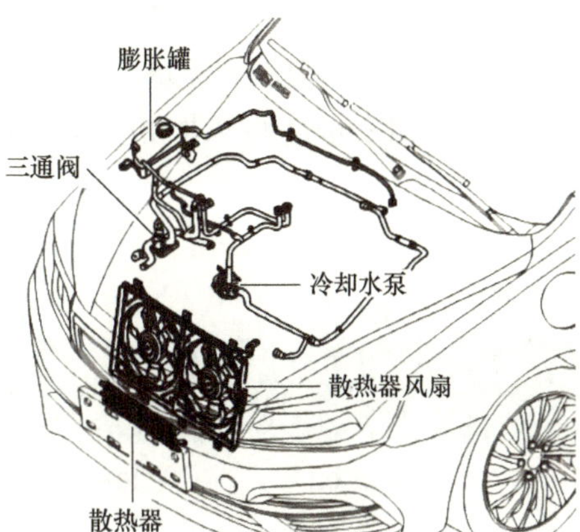

图 3-3-4　吉利 EV450 冷却系统组件分布

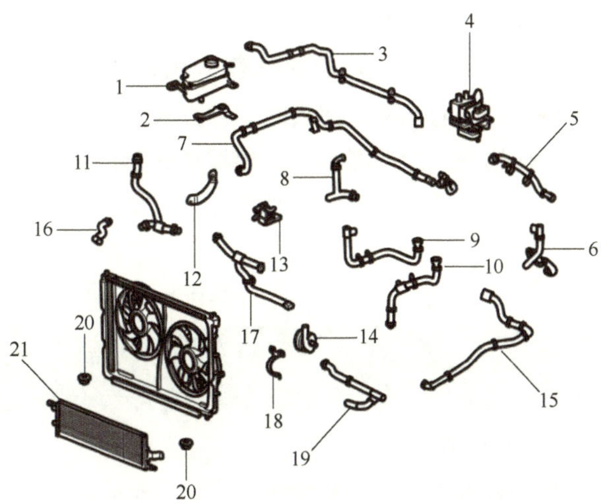

图 3-3-5　吉利 EV450 冷却系统电路管道分布

膨胀罐是一个透明塑料罐。膨胀罐总成通过水管与散热器连接。随着冷却液的温度逐渐升高并膨胀，部分冷却液因膨胀而从车载充电机中流入膨胀罐总成。散热器和液道中滞留的空气被排入膨胀罐总成。车辆停止后，冷却液自动冷却并收缩，先前排出的冷却液被吸回散热器。从而，使散热器中的冷却液一直保持在合适的液面，并提高冷却效率。当冷却系统处于冷态时，冷却液面应保持在膨胀罐总成上的 L（最低）和 F（最高）标记之间。

冷却系统（驱动电机 / 动力蓄电池）有两个电动水泵，电动水泵由低压电路驱动，为冷却液的循环提供压力。

冷却风扇总成安装在前机舱内散热器的后部，它可增加散热器和空调冷凝器的通风量，从而有助于加快车辆低速行驶时的冷却速度。风扇采用双风扇，高、低速的控制模式，通过两个不同的电动机驱动扇叶。冷却风扇由整车控制模块（VCU）利用冷却风扇低速继电器和冷却风扇高速继电器直接控制。在低速电路中，采用串联调速电阻的方式来改变风扇的转速。

问题 3：热管理系统的设计方案主要是基于单体蓄电池的温度控制要求，确认动力蓄电池系统的冷却散热、加热和保温方案。

三、热管理系统的设计方案

1. 加热方案

由于汽车地域适用性较为广泛，在冬季寒冷地区要使电动汽车能正常使用，必须对动力蓄电池加入额外的加热系统，以满足要求。尤其是冬季低温条件下，动力蓄电池的活性变差，负极石墨材料的锂离子嵌入能力下降，如果采用大电流充电则动力蓄电池内部可能出现析锂，影响充电效率和安全。因此，为了在低温环境下能够保证动力蓄电池正常充电，需要对动力蓄电池进行加热升温。其常见的加热方式有电加热膜加热、陶瓷 PTC 加热和液热三种。

（1）电加热膜加热　电加热膜加热属于电阻加热方式，一般是将金属加热丝封装于绝缘层内，金属丝通电之后发热可对动力蓄电池系统进行加热。电加热膜的设计主要包括加热膜安装位置选择、加热膜发热功率选择、加热回路内部的串并联方式及干烧温度控制要求等。

（2）陶瓷 PTC 加热　如果安装空间没有限制，可以选用 PTC 加热片。PTC 加热器也是电阻加热的一种，不同的是它的电阻会随着自身温度的升高而增大，从而达到恒温加热的效果。PTC 设计主要包括 PTC 加热片安装位置、PTC 加热片发热功率、加热回路内部的串并联方式、干烧温度控制要求等。

（3）液热　液热是通过整车 PTC 加热部件将冷却液加热到一定温度，利用主动液冷系统来对动力蓄电池系统加热的一种方式。其主要设计内容是确定冷却液入口温度和流量。

加热方式的选择主要是根据单体蓄电池升温速率、空间限制、对安全性的要求和成本来确定的。三种加热方式的主要特性对比见表 3-3-2。

表 3-3-2　三种加热方式的主要特性对比

项目	加热特点	空间限制	加热设备干烧温度 /℃	单体蓄电池温升率 /（℃ /mm）	单体蓄电池温差 /℃
电加热膜加热	电阻加热	0.3~2mm	≥60	0.15~0.3	10~15
陶瓷 PTC 加热	功率加热	5~8mm	60~80	0.15~0.3	10~15
液热	对流加热	集成与液冷系统	40~60	0.3~0.8	8~10

2. 冷却散热方案

新能源汽车动力蓄电池的冷却方案经历了空气自然冷却、空气强制对流、液冷和直冷四个阶段的演进，冷却效率依次增强。冷却效率主要是通过对流换热系数来表征的，一般情况下根据整车使用环境、整车工况和单体蓄电池特性确定系统所需要的对流换热系数，然后综合质量、空间和成本等因素确定冷却方式，如图 3-3-6 所示。冷却方式的选择包括以下步骤：

1）冷却系统目标确认。

2）产热功率计算。

3）单体蓄电池模型建立。

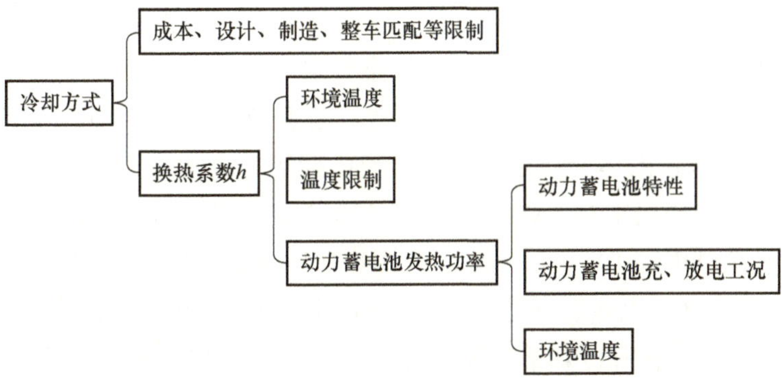

图 3-3-6 冷却方式的选择

4）热流体仿真分析。

5）对流换热系数分析。

6）冷却方式选择。

按照冷却介质的不同，现阶段已经有产品应用的冷却方式主要分为空气冷却（包含空气自然冷却与空气强制对流）、液体冷却和相变材料冷却（包含直冷）三种。这三种方式的冷却散热能力依次增强，但冷却系统的结构复杂度依次增加。除了根据冷却介质进行区分以外，常常依据制冷散热过程中是否消耗额外能源分为主动冷却和被动冷却两种形式。接下来介绍四种常见的冷却方式。

（1）空气自然冷却 采用自然冷却散热方式是典型的以空气作为传热介质的被动散热方案，即直接让动力蓄电池箱体内部的空气穿过蓄电池包，通过空气与动力蓄电池、动力蓄电池箱体等导热部件之间的对流换热实现对动力蓄电池进行冷却的目的。这种方式的对流换热系数较小，一般约为 5~25W/($m^2 \cdot K$)。由于空气自然冷却方案具有结构简单、零部件数量少、成本低等优点，是目前应用范围最广泛的一种散热方式。吉利帝豪纯电动 EV（2016 版）、日本日产纯电动 Leaf（2011 版）、德国大众纯电动 e-Golf（2014 版）等汽车均采用了空气自然冷却方案。自然冷却主要需要确定导热路径，并优化自然对流换热的效率。

（2）空气强制对流 尽管空气自然冷却方案比较容易实现，但冷却散热效果有限。空气强制对流是通过运动产生的风将动力蓄电池箱体内部动力蓄电池的热量经过排风扇带走，是一种主动散热方式，因而散热效率较高，这种冷却方式的对流换热系数约为 50~100W/($m^2 \cdot K$)。空气强制对流冷却方式的优点是结构简单、重量轻、成本较低，有害气体产生时能有效通风等。缺点是换热系数低，从而造成冷却和加热速度慢；同时，对于风道的设计要求很高，很难达到流场一致，导致单体蓄电池温度一致性不好。目前，应用空气强制对流方案的车型主要有美国福特插电式混合动力 C-Max（2013 版）、美国通用雪佛兰中混 Malibu Eco（2013 版）、日本三菱纯电动 iMieV（2011 版）、法国雷诺纯电动 ZOE（2012 版）等。强制风冷系统主要包括出风口、入风口、风道、风扇和防尘装置等，主要的设计内容是确定导热路径、进风口位置和进风口直径、风道布置、冷却策略等。

（3）液体冷却 一般工况下，采用空气介质冷却即可满足冷却散热要求，但在复杂工况下，尤其在高放电倍率（如插电式混合动力应用）、高充电倍率（如快充应用场合）较高的运行环境温度（南方夏季酷热天气）时，依靠空气冷却很难满足散热需求，而且动力蓄电池之间的温度不均匀性也非常突出，因此需要使用效率更高的传热介质才能达到动力蓄电池的散热要求。液体介质相对于空气介质拥有更大的换热系数，通常以 50% 的水和 50% 乙二醇（体积分数）的混合物作为传热介质，通过设置的具有冷却液流道的薄壁液冷管道液冷板将热量导出，实现冷却液与动力蓄电池之间的换热，可以比空气强制对流实现更高的散热需求。这种方式的换热系数可以达到 500~1500W/(m^2·K)。另外，也有液体冷却是采用矿物油作为传热介质，将动力蓄电池直接浸泡在液体介质中，这属于液体接触式冷却的一种方案。目前，应用液体冷却方案的车型主要有华晨宝马之诺纯电动 1E（2013 版）、华晨宝马之诺插电式混合动力 60H（2016 版）、吉利帝豪纯电动 EV（2017 版）、美国特斯拉 Model S（2013 版）、美国通用雪佛兰纯电动 Spark（2013 版）和插电式混合动力 Volt（2011 版）等。液体冷却系统主要包括液冷管路、液冷板、导热层、支撑结构和冷却策略等，概念设计主要涉及液冷回路及液冷板、管接头选型方案、冷却策略确定、导热路径等。图 3-3-7 所示为吉利帝豪 EV450 液体冷却循环回路。

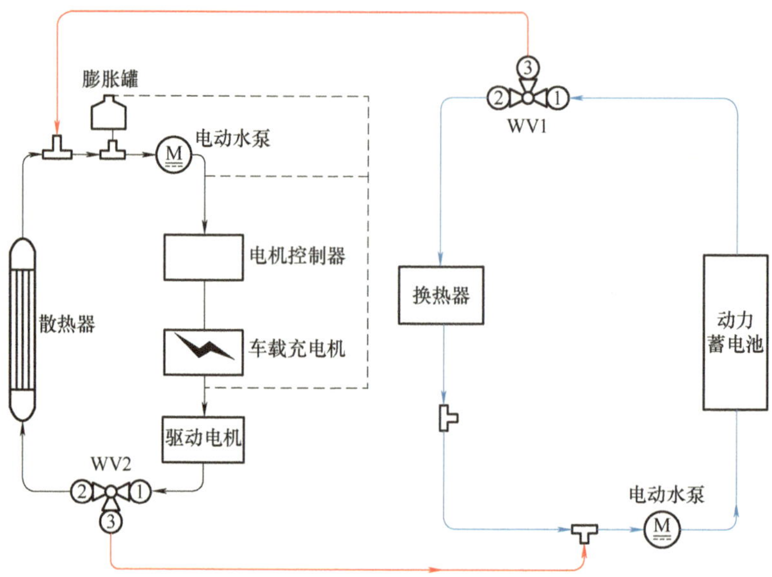

图 3-3-7 吉利帝豪 EV450 液体冷却循环回路

（4）相变材料冷却　相变材料（Phase Change Material，PCM）是一种能够利用自身的相变潜热吸收或释放系统热能的材料，在其物相变化过程中，可以从外界环境吸收热量或者向外界环境放出热量，从而达到通过能量交换控制环境温度和利用能量的目的。采用相变材料的热管理系统通过相变材料在动力蓄电池升温时吸收动力蓄电池的热量，同时减小单体蓄电池之间的温度差。目前，仅德国宝马增程式纯电动汽车采用了制冷剂 RB34 a（1，1，1，2- 四氯乙烷）的直冷方式，这种方式的换热系数可以达到 2500~25000W/(m^2·K)，冷却效率比液体冷却高，更能满足快充需求，同时结构紧凑、质量小。相变材料冷却方案与液体冷却方案基本类似。

3. 保温方案

在南方夏季高温天气，车辆在长时间高温热辐射作用下，热量会进入动力蓄电池箱内部，导致动力蓄电池箱体内部温度过高；在北方冬季严寒天气，车辆停放时间较长之后，动力蓄电池箱体内部温度会快速下降，影响车辆的再次充电和起动；在对动力蓄电池系统进行加热过程中，由于动力蓄电池箱散热速度太快，也会影响加热速度和效果。因此，需要通过保温设计减少外部环境对动力蓄电池箱内部动力蓄电池的影响。通常采用保温材料（起到隔热的作用）减少外部环境因素的影响。保温系统通常是配合冷却系统和加热系统完成工作的，优良的保温系统不仅可以提高冷却和加热的效率，还可以降低能耗。保温概念设计主要内容包括保温材料的选择、箱体保温材料的布置方案设计等。

问题 4：请查阅相关资料，补充图 3-3-8 所示的吉利 EV450 热管理系统控制图中空白框的内容。（散热器低速风扇继电器、散热器高速风扇继电器、冷却水泵继电器）

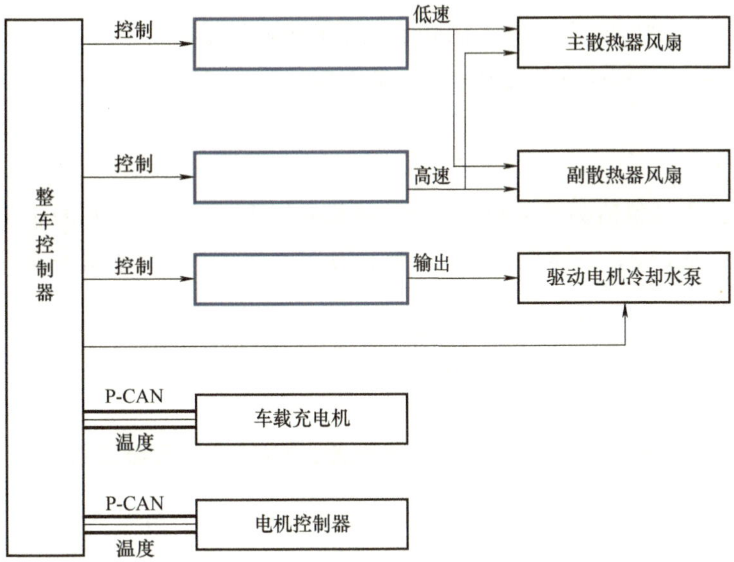

图 3-3-8　帝豪 EV450 热管理系统控制图

四、整车热管理控制策略

以帝豪 EV450 电动汽车为例，动力蓄电池具备高温冷却和低温预热两种工作模式。

1. 高温冷却模式

放电与智能充电模式，动力蓄电池系统温度高于 38℃时开启冷却，低于 32℃时停止冷却。快充模式，动力蓄电池系统温度高于 32℃时开启冷却，低于 28℃时停止冷却。匀热模式，当上述两种模式达到停止冷却温度时启动匀热模式。若冷却液温度低于停止冷却温度，则温控系统继续工作，直到一定时间内动力蓄电池最高温度不发生变化。

2. 低温预热模式

放电与智能充电模式，动力蓄电池系统温度低于 0℃时开启加热，高于 3℃时停止加热。快充模式，动力蓄电池系统温度低于 10℃时开启加热，高于 12℃时停止加热。匀热模式，当上述两种模式达到关闭加热温度时启动匀热模式。若冷却液温度高于加热关闭温度，则温控系统继续工作，直到一定时间内动力蓄电池最低温度不发生变化。

实践-任务实施

一、安全要求及注意事项

安全要求及注意事项如下：

1）实训开始前，提前准备好需要使用的个人防护用品，并检查是否符合使用标准。

2）实训开始前，提前做好场地防护，设置警示标识，在操作位置布置好绝缘防护措施。

3）实训开始前，熟悉并正确使用实训过程的设备和仪器。

4）拆卸高压零部件前，必须做好防护措施。

5）拆卸高压零件时，必须使用绝缘工具。

6）实训过程中，使用绝缘电阻测试仪、万用表等一起进行测量时，必须遵循单手操作的原则。

7）实训过程中，必须在教师的指引下进行作业，严禁对实训设备进行改装操作。

8）实训过程中，严禁嬉戏打闹，做好数据记录和结果记录。

9）实训结束后，必须清理场地和设备，撤除警示标识。

二、设备及工具

准备的设备及工具包括实车 1 辆、道通故障诊断仪 1 台、数字万用表 1 个、个人防护套装 1 套、工位防护套装 1 套、一体化工量具 1 台、万用接线盒 1 个、耐磨手套若干双、直流稳压电源 1 台。

三、操作步骤

实训　吉利EV450动力蓄电池加热系统的拆装与检修

问题 5：根据下面的实训指导步骤，完成吉利 EV450 动力蓄电池加热系统的拆装与检修任务。

1. 拆卸动力蓄电池三通水阀总成

1）使用套筒扳手拆卸三通水阀的固定螺栓，如图 3-3-9 所示。

2）使用鲤鱼钳把三通水阀水管卡扣拆下来，如图 3-3-10 所示。

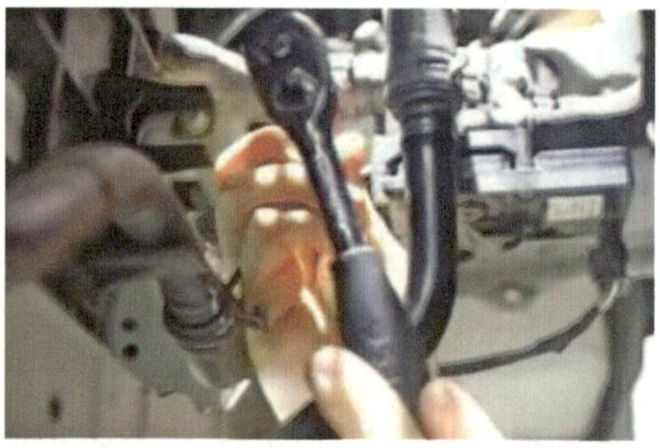

图 3-3-9　拆卸三通水阀的固定螺栓

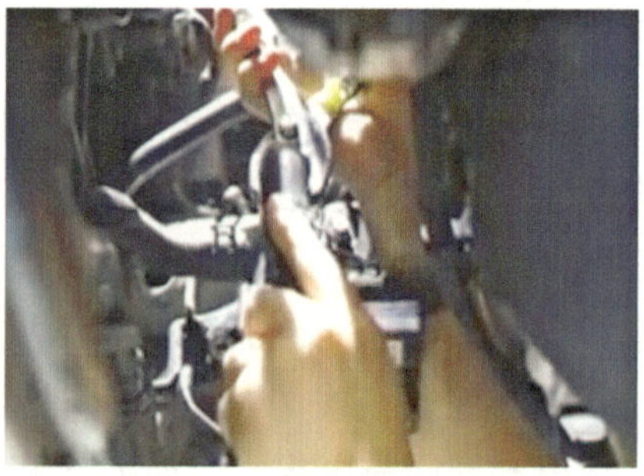

图 3-3-10　拆三通水阀水管卡扣

3）拔下三通水阀的低压插接头，取下三通水阀，如图 3-3-11 所示。

2. 安装动力蓄电池三通水阀总成

1）放置三通水阀，安装三通水阀的低压插接头，如图 3-3-12 所示。

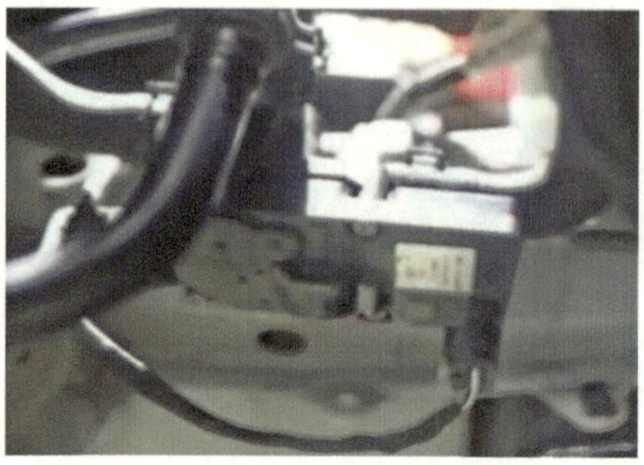

图 3-3-11　取下三通水阀

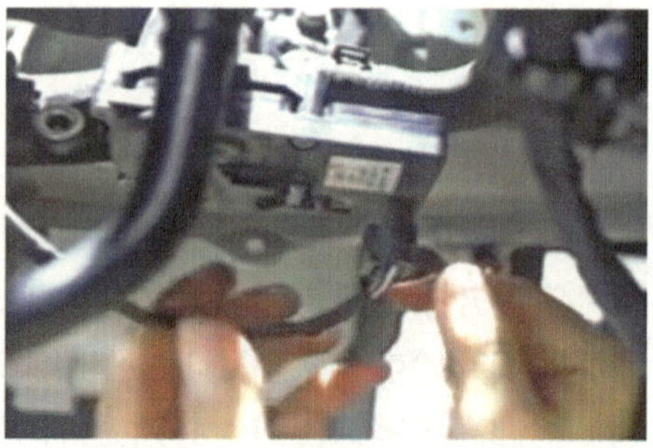

图 3-3-12　放置三通水阀

2）使用鲤鱼钳把三通水阀水管卡扣拨到能锁紧三通水管的位置，如图 3-3-13 所示。

3）使用套筒扳手安装三通水阀的固定螺栓，如图 3-3-14 所示。

图 3-3-13 安装三通水阀水管卡扣

图 3-3-14 安装三通水阀的固定螺栓

3. 拆卸 PTC 总成

1）打开吉利 EV450 的前机舱盖，对该车辆进行标准高压下电，操作步骤如下：

a. 将车辆电源退电至 OFF 档。

b. 断开辅助蓄电池负极连接 3min 后进行下一步操作（容性负载泄放）。

c. 断开手动维修开关（当车辆装有维修开关时，动力蓄电池加热 PTC 的更换实训使用的是吉利 EV450，所以不需要断开手动维修开关就可以进行下一步实训操作）。

d. 断开动力蓄电池正、负极母线（使用万用表对动力蓄电池正负极母线进行验电检测）。

e. 使用绝缘测试仪检测车辆是否处于绝缘状态。

f. 将动力蓄电池正、负极母线插接件及线束端插接件用绝缘胶带进行绝缘密封，防止动力蓄电池正、负极母线插接件及线束端插接件短路及进入异物。

2）佩戴耐磨手套打开加热器 PTC 膨胀罐盖子，拆卸加热器 PTC 总成和水泵连接的水管，排放冷却液，如图 3-3-15 所示。

3）断开加热器 PTC 总成高压线束插头，断开加热器 PTC 总成线束连接插头，拆除加热器 PTC 总成搭铁线，如图 3-3-16 所示。

4）拆卸加热器 PTC 总成暖风进、出水管箍，脱开加热器 PTC 总成暖风进、出水管。拆卸加热器 PTC 总成固定螺母，取下加热器 PTC 总成，如图 3-3-17 所示。

图 3-3-15 排放冷却液

图 3-3-16 拆除 PTC 总成的插头和搭铁线

4. 检测 PTC 总成

1）使用数字万用表检测加热器 PTC 总成内部电阻，如图 3-3-18 所示。

2）使用绝缘电阻测试仪检测加热器 PTC 总成绝缘电阻，如图 3-3-19 所示。

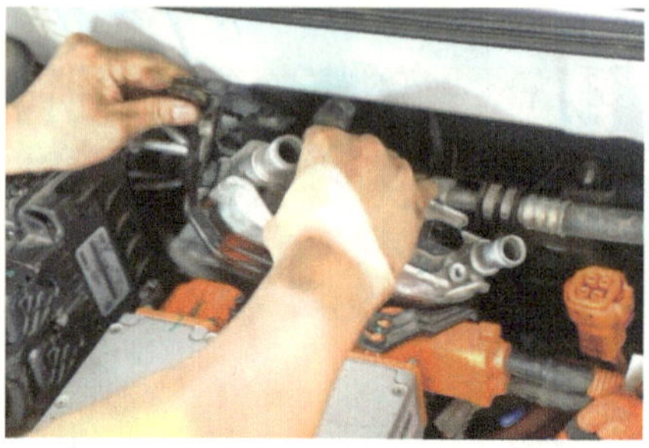
图 3-3-17　拆卸并取出 PTC 总成

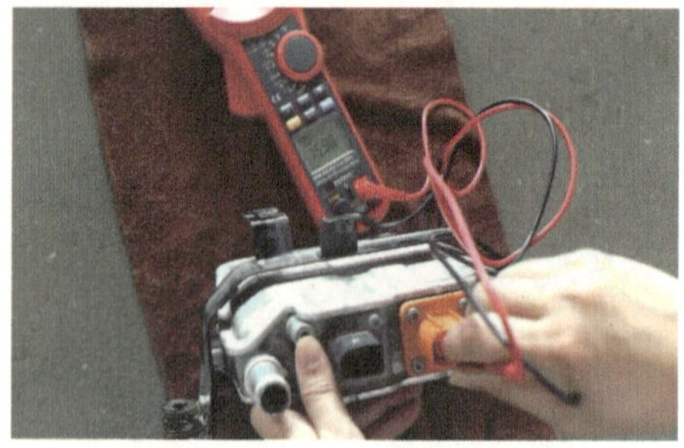
图 3-3-18　使用数字万用表检测 PTC 总成内部电阻

5. 安装 PTC 总成

1）安装加热器 PTC 总成，紧固加热器 PTC 总成固定螺母，安装加热器 PTC 总成搭铁线和连接加热器 PTC 总成线束插接器，如图 3-3-20 所示。

图 3-3-19　使用绝缘电阻测试仪检测 PTC 总成绝缘电阻

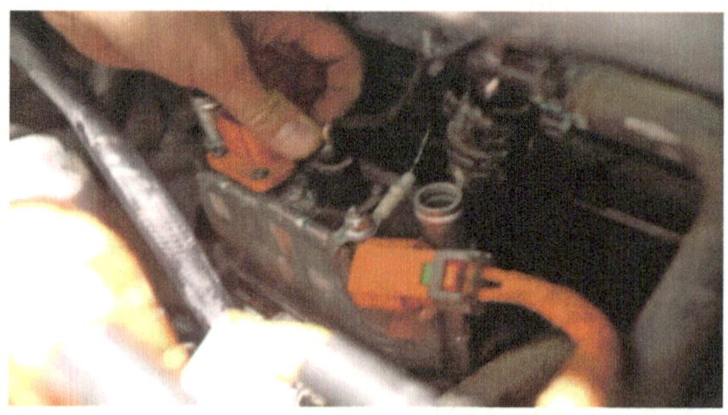
图 3-3-20　连接 PTC 总成线束插接器

2）连接加热器 PTC 总成暖风出水管和进水管，安装加热器 PTC 总成暖风出水管环箍和进水管环箍，如图 3-3-21 所示。

3）安装加热器 PTC 总成高压线束插头，安装加热器 PTC 总成与水泵连接的水管和卡箍，如图 3-3-22 所示。

4）加注冷却液，连接辅助蓄电池负极，关闭前机舱盖，进行排气处理，如图 3-3-23 所示。

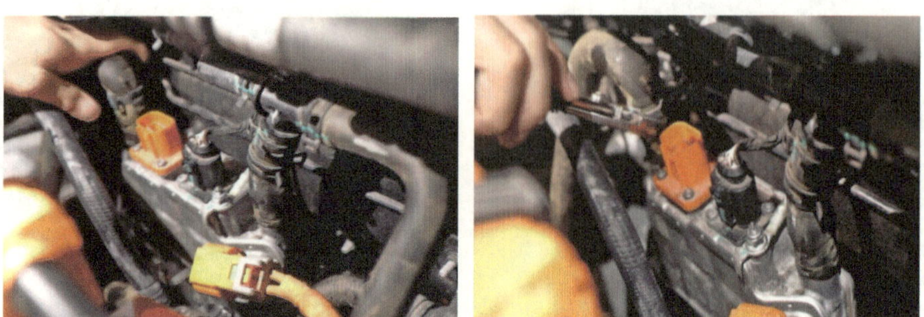
图 3-3-21　连接进、出水管和安装进、出水管环箍

图 3-3-22 安装水泵水管和卡箍

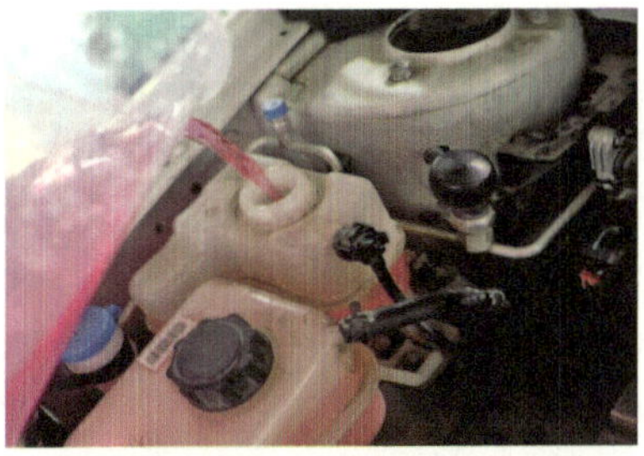

图 3-3-23 加注冷却液

考核–任务评价

各组选出代表进行本任务的成果汇报，可以采用 PPT 或实操演示的形式，并分别由各小组成员、专业教师以及企业代表进行考核打分，并将结果填入表 3-3-3~ 表 3-3-6 中。

表 3-3-3 小组考核表

组长		学号			班级			组别				
组员姓名												
任务三		动力蓄电池热管理系统的拆装与检修										
考核项目	分值	等级				考核对象（组别）						
		A	B	C	D							
实训规范	40	40	30	20	10							
PPT 汇报	40	40	30	20	10							
7S 管理	20	20	15	10	5							
合计	100	各组得分										
注意：小组互评分记录按各组的平均分（包含被评价组）计算												

表 3-3-4 教师对小组考核表

考核项目		考核依据	分值	得分
考勤（5%）		未出现无故迟到、早退和旷课的现象	5	
工作过程（80%）	获取信息进行决策	掌握加热系统和冷却系统的结构与功能	10	
		掌握热管理系统的设计方案及控制策略	10	
		掌握热失控因素以及危害	10	
	任务实施	完成吉利车型动力蓄电池加热系统的拆卸	15	
		完成吉利车型动力蓄电池加热系统的安装	15	
	工作质量	能按照工作方案操作，按计划完成工作任务	10	
	团队合作	与小组成员、同学之间能合作交流、协调工作	10	
项目成果（15%）	工作完整	能按时完成工作任务的所有环节	5	
	工作规范	能在整个操作过程中规范操作，避免意外事故发生	5	
	汇报展示	能准确表达、汇报工作成果	5	
合计			100	

表 3-3-5　企业对小组考核表

项目（任务）名称	
您对本次任务完成质量考核	□非常好（90~100 分） □一般（70~90 分） □不太理想（70 分以下）
您的评分与建议	（若企业没有参与考核，则选择综合考核方式一）

表 3-3-6　综合评分表

<table>
<tr><td rowspan="2">综合考核方式一</td><td>小组自评（30%）</td><td>小组互评（20%）</td><td colspan="2">教师考核（50%）</td><td>综合得分</td></tr>
<tr><td></td><td></td><td colspan="2"></td><td></td></tr>
<tr><td rowspan="2">综合考核方式二</td><td>小组自评（30%）</td><td>小组互评（20%）</td><td>教师考核（40%）</td><td>企业考核（10%）</td><td>综合得分</td></tr>
<tr><td></td><td></td><td></td><td></td><td></td></tr>
<tr><td>综合评语</td><td colspan="5">（作业过程中存在的问题及改进建议）</td></tr>
</table>

赛事篇–竞赛指南

2021 年，交通运输部职业资格中心组织编制了《新能源汽车检测维修专业能力考核标准》（以下简称《标准》）。《标准》中 5.3.1.2 新能源汽车动力蓄电池及管理系统检测与维修技术明确指出要掌握动力蓄电池热管理的结构与工作原理，以及动力蓄电池检修。扫描右侧二维码，学习相关动力蓄电池热管理系统检修。

拓展–情智课堂

共议“碳中和”愿景下的全面电动化共识

在新时代，中国与世界各国的互联互通迈入新阶段，深刻认识中国与世界协同发展和互动交流的实现方式与运行机制，对于中国及世界各国的持续健康发展都具有全局性价值和战略性意义。运用习近平新时代中国特色社会主义思想认识中国与世界，必须善于从全局和国际战略的高度审视和分析问题，以全球化视野和开放性思维寻求解决问题的最佳方案。

实现碳达峰、碳中和是我国向世界做出的庄严承诺。习近平总书记曾在多个场合指出要正确认识和把握碳达峰、碳中和，强调要坚持稳中求进，逐步实现，展现中国为共建清洁美丽世界贡献力量的信心与决心。

2022 年 8 月，全球汽车产业主要相关方再次聚首，共议碳中和愿景下的全面电动化与全球合作，与会各方达成以下共识：

1. 坚定推进汽车产业全面电动化转型

全球新能源乘用车市场渗透率突破全面市场化拐点，与会各方将以用户需求为中心，加快开发包括纯电动、插电式混合动力（含增程）、燃料电池等多元化汽车产品，营造良好的政策及应用环境，持续扩大新能源汽车应用规模。

2. 加速推进商用车绿色低碳发展

商用车是全球汽车产业碳减排的重点与难点，与会各方将进一步加强氢能燃料电池、纯电动、零碳燃料等关键技术研究与产品开发，积极探索低碳零碳商用车市场化推广路径，持续加速商用车电动化进程，推进产业绿色低碳转型。

3. 着力构建安全稳定的汽车产业链供应链体系

全球汽车产业链供应链加速重构，与会各方一致认为要加强电池、芯片等产业链关键环节的科技创新与全球合作，不断优化供应链的资源配置，加强循环利用体系建设，努力构建合作共赢的全球汽车产业链供应链新生态。

4. 加强汽车产业碳管理体系协同

加快迈向碳中和是全球汽车产业共同的愿景目标，产品碳足迹已成为产业关注的热点，与会各方将加强各国汽车产业碳管理体系的协同，共同研究包括动力蓄电池在内的碳足迹评价方法，推动碳排放数据的互通、互认与互享。

5. 充分发挥汽车与智慧能源、智能交通、智慧城市深度融合的协同效益

与会各方将积极推进跨部门、跨行业的大联合、大协同，加快推动新能源汽车与能源、交通、信息通信等领域的深度融合，努力构建安全、高效、低碳、智能、愉悦的新出行生态。

6. 加强新型汽车人才培养

人才是支撑产业变革的根本，汽车产业的转型升级急需跨学科、跨产业的综合型人才，与会各方将以产业需求为导向，积极探索新型汽车人才的培养模式，广泛开展科普宣传，吸引更多人才投身汽车产业，为产业创新发展持续注入新动力。

加强全球合作、推动全面电动化转型是汽车产业应对气候变化、加快产业转型升级、实现可持续发展的关键举措，与会各方倡议发起成立世界新能源汽车大会国际科技合作组织，汇集全球优势资源，进一步凝聚发展共识，深入推进交流合作，共享机遇、共应挑战，共创绿色低碳发展新格局，为建设持久和平、共同繁荣的人类命运共同体事业做出积极推动举措。

由此可见，所有实现全面转型电动汽车的举措必须在符合我国国情前提下，有条不紊地推动与落实。实现全球“双碳”目标不仅是行业、政府的目标，也是每一位公民的目标，更是每一位公民义不容辞的责任。

项目四
动力蓄电池性能试验

任务一　动力蓄电池性能参数的认知

开卷–任务分组

班级		组号		指导教师	
组长		学号		日期	
组员	姓名：______ 学号：______		姓名：______ 学号：______		
	姓名：______ 学号：______		姓名：______ 学号：______		
	姓名：______ 学号：______		姓名：______ 学号：______		

知识目标	技能目标	素养目标
➢ 掌握动力蓄电池性能设计要求 ➢ 掌握有关动力蓄电池性能参数（如能量密度、蓄电池电压、蓄电池容量和功率等）的概念和计算公式	➢ 通过学习动力蓄电池的性能参数概念与计算公式，使学生具有估算动力蓄电池能量密度的能力 ➢ 通过学习动力蓄电池 SOC 的定义，使学生具有估算动力蓄电池 SOC 的能力 ➢ 通过学习动力蓄电池的功率和功率密度，使学生具有计算蓄电池功率和功率密度的能力	➢ 通过对动力蓄电池性能参数的学习，培养学生勤于思考、敢于挑战和勇于攀登的创新精神 ➢ 通过对动力蓄电池性能测试与计算，培养学生求真务实、一丝不苟的学术态度 ➢ 通过小组合作的学习模式，锻炼学生集思广益、精诚团结和群策群力的团队协作意识 ➢ 培养学生严格执行 7S 现场管理的意识

框架–任务导图

本任务核心内容导图如图 4-1-1 所示。

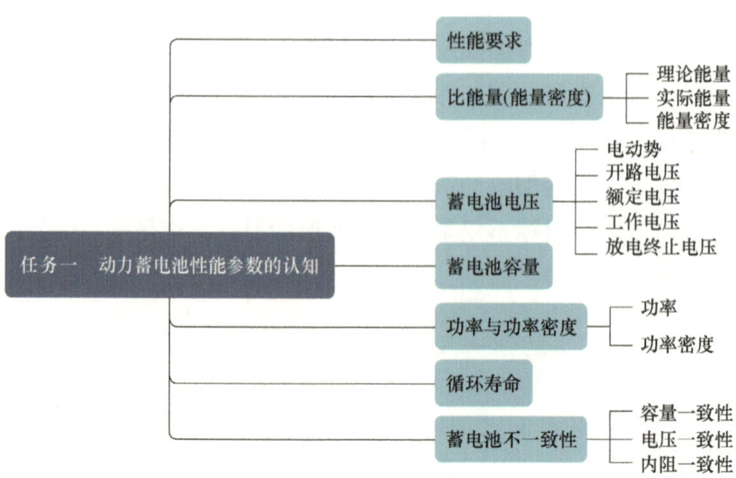

图 4-1-1　本任务核心内容导图

驱动-任务导入

蓄电池行业从降低成本、增加续驶里程、提高安全性、延长使用寿命等方面对动力蓄电池进行综合设计，使动力蓄电池的性能不断提高，动力蓄电池技术的发展推动电动汽车的发展。本任务介绍动力蓄电池的性能参数，使学习者对动力蓄电池的性能有初步的认知。

学习-相关知识

问题 1： 在新能源汽车行业，各车企新车发布会上，常常会将消费者最关注的续驶里程作为衡量新车动力性能的标准。你认为这样是否合理呢?

显然不合理，对于电动汽车而言，其动力性能主要由动力蓄电池来决定，高容量的蓄电池意味更长的纯电动续驶里程，续驶里程的延长可有效提升车辆应用的方便性和适用范围，可以作为动力性能的标准之一。除此之外，优越的动力蓄电池的输出功率、使用寿命、安全性能、工作环境的适用性等都能带给消费者更好的体验感，这些也成为衡量新车动力性能的重要标准之一。

一、性能要求

动力蓄电池是为电动汽车提供动力的蓄电池，其最重要的特点就是高功率和高能量。高功率意味着更大的充、放电强度，高能量表示更高的质量比能量和体积比能量。动力蓄电池系统需要按照最优化的整车设计应用指标去设计，但从使用角度而言，电动汽车对动力蓄电池的性能要求主要有七个方面，见表 4-1-1。对应相关蓄电池的性能指标主要有比能量、电压、容量、内阻、功率、输出效率、自放电率和使用寿命等，根据动力蓄电池种类的不同，其性能指标会有差异。

表 4-1-1 动力蓄电池设计性能要求

性能	要求
高能量	对于电动汽车而言，高能量意味更长的纯电动续驶里程，续驶里程的延长可有效提升车辆应用的方便性和适用范围
高功率	动力蓄电池要求能为驱动电机提供高功率输出，以满足车辆动力性的要求，但长期大电流、高功率放电对动力蓄电池的使用寿命和充放电效率会产生负面影响，甚至影响动力蓄电池使用的安全性，因此在功率方面还需要一定的功率储备，避免让动力蓄电池在全功率工况下工作
长使用寿命	动力蓄电池的使用寿命影响其成本。车辆应用过程中动力蓄电池更换的费用是电动汽车使用成本的重要组成部分。延长动力蓄电池的使用寿命目前是动力蓄电池技术研究的重点问题之一
低成本	动力蓄电池的成本与蓄电池的新技术含量、材料、制作方法和生产规模有关，目前新开发的高比能量的蓄电池成本较高，使电动汽车的造价也较高。开发和研制高效、低成本的动力蓄电池是电动汽车发展的关键
安全性好	动力蓄电池作为高能量密度的储能载体，可为电动汽车提供高达 300V 以上的驱动供电电压，可能危及人身安全和车载电器的使用安全，并且自身也存在一定的安全隐患。须严格对动力蓄电池在高温、高湿、穿刺、挤压、跌落等极端状况进行检验，要求在这些状况下不发生动力蓄电池的燃烧、起火现象

（续）

性能	要求
工作温度适应性强	车辆应用一般不应受地域的限制，在不同的空间和时间应用，需要车辆适应不同的温度。仅以北京地区的车辆应用为例，北京夏季地表温度可达 50℃以上，冬季可低至 -15℃以下，在该温度变化范围内，动力蓄电池应可以正常工作。因此，对于动力蓄电池而言，需要其具有良好的温度适应性
可回收性好	随着电动汽车的大量应用，必然出现大量废旧动力蓄电池的回收问题。对于动力蓄电池的可回收性，在电化学性能方面，首先要求做到动力蓄电池正、负极及电解液等材料无毒，对环境无污染。其次是研究动力蓄电池内部各种材料的回收再利用。对于动力蓄电池的再利用，还存在梯次利用问题，即按照动力蓄电池的使用寿命标准，在衰减量达到初始容量的 20% 时可将淘汰的动力蓄电池转移到对容量和功率要求相对较低的领域继续应用

问题 2： 根据本书内容，写出理论质量能量密度和实际质量能量密度的计算公式。

理论质量能量密度 /（W · h/kg）	$\frac{C_0E}{m}$ 式中 C_0——动力蓄电池的理论容量； E——放电电压保持电动势； m——动力蓄电池的质量
实际质量能量密度 /（W · h/kg）	$\frac{\int UI\mathrm{d}t}{m}$ 式中 U——放电电压随时间的函数； I——放电电流随时间的函数； m——动力蓄电池的质量

二、比能量（能量密度）

蓄电池的能量是指在一定放电制度下，蓄电池所能释放出的能量，单位为 W · h 或 kW · h。蓄电池的能量分为理论能量和实际能量。

比能量可以分为理论比能量和实际比能量。理论比能量对应于理论能量，是指单位质量或单位体积蓄电池反应物质完全放电时理论上所能输出的能量。实际比能量对应于实际能量，是单位质量或单位体积蓄电池反应物质所能输出的实际能量，由蓄电池实际输出能量与蓄电池质量（或体积）之比来表征。由于各种因素的影响，蓄电池的实际比能量远小于理论比能量。

在电动汽车应用方面，动力蓄电池质量比能量将影响电动汽车的整车质量和续驶里程，而体积比能量会影响动力蓄电池的布置空间。因而，比能量是考核动力蓄电池能否满足电动汽车应用需要的重要指标。同时，比能量是比较不同类型蓄电池性能的一项重要指标。单体蓄电池比能量与蓄电池模块比能量之间的差距越小，蓄电池的成组设计水平越高，蓄电池模块的集成度越高。因此，蓄电池模块的质量比能量常常作为蓄电池模块性能的重要衡量指标。一般而言，蓄电池模块的质量比能量与单体蓄电池比能量相比，低 20% 以上。

1. 理论能量

假设蓄电池在放电过程中始终处于平衡状态，其放电电压保持电动势（E）的数值，而且活性物质的利用率为 100%，即放电容量为理论容量，则在此条件下蓄电池所输出的能量为理论能量 W_0，即

$$W_0=C_0E$$

式中 C_0——蓄电池的理论容量；

E——放电电压保持电动势。

2. 实际能量

实际能量是指蓄电池放电时实际输出的能量。它在数值上等于蓄电池实际放电电压、放电电流与放电时间的积分，即

$$W=\int U(t)I(t)\,dt$$

在实际工程应用中，作为实际能量的估算，经常采用蓄电池模块额定容量与蓄电池放电平均电压乘积进行蓄电池实际能量的计算。

由于活性物质不可能完全被利用，蓄电池的工作电压总是小于电动势，蓄电池的实际能量总是小于理论能量。

3. 能量密度

蓄电池的能量密度是指单位质量或单位体积的蓄电池所能输出的能量（W/m 或 W/V，其中 W 表示蓄电池的能量，m 表示蓄电池的质量，V 表示蓄电池的体积），又称为质量能量密度（W·h/kg）或体积能量密度（W·h/L），也称为质量比能量或体积比能量。

问题 3：比较动力蓄电池电动势、开路电压、额定电压、工作电压、截止电压的不同。

1）蓄电池两端产生的电动势是热力学的两极平衡电极电位之差，常用 E 表示，反映了蓄电池将其他形式的能转换成电能的度量单位。

2）开路电压是指在开路状态下（几乎没有电流通过时），蓄电池的正极电极电位与负极电极电位之差。一般情况下，蓄电池的开路电压略低于（很接近）它的电动势，因此一般近似认为蓄电池的开路电压就是蓄电池的电动势。

3）额定电压也称为公称电压或标称电压，是指在规定条件下蓄电池工作的标准电压。

4）工作电压是指蓄电池在接通负载放电过程中所显示出的电压，又称为负荷（负载）电压或放电电压。

5）放电终止电压也称为放电截止电压，是指蓄电池在放电时，电压下降到不宜再继续放电的最低工作电压值。由于对蓄电池的容量和使用寿命要求的不同，以及不同的蓄电池类型和放电条件，各种蓄电池规定的放电终止电压也不同。

三、蓄电池电压

1. 电动势

蓄电池两端产生的电动势是热力学的两极平衡电极电位之差，常用 E 表示，单位是伏（V）。如果其他条件相同，那么电动势越高，理论上能输出的能量就越多。在实际应用中，蓄电池的开路电压在数值上接近蓄电池的电动势。

2. 开路电压

开路电压是指在开路状态下（几乎没有电流通过时），蓄电池的正极电极电位与负极电极电位之差。蓄电池的开路电压取决于蓄电池正极和负极材料的活性、电解质和温度条件等，而与蓄电池的几何结构和尺寸大小无关。例如，无论铅酸蓄电池的尺寸大小如何，其单体开路电压都是近似一致的。一般情况下，蓄电池的开路电压略低于（很接近）它的电动势，因此一般近似认为蓄电池的开路电压就是蓄电池的电动势。

3. 额定电压

额定电压也称为公称电压或标称电压，是指在规定条件下蓄电池工作的标准电压。不同电

化学类型的单体蓄电池额定电压是不同的，根据额定电压能区分蓄电池的化学体系。常用不同电化学体系蓄电池的单体额定电压值见表 4-1-2。

表 4-1-2 常用不同电化学体系蓄电池的单体额定电压值

蓄电池类型	单体额定电压 /V
铅酸蓄电池（VRLA）	2.0
镉镍蓄电池（Ni-Cd）	1.2
锌镍蓄电池（Ni-Zn）	1.6
氢镍蓄电池（Ni-MH）	1.2
锌空气蓄电池（Zn/Air）	1.2
铝空气蓄电池（Al/Air）	1.4
钠氯化镍蓄电池（$Na/NiCl_2$）	2.5
钠硫蓄电池（Na/S）	2.0
锰酸锂离子蓄电池（$LiMn_2O_4$）	3.7
磷酸铁锂离子蓄电池（$LiFePO_4$）	3.2

4. 工作电压

工作电压是指蓄电池在接通负载放电过程中所显示出的电压，又称为负荷（负载）电压或放电电压。在蓄电池放电初始时刻（即开始有工作电流时）的电压称为初始电压。在接通负载后，由于欧姆内阻和极化内阻的存在，蓄电池的工作电压低于开路电压，其电压 U 的计算公式为

$$U=E-IR=E-I(R_\Omega+R_f)$$

式中 E——蓄电池的电动势（V）；

I——蓄电池的工作电流（A）；

R_Ω——欧姆内阻（Ω）；

R_f——极化内阻（Ω）。

从上式中可以看出，工作电压随着负载和电流的变化发生变化。

5. 放电终止电压

放电终止电压也称为放电截止电压，是指蓄电池在放电时，电压下降到不宜再继续放电的最低工作电压值。由于对蓄电池的容量和使用寿命要求的不同，以及不同的蓄电池类型和放电条件，各种蓄电池规定的放电终止电压也不同。一般而言，在低温或大电流放电时，终止电压规定得低些；小电流长时间或间歇放电时，终止电压值规定得高些。对于所有蓄电池，放电终止电压都是必须严格规定的重要指标。

四、蓄电池容量

蓄电池容量主要影响的是纯电动汽车的续驶里程表现，如果蓄电池容量大，那么正常情况下，纯电动汽车的续驶里程就长，如果蓄电池容量小，纯电动汽车的续驶里程就短。

蓄电池在一定的放电条件下所能放出的电量称为蓄电池的容量，用符号 C 表示，其单位常用 A · h 或 mA · h。相关的参数有理论容量、额定容量、实际容量和剩余容量，具体内容在项

目二任务一单体蓄电池的认知中已经阐述，这里不再赘述。

问题 4：蓄电池的功率和功率密度，如何理解这两个参数对汽车的影响？

蓄电池的功率是指在一定的放电制度下，单位时间内蓄电池输出的能量，而单位质量或单位体积蓄电池输出的功率称为功率密度，又称为比功率。功率密度的大小表征蓄电池所能承受的工作电流的大小，蓄电池的功率密度大，表示它可以承受大电流放电。功率密度是考核蓄电池及蓄电池包是否满足电动汽车加速和爬坡能力的重要指标。

五、功率与功率密度

1. 功率

蓄电池的功率是指在一定的放电制度下，单位时间内蓄电池输出的能量，单位为瓦（W）或千瓦（kW）。理论上蓄电池的功率可以表示为

$$P_0=\frac{W_0}{t}=\frac{C_0E}{t}=IE$$

式中　t——放电时间（s）；

C_0——蓄电池的理论容量（A·h）；

I——恒定的放电电流（A）；

E——放电电压保持电动势（V）。

蓄电池的实际功率应当为

$$P_0=IU=I(E-IR_W)=IE-I^2R_W$$

式中　I^2R_W——消耗于蓄电池内阻上的功率，这部分功率对负载是无用的。

2. 功率密度

单位质量或单位体积蓄电池输出的功率称为功率密度，又称为比功率，单位为 kW/kg 或 W/g。功率密度的大小表征蓄电池所能承受的工作电流的大小，蓄电池的功率密度大，表示它可以承受大电流放电。功率密度是考核蓄电池及蓄电池包是否满足电动汽车加速和爬坡能力的重要指标。对于电化学蓄电池，功率和功率密度与蓄电池的放电深度（DOD）密切相关。因此，在表示蓄电池功率和功率密度时应该指出蓄电池的放电深度。

问题 5：蓄电池 SOC 用于描述蓄电池的剩余电量，是蓄电池使用过程中的重要参数，此参数与蓄电池的充放电历史和充放电电流大小有关。SOC 值是个相对量，一般用百分比的方式来表示。SOC 的取值为：$0\leqslant SOC\leqslant 100\%$。单体蓄电池一致性国标要求 SOC 之间差值不能超过 10%。

问题 6：目前常用的蓄电池中，锌银蓄电池的循环寿命最短，一般只有 30~100 次；铅酸蓄电池的循环寿命为 300~500 次；锂离子蓄电池的使用周期较长，循环寿命可达 1000 次以上。

六、循环寿命

循环寿命是考核蓄电池使用寿命的一项重要的指标。蓄电池经历一次充电和放电，称为一次循环，或者一个周期。按一定测试标准，当蓄电池容量降到某一规定值（一般规定为额定值的 80%）以前，蓄电池经历的充放电循环总次数，称为蓄电池的循环寿命或使用周期。各类蓄电池的循环寿命都有差异，即使同一系列、同一规格的产品，循环寿命也可能有很大差异。目前常用的蓄电池中，锌银蓄电池的循环寿命最短，一般只有 30~100 次；铅酸蓄电池的循环寿命为 300~500 次；锂离子蓄电池的使用周期较长，循环寿命可达 1000 次以上。

影响动力蓄电池使用寿命的因素主要包括充放电速率、充放电深度、环境温度、储存条

件、蓄电池维护过程、电流波纹以及过充电量和过充电频度等。在蓄电池成组应用中，单体蓄电池不一致性、单体所处温区、车辆的振动环境等都会对蓄电池使用寿命产生影响。

在动力蓄电池成组使用中，由于各单体蓄电池间的不一致性和串联动力蓄电池的短板效应，蓄电池包的最大可用容量与单体蓄电池的可用容量下降速度不同步，将导致各单体蓄电池的 SOC 状态各不相同，使蓄电池包的使用寿命和单体蓄电池相比明显降低。过充电或过放电都会对蓄电池造成额外的损伤，致使动力蓄电池的容量衰减加剧，此时动力蓄电池的使用寿命降低得更加明显。

问题 7：单体蓄电池的不一致性包括哪些方面？

蓄电池不一致性的概念是指同一规格、同一型号的单体蓄电池组成蓄电池组后，在电压、内阻及其变化率、荷电量、容量、充电接收能力、循环寿命、温度影响、自放电率等参数方面存在的差别。

七、蓄电池不一致性

蓄电池不一致性的概念是指同一规格、同一型号的单体蓄电池组成蓄电池包后，在电压、内阻及其变化率、荷电量、容量、充电接收能力、循环寿命、温度影响、自放电率等参数方面存在的差别。在现有的蓄电池技术水平下，电动汽车必须使用多块单体蓄电池构成的蓄电池包来满足使用要求。由于不一致性的影响，动力蓄电池在电动汽车上使用的性能指标往往达不到单体蓄电池原有的水平，使用寿命可能缩短至原先的几分之一甚至十几分之一，严重影响电动汽车的性能和应用。

根据使用中蓄电池包不一致性扩大的原因和对蓄电池模块性能的影响方式，可以把蓄电池的一致性分为容量一致性、电压一致性和电阻一致性。

1. 容量一致性

容量一致性主要体现在起始容量和实际容量两个方面。起始容量一致性是指蓄电池包在出厂前的分选试验后，单体蓄电池的初始容量一致性；实际应用的容量一致性是指蓄电池在放电过程中剩余电量不相等。初始容量不一致可在使用过程中通过单体蓄电池充放电来调整，使之差异性较小，而实际容量不一致则有可能与单体蓄电池内阻等参数有关。蓄电池起始容量受蓄电池循环工作次数影响显著，越接近蓄电池循环寿命周期后期，实际容量不一致就越明显。同时，蓄电池起始容量还与蓄电池容量衰减特性有关，受到蓄电池储存温度、蓄电池 SOC 等因素的影响。蓄电池包实际放电容量不一致性还与蓄电池放电电流有关。所以，在蓄电池包实际使用过程中，容量不一致主要是蓄电池起始容量不一致和放电电流不一致综合影响的结果。

2. 电压一致性

电压不一致的主要影响因素在于并联组中蓄电池的互相充电，当并联组中一个单体蓄电池电压低时，其他单体蓄电池将给此单体蓄电池充电。图 4-1-2 所示为并联电压不一致性连接方式，低压单体蓄电池容量小幅增大的同时高压蓄电池容量急剧降低，能量将损耗在互充电过程中而达不到预期的对外输出。

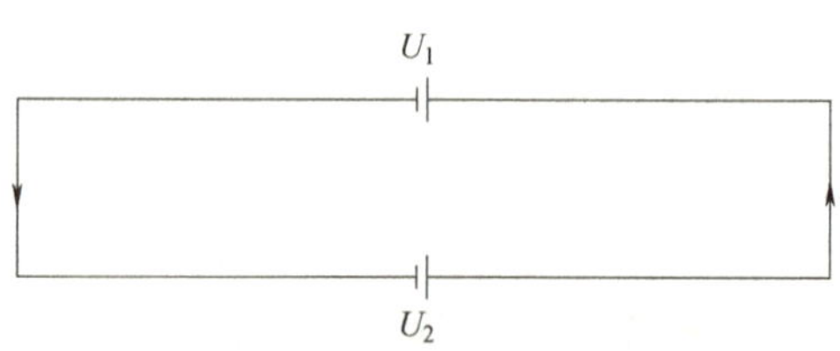

图 4-1-2 并联电压不一致性连接方式

若低压单体蓄电池和正常单体蓄电池一起使用，将成为蓄电池包的负载，影响其他单体蓄电池的工作，进而影响整个蓄电池包的使用寿命。所以，在蓄电池包不一致明显增加的深放电阶段，不能继续行车，否则会造成低容量单体蓄电池过放电，影响蓄电池包的使用寿命。

3. 内阻一致性

蓄电池内阻一般要求是一致的，蓄电池内阻不一致使蓄电池包中每个单体蓄电池在放电过程中热损失的能量各不一样，最终影响单体蓄电池能量状态。

实践-任务实施

问题 8：根据教材内容，完成有关动力蓄电池性能参数习题。

1）蓄电池的能量密度是指单位质量或单位体积的蓄电池所能输出的能量（W/m 或 W/V，W 表示电池的能量，m 表示蓄电池的质量，V 表示蓄电池的体积），又称为质量能量密度（W · h/kg）或体积能量密度（W · h/L），也称为质量比能量或体积比能量。

2）蓄电池两端产生的电动势是热力学的两极平衡电极电位之差，常用 E 表示，单位是伏特（V）。

3）额定电压也称为公称电压或标称电压，是指在规定条件下蓄电池工作的标准电压。

4）蓄电池在一定的放电条件下所能放出的电量称为蓄电池的容量，以符号 C 表示，其单位常用 A · h 或 mA · h。

5）蓄电池的功率是指在一定的放电制度下，单位时间内蓄电池输出的能量，单位为瓦（W）或千瓦（kW）。理论上蓄电池的功率可以表示为

$$P_0=\frac{W_0}{t}=\frac{C_0E}{t}=IE$$

6）循环寿命是考核蓄电池使用寿命的一项重要的指标。蓄电池经历一次充电和放电，称为一次循环，或者一个周期。按一定测试标准，当蓄电池容量降到某一规定值（一般规定为额定值的 80%）以前，蓄电池经历的充放电循环总次数，称为蓄电池的循环寿命或使用周期。

7）根据使用中蓄电池包不一致性扩大的原因和对蓄电池模块性能的影响方式，可以把蓄电池的一致性分为容量一致性、电压一致性和电阻一致性。

考核-任务评价

各组选出代表进行本任务的成果汇报，可以采用 PPT 或实操演示的形式，并分别由各小组成员、专业教师以及企业代表考核打分，并将结果填入表 4-1-3~ 表 4-1-6 中。

表 4-1-3　小组考核表

组长		学号			班级			组别				
组员姓名												
任务一		动力蓄电池性能参数的认知										
考核项目	分值	等　级				考核对象（组别）						
		A	B	C	D							
实训规范	40	40	30	20	10							
PPT 汇报	40	40	30	20	10							
7S 管理	20	20	15	10	5							
合计	100	各组得分										
注意：小组互评分记录按各组的平均分（包含被评价组）计算												

表 4-1-4　教师对小组考核表

考核项目		考核依据	分值	得分
考勤（5%）		未出现无故迟到、早退和旷课的现象	5	
工作过程（80%）	获取信息进行决策	掌握动力蓄电池性能设计要求	10	
		掌握有关动力蓄电池性能参数，如能量密度、蓄电池电压、蓄电池容量和功率等概念	10	
		掌握有关动力蓄电池性能参数，如能量密度、蓄电池电压、蓄电池容量和功率等的计算公式	10	
	任务实施	估算动力蓄电池的能量密度	15	
		估算蓄电池功率和功率密度	15	
	工作质量	能按照工作方案操作，按计划完成工作任务	10	
	团队合作	与小组成员、同学之间能合作交流、协调工作	10	
项目成果（15%）	工作完整	能按时完成工作任务的所有环节	5	
	工作规范	能在整个操作过程中规范操作，避免意外事故发生	5	
	汇报展示	能准确表达、汇报工作成果	5	
合计			100	

表 4-1-5　企业对小组考核表

项目（任务）名称	
您对本次任务完成质量考核	□非常好（90~100 分） □一般（70~90 分） □不太理想（70 分以下）
您的评分与建议	（若企业没有参与考核，则选择综合考核方式一）

表 4-1-6　综合评分表

综合考核方式一	小组自评（30%）	小组互评（20%）	教师考核（50%）		综合得分
综合考核方式二	小组自评（30%）	小组互评（20%）	教师考核（40%）	企业考核（10%）	综合得分
综合评语	（作业过程中存在的问题及改进建议）				

任务二 动力蓄电池内阻和充放电性能测试

开卷–任务分组

班级		组号		指导教师	
组长		学号		日期	
组员	姓名：______ 学号：______ 姓名：______ 学号：______ 姓名：______ 学号：______			姓名：______ 学号：______ 姓名：______ 学号：______ 姓名：______ 学号：______	

知识目标	技能目标	素养目标
➢ 掌握动力蓄电池充、放电异常情况的故障原因 ➢ 掌握用蓄电池内阻测试仪测试单体蓄电池的电压和内阻的方法 ➢ 掌握单体蓄电池的容量和恒流比的测量方法 ➢ 掌握充放电测试的方法	➢ 通过了解蓄电池内阻、电压测试方法，使学生具有独立完成蓄电池内阻和电压测试的能力 ➢ 通过了解单体蓄电池的容量与恒流比测试的方法，使学生具有独立完成单体蓄电池的容量和恒流比测试的能力 ➢ 通过了解相关充放电知识，使学生具有独立完成充、放电测试的能力	➢ 通过独立完成多项测试，培养学生自主思考、果断决策的习惯 ➢ 通过多个实训练习，培养学生知行合一的思想 ➢ 通过对本任务的学习，培养学生精益求精、敢于探索、不断创新的职业素养 ➢ 通过小组合作学习方式，培养学生协同共赢的意识

框架–任务导图

本任务核心内容导图如图 4-2-1 所示。

图 4-2-1 本任务核心内容导图

驱动–任务导入

在全球能源危机与环境污染日益严重的 21 世纪，新能源汽车以其独有的优势而备受青睐。世界各大汽车厂商纷纷布局，以加快推进其技术研究与产业化。动力蓄电池系统作为电动汽车核心三电部件之一，其电性能将直接影响整车的动力性与续驶里程指标。因此，试验验证动力蓄电池系统的电性能在电动汽车的设计开发过程中显得尤为重要。本任务主要介绍动力蓄电池单体蓄电池的电压、内阻、容量、恒流比以及充放电特性测试。

学习-相关知识

动力蓄电池充放电异常情况分析

1. 蓄电池包电压异常

蓄电池包电压异常可分为单体蓄电池电压过高、单体蓄电池电压过低、单体蓄电池压差过大三种报警故障。当出现上述任意故障时，蓄电池管理系统均会做出相应处理动作，以保护蓄电池包正常、安全运行。

蓄电池包电压异常检查与处理方法，如图 4-2-2 所示。

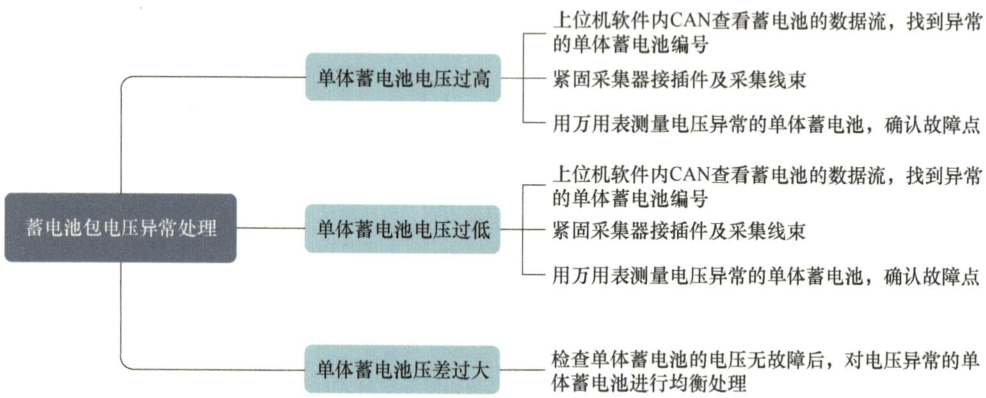

图 4-2-2 蓄电池包电压异常检查与处理方法

2. 蓄电池包温度异常

蓄电池包温度异常可分为蓄电池包温度过高、蓄电池包温差过大、蓄电池包温度传感器异常偏高、蓄电池包温度传感器异常偏低四种故障。当出现上述任意故障时，蓄电池管理系统均会做出相应处理动作，以保护蓄电池包正常、安全运行。

蓄电池包温度异常检查与处理方法如图 4-2-3 所示。

3. 蓄电池包 SOC 异常

蓄电池包 SOC 异常可分为蓄电池包 SOC 过低、蓄电池包 SOC 异常变动两种故障。当出现上述任意故障时，蓄电池管理系统均会做出相应处理动作，以保护蓄电池包正常、安全运行。

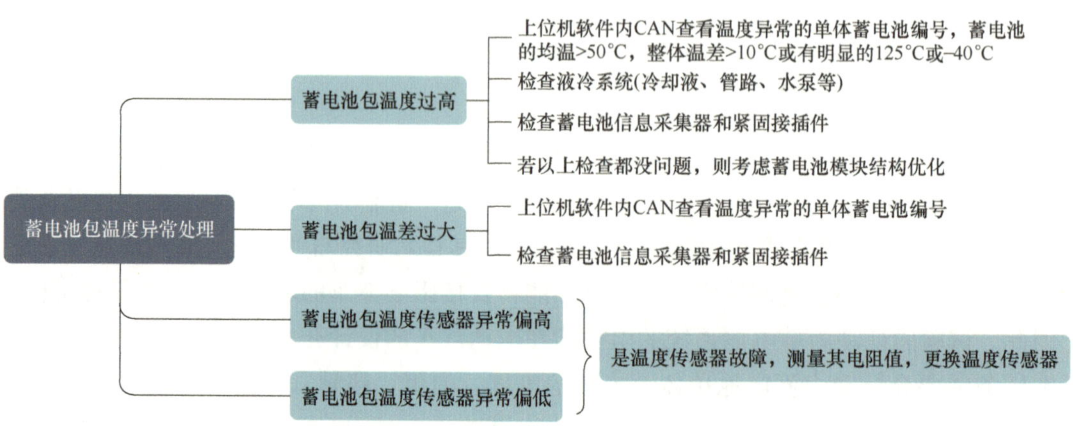

图 4-2-3 蓄电池包温度异常检查与处理方法

蓄电池包 SOC 异常检查与处理方法如图 4-2-4 所示。

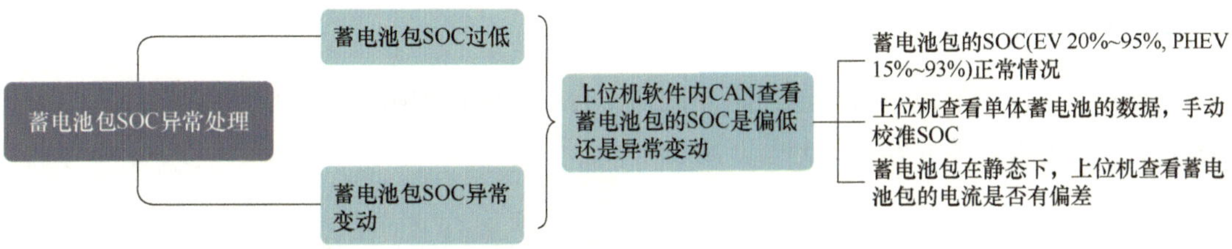

图 4-2-4　蓄电池包 SOC 异常检查与处理方法

4. 蓄电池包绝缘异常

蓄电池包绝缘异常可分为蓄电池包绝缘电阻值过低、负载端绝缘电阻值过低两种情况引起的故障。当出现上述任意故障时，蓄电池管理系统均会做出相应处理动作，以保护蓄电池包正常、安全运行。

蓄电池包绝缘异常检查与处理方法如图 4-2-5 所示。

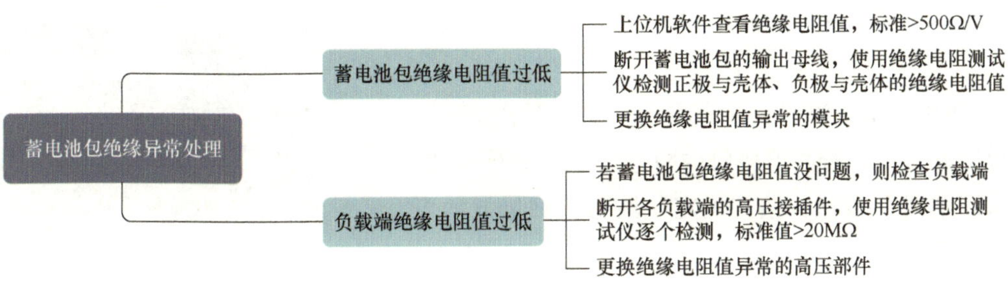

图 4-2-5　蓄电池包绝缘异常检查与处理方法

实践–任务实施

一、安全要求及注意事项

安全要求及注意事项如下：

1）实训开始前，提前准备好需要使用的个人防护用品，并检查是否符合使用标准。

2）实训开始前，提前做好场地防护，设置警示标识，在操作位置布置好绝缘防护措施。

3）实训开始前，熟悉并正确使用实训过程的设备和仪器。

4）将单体蓄电池放置在分容柜上，注意选择正确的仓位以及单体蓄电池正、负极朝向，如有需要，可使用万用表确定正、负极。

5）分容柜在进行充放电时，不支持串联充、放电，分容柜单通道限压 5V、限流 20A，注意设置蓄电池保护参数。

6）单体蓄电池充电存在电压上限和电压下限，不同类型蓄电池一般不尽相同，充电和放电时注意根据实际情况进行调整。

7）蓄电池内阻测试仪的精度较高，在测量过程中表头不得有脏物，否则可能会影响测量精度。

8）实训过程中，必须在教师的指引下进行作业，严禁对实训设备进行改装操作。

9）在实训过程中，严禁嬉戏打闹，做好数据记录和结果记录。

10）实训结束后，必须清理场地和设备，撤除警示标识。

二、设备及工具

准备的设备及工具包括蓄电池内阻测试仪1台、蓄电池内阻测试仪检测线若干条、方形蓄电池1个、动力蓄电池分容柜1台、万用表1个。

三、操作步骤

问题：按照下面的实训步骤指导，完成单体蓄电池的电压和内阻、容量和恒流比、充放电测试。

实训一　检测单体蓄电池的电压和内阻

1）打开蓄电池内阻测试仪，检查蓄电池内阻测试仪各项参数，将蓄电池内阻比较功能关闭，将蓄电池电压比较功能关闭，返回测量显示界面。

2）校准蓄电池内阻测试仪，如图4-2-6所示。连接蓄电池内阻测试仪检测线，检测线金属头不分正、负极。

图4-2-6　校准蓄电池内阻测试仪

3）使用表笔检测时，注意将表笔中心部分按压短接，短接过程中，若两笔接触内阻过大，需进行校准，按“短路清理”按钮，按“确定”按钮，测量显示表笔接触内阻正常。

4）测量蓄电池内阻及电压，若测得的蓄电池内阻和电压在正常范围内，则蓄电池测量正常。

5）打开电阻比较功能，选择绝对值，设置电阻标称值、上限值和下限值。

6）测量多个单体蓄电池内阻，查看是否在可用范围内。依照IEEE标准，单体蓄电池内阻差值应小于标准值的20%。

7）打开电压比较功能，选择绝对值，选择电压标称、电压下限和电压上限的各自数值，设置完毕，返回测量显示界面。

8）对多个单体蓄电池进行测量电压，依照NEDC标准，一致性单体蓄电池电压差应在50mV以内。不同蓄电池厂家的蓄电池电压差有所不同，具体参考单体蓄电池采样说明。

9）测试完毕，拔掉蓄电池内阻测试仪检测线，关闭蓄电池内阻测试仪。

实训二　检测单体蓄电池的容量和恒流比

1. 蓄电池分容准备

1）放置单体蓄电池时查看标示，方形蓄电池正极朝外，启动仓位开关。

2）启动分容控制开关可看到通道一电压数值，表明接触是否良好、蓄电池安装是否正确。

2. 分容参数设置

依据单体蓄电池的规格对蓄电池参数进行设置。

1）蓄电池进行充电。第一阶段涓流充电，设置充电电流数值和截止数值对蓄电池进行充电。

2）进行标准的恒流充电和恒压充电。设置标准充电电流数值和截止电压数值，对蓄电池进行恒流充电，此时为快速充电阶段。恒流充电完成后，设置标准充电的恒定电压和截止电流数值，对蓄电池进行恒压充电。

3）当蓄电池充电完成后，对蓄电池进行搁置，蓄电池正常搁置 15min 后，设置标准放电电流和放电截止电压对蓄电池进行放电。

4）以上设置充放电完成后，对通道保护参数进行设置，需设置三个保护参数，设置通道保护参数电流上限数值、电压下限数值和电压上限数值。设置完成后，核实其名义号为 1，选择启动。当循环一结束后，读取蓄电池可用容量。

实训三　单体蓄电池充、放电测试

1. 充电测试

1）放置单体蓄电池时查看标示，方形蓄电池正极朝外。

2）启动位开关。可看到通道一有电压，证明接触良好，蓄电池安装正确。

3）长按通道一，出现圆形光圈后松开，按“启动”按钮，调整出设置界面。

4）单体蓄电池常规充电方式有三种，分别是恒流充电、恒压充电和恒功率充电，可根据蓄电池的容量、充电电压值和充电功率进行选择。

5）随着充电时间的增加，可直观看到蓄电池电压上升，但是充电电流始终保持不变，充电电压和充电电流的乘积恒为固定值，达到截止固定电压时，充电截止。

方形蓄电池的充电电路如图 4-2-7 所示，搭建方形蓄电池的充电电路如图 4-2-8 所示。

图 4-2-7　方形蓄电池的充电电路

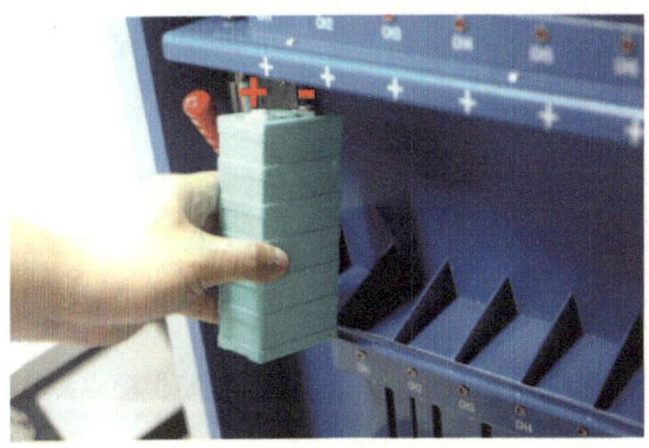

图 4-2-8　搭建方形蓄电池的充电电路

2. 放电测试

1）常规的单体蓄电池放电方式分为恒流放电、恒电阻放电和恒功率放电三种。此实验只对恒流放电和恒功率放电两种方式进行实验。

2）恒流放电：在放电过程中，放电电流始终不变，设置放电电流为 10A，对不同蓄电池放电电压下限有要求，选用的蓄电池放电截止电压为 2.8V，设置通道保护，电压下限为 2.5V、上限为 3.75V，设置完后，单击放电。显示放电过程中，放电电流为 10A，放电电压逐渐减小。

3）恒功率放电：在放电过程中，电压与电流的乘积始终保持不变。根据不同单体蓄电池放电功率设置有不同的需求。选用的 20A 磷酸铁锂离子蓄电池，放电功率不宜超过 64W，设置放电功率为 20W，截止电压为 2.8V，设置通道保护，电压下限为 2.5V、上限为 3.75V，设置完后，单击放电。显示放电过程中，电压与电流的乘积始终保持不变。

考核-任务评价

各组选出代表进行本任务的成果汇报，可以采用 PPT 或实操演示的形式，并分别由各小组成员、专业教师以及企业代表进行考核打分，并将结果填入表4-2-1~表4-2-4中。

表4-2-1 小组考核表

组长			学号		班级			组别				
组员姓名												
任务二		动力蓄电池内阻和充放电性能测试										
考核项目	分值	等级				考核对象（组别）						
		A	B	C	D							
实训规范	40	40	30	20	10							
PPT汇报	40	40	30	20	10							
7S管理	20	20	15	10	5							
合计	100	各组得分										

注意：小组互评分记录按各组的平均分（包含被评价组）计算

表4-2-2 教师对小组考核表

考核项目		考核依据	分值	得分
考勤（5%）		未出现无故迟到、早退和旷课的现象	5	
工作过程（80%）	获取信息进行决策	掌握动力蓄电池充、放电异常情况的故障原因	10	
		掌握蓄电池内阻测试仪测试单体蓄电池的电压和内阻的方法	10	
		掌握单体蓄电池的容量和恒流比的测量方法	5	
		掌握单体蓄电池充、放电测试的方法	5	
	任务实施	完成蓄电池内阻和电压的测试	10	
		完成单体蓄电池的容量和恒流比的测试	10	
		完成充、放电测试	10	
	工作质量	能按照工作方案操作，按计划完成工作任务	10	
	团队合作	与小组成员、同学之间能合作交流、协调工作	10	
项目成果（15%）	工作完整	能按时完成工作任务的所有环节	5	
	工作规范	能在整个操作过程中规范操作，避免意外事故发生	5	
	汇报展示	能准确表达、汇报工作成果	5	
合计			100	

表 4-2-3　企业对小组考核表

项目（任务）名称	
您对本次任务完成质量考核	□非常好（90~100 分） □一般（70~90 分） □不太理想（70 分以下）
您的评分与建议	（若企业没有参与考核，则选择综合考核方式一）

表 4-2-4　综合评分表

综合考核方式一	小组自评（30%）	小组互评（20%）	教师考核（50%）		综合得分
综合考核方式二	小组自评（30%）	小组互评（20%）	教师考核（40%）	企业考核（10%）	综合得分
综合评语	（作业过程中存在的问题及改进建议）				

任务三　动力蓄电池其他性能试验

开卷-任务分组

班级		组号		指导教师	
组长		学号		日期	

组员	姓名：________	学号：________	姓名：________	学号：________
	姓名：________	学号：________	姓名：________	学号：________
	姓名：________	学号：________	姓名：________	学号：________

知识目标	技能目标	素养目标
➢ 掌握动力蓄电池 SOC 的概念及检测方法 ➢ 掌握动力蓄电池 SOH 的概念及检测方法 ➢ 掌握动力蓄电池余能检测方法	➢ 通过学习蓄电池 SOC 概念与检测方法，使学生具有独立完成动力蓄电池 SOC 检测的能力 ➢ 通过学习蓄电池 SOH 概念与检测方法，使学生具有独立完成动力蓄电池 SOH 检测的能力 ➢ 通过学习蓄电池余能检测方法，使学生具有独立完成动力蓄电池的余电释放的能力	➢ 通过独立完成多项测试，培养学生自主思考、果断决策的习惯 ➢ 通过多个实训练习，培养学生知行合一的思想 ➢ 通过本任务的学习，培养学生精益求精、敢于探索、不断创新的职业素养 ➢ 通过小组合作学习方式，培养学生协同共赢的意识

框架–任务导图

本任务核心内容导图如图 4-3-1 所示。

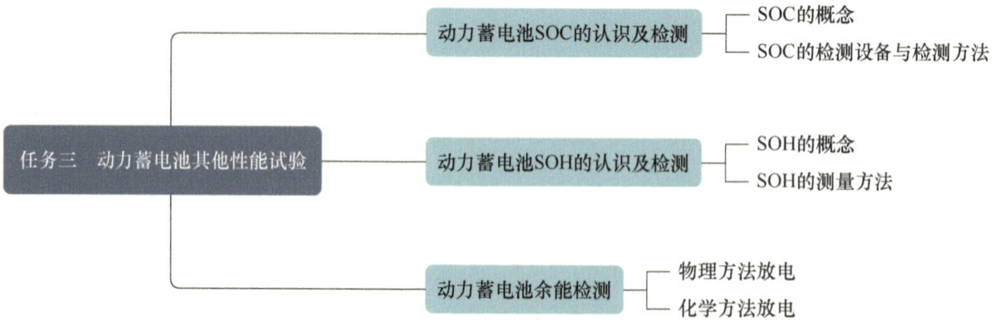

图 4-3-1 本任务核心内容导图

驱动–任务导入

华中科技大学黄云辉教授带领科研团队研发出了锂离子蓄电池超声扫描系统，可以在静态和无损的情况下，透视蓄电池内部情况，如检测电解液浸润情况、内部微升级气体、三元材料包覆层有效性、析锂极限工况等各类 SOH 指标，通过蓄电池循环过程中超声信号的衰减变化预测蓄电池的循环寿命；此外，还可以检测蓄电池的 SOC，对蓄电池 SOC 估算精度的误差为 1%~3%。

蓄电池超声扫描技术及其相关产品已经服务于华为、特斯拉、宁德新能源等十余家锂离子蓄电池产业链公司，解决了许多技术难题，并将不断完善，以发挥更大用途。对于动力蓄电池 SOC 和 SOH 的检测，有一些成熟且常规的检测方式，如使用负载仪、分容柜等。本任务主要介绍常规的检测方法，为学习提供一些基础认识。

学习–相关知识

问题 1：动力蓄电池的剩余电量缩写是（ B ）。

A. BMS　　B. SOC　　C. SOH　　D. ECU

一、动力蓄电池SOC的认识及检测

1. SOC 的概念

蓄电池荷电状态（State of Charge，SOC）用于描述蓄电池的剩余电量，是蓄电池使用过程中的重要参数，荷电状态值是个相对量，一般用百分比的方式来表示。SOC 的取值范围为 0 ≤ SOC ≤100%。在 GB/T 19596—2017《电动汽车术语》中规定荷电状态是指当前蓄电池中按照规定放电条件可以释放的容量占可用容量的百分比。剩余电量与相同条件下额定容量的关系式为

$$SOC=\frac{C_{\mu}}{C_{额}}$$

式中　$C_{额}$——额定容量；

C_{μ}——蓄电池剩余的按额定电流放电的可用容量。

由于SOC受充放电倍率、温度、自放电和老化等因素的影响，实际应用中要对SOC的定义进行调整，例如日本、韩国、中国的电动汽车公司对SOC的定义为

$$SOC=\frac{剩余容量}{额定容量\times 容量衰减因子}$$

其中，剩余容量等于额定容量减去净放电量、自放电量、温度补偿容量后的差值。

2. SOC的检测设备与检测方法

（1）动力蓄电池SOC检测设备　检测设备包括负载仪、蓄电池分容柜、万用表和充放电控制盒等。

（2）检测方法　动力蓄电池的充、放电过程是个复杂的电化学变化过程，蓄电池剩余电量受到动力蓄电池的基本特征参数（端电压、工作电流、温度、容量、内部压强、内阻和充放电循环次数）和动力蓄电池使用特性因素的影响，使对蓄电池包SOC的测定变得困难。目前关于蓄电池包电量的研究，较简单的方法是将蓄电池包等效为一个单体蓄电池，通过测量蓄电池包的电流、电压、内阻等外界参数，找出SOC与这些参数的关系，以间接地测试蓄电池的SOC值，如放电测试法、安时计量法、开路电压法、线性模型法、内阻法、卡尔曼滤波法、神经网络法。

SOC的各种检测方法对比见表4-3-1。

表4-3-1　SOC的各种检测方法对比

检测方法	优点	缺点
放电测试法	简单、准确	离线情况下适用，会改变蓄电池状态，损失蓄电池能量
安时计量法	简单、准确、在线测量	需要准确的测量电流，无法计算初始电量值，对副反应较敏感，开环方法有累计误差
开路电压法	简单、准确、在线测量	只适用于静态条件下，蓄电池需要长时间静置才能得到准确值
线性模型法	在线测量	只适用于静态条件下，蓄电池需要长时间静置才能得到准确值
内阻法	准确	对温度较敏感，计算量大
卡尔曼滤波法	准确、在线测量	需要一个合适的电路模型，计算量大，需要大储存空间，耗时较多
神经网络法	准确、在线测量	计算量大，耗时，需要大储存空间，需要训练样本

问题2：动力蓄电池SOH的定义有多种，可以从剩余电量、剩余的循环次数、蓄电池容量、蓄电池内阻方面定义，也就决定了有多种检测方式：直接放电法、电压法、内阻法、电化学阻抗分析法、模型法、电压曲线模型法。

二、动力蓄电池SOH的认识及检测

1. SOH的概念

由于蓄电池长期使用必然发生老化或劣化，因而必须估计蓄电池的健康状况（State of Health，SOH），也称为寿命状态，也有的称为老化情况、劣化程度等。简单来讲，就是蓄电池使用一段时间后某些直接可测或间接计算得到的性能参数的实际值与标称值的比值，用来判断蓄电池健康状况下降后的状态，衡量蓄电池的健康程度，其实际表现在蓄电池内部某些参数（如内阻、容量等）的变化上。几种在文献中较为常见的蓄电池的SOH定义如下：

1）从蓄电池剩余电量的角度定义SOH，即

$$SOH=\frac{Q_{aged\ max}}{Q_{new\ max}}\times 100\%$$

式中 $Q_{\text{aged max}}$——当前蓄电池最大放电电量；

$Q_{\text{new max}}$——新蓄电池最大放电电量。

2）从蓄电池剩余的循环次数的角度定义 SOH，即

$$SOH=\frac{Cnt_{\text{remain}}}{Cnt_{\text{total}}}\times 100\%$$

式中 Cnt_{remain}——蓄电池剩余循环次数；

Cnt_{total}——蓄电池的总循环次数。

3）从蓄电池容量的角度定义 SOH，即

$$SOH=\frac{C_{\text{aged}}}{C_{\text{rated}}}\times 100\%$$

式中 C_{aged}——蓄电池当前容量；

C_{rated}——蓄电池额定容量。

4）从蓄电池内阻的角度定义 SOH，即

$$SOH=\frac{R_{\text{EOL}}-R_{\text{C}}}{R_{\text{EOL}}-R_{\text{new}}}\times 100\%$$

式中 R_{EOL}——蓄电池寿命终结时的蓄电池内阻；

R_{new}——蓄电池出厂时的内电阻；

R_{C}——蓄电池当前状态下的内阻。

2. SOH 的测量方法

SOH 描述的是蓄电池长期变化情况。SOH 的测量不需要连续进行，对多数情况只要定期测量就够了，测量的周期取决于不同应用。SOH 以百分比的形式表现了当前蓄电池的容量能力，对一块新的蓄电池来说，其 SOH 值一般是大于 100% 的，随着蓄电池的使用，蓄电池不断老化，SOH 逐渐降低。在标准 IEEE 1188—1996 中有明确规定，当动力蓄电池的容量能力下降到 80% 时，即 SOH 小于 80% 时，就应该更换蓄电池。目前，SOH 检测的方法有直接放电法、内阻法、电压法、电化学阻抗分析法、模型法和电压曲线模型法。

SOH 的各种检测方法对比见表 4-3-2。

表 4-3-2　SOH 的各种检测方法对比

检测方法	优点和缺点	测试说明
直接放电法	简单、准确；离线情况下适用、耗时长	让单体蓄电池进行一个完全的放电循环，测试放出的电量，与新蓄电池的标称容量进行比较，例如，用 0.1C 倍率放电，直至达到截止电压。放电过程大概需要 10h
内阻法	简单、在线测量；要准确测量蓄电池内阻比较困难、估算结果不准确	主要是通过建立内阻与 SOH 之间的关系来估算 SOH，可以简单地描述为：随蓄电池使用时间的延长，蓄电池内阻在增大，将影响蓄电池容量，从而可以估算 SOH。对 SOH 重新定义为 $SOH=\frac{R_{\text{now}}-R_{\text{new}}}{R_{\text{oid}}-R_{\text{new}}}\times 100\%$ 式中 R_{now}——蓄电池当前的欧姆内阻； R_{new}——蓄电池出厂时的欧姆内阻； R_{oid}——当蓄电池容量下降到 80% 时蓄电池的内阻。 此时，SOH 分布在 0~100% 范围内，一块新蓄电池的 SOH 为 100%，报废蓄电池的 SOH 为 0

（续）

检测方法	优点和缺点	测试说明
电压法	简单、准确；离线情况下适用、耗时长	将 2.5V 的单体蓄电池充电至充电截止电压，根据电压乘以容量得到充电的电量，即可算出蓄电池的容量，对比蓄电池的额定容量，可以估算出蓄电池的 SOH
电化学阻抗分析法	简单、准确、在线测量；但数据采集与分析复杂、成本高	向蓄电池施加多个不同频率的正弦信号，然后运用模糊理论对已采集到的数据信息进行分析，预测蓄电池的当前性能，以获取此款蓄电池的特性。 用此方法之前，需要做大量的数据采集与分析，而且需要关于阻抗及阻抗谱的理论知识，除此之外，器材造价也较为昂贵，故实际运用很少
模型法	在线测量；但难度较大、耗时较长、试验量大	分析蓄电池内部发生的化学反应，以此为基础建立蓄电池的模型，用此模型来计算蓄电池容量的衰减，来得出蓄电池的 SOH。 这种方法需要认真分析蓄电池内部化学反应，并知道蓄电池一些固有参数，如活化焓、活化熵等，而且运用之前需要做大量关于蓄电池循环寿命的试验，试验量大，故实际运用很少
电压曲线模型法	准确、成本低；但算量大、耗时、需要大储存空间	电压曲线模型法估算 SOH 的流程如下： 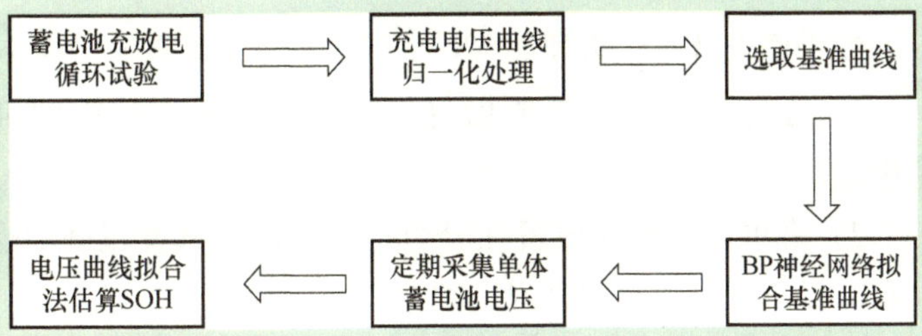

三、动力蓄电池余能检测

动力蓄电池余电释放物理方法所使用的设备主要有负载仪、动力蓄电池、充放电柜和万用表等；化学方法放电所使用的设备主要有传送台和盐水池。

为了避免三元锂离子蓄电池自燃，在处理前需要将锂离子蓄电池深度放电，否则容易引起起火和爆炸。目前，对于锂离子蓄电池的安全放电主要有物理放电和化学放电两种方法。

1. 物理方法放电

物理方法放电也称为电阻法放电，主要是通过外接负载消电，即将蓄电池与电阻相连，使蓄电池中的电量通过放热消耗掉，也有的采用金属粉末和石墨短路两种方式对废旧锂离子电池进行放电。电阻法的优点是放电快且完全。缺点是短时间内会积聚大量的热，容易导致废旧三元锂离子蓄电池的爆炸。所以该方法只适合实验室试验，用于对少量蓄电池的放电，不可用于大规模蓄电池放电。

2. 化学方法放电

化学方法放电也称为浸泡法放电，即利用蓄电池的正、负极金属为阴极和阳极，在溶液中通过电解过程来消耗蓄电池中残余的电量。常用的电解质溶液是碳酸钠（Na_2CO_3）溶液、氯化钠（NaCl）溶液、亚硫酸（H_2SO_3）溶液。将三元锂离子蓄电池浸泡在不同电解质溶液 24h，最后的实验结果表明，经氯化钠溶液浸泡后的三元锂离子蓄电池的残余电压最低，所以目前主要以氯化钠溶液为电解质。浸泡法的优点是能够将动力蓄电池中的剩余电能完全释放出来；同时，在放电过程中，三元锂离子蓄电池不会出现过热的现象。其缺点是浸泡所需的时间长；同时，采用盐水放电会出现污水、废气的排放收集、进出料的方式等一系列技术难题。因此，如何实现工业化应用上的环保及自动化的需求是现在急需解决的问题。

废旧锂离子电池放电系统对废锂离子蓄电池进行放电时，具体步骤如下：

1）对放电池中盐水的浓度进行调配，通过控制 NaCl 的加入量调节盐水质量分数至 5%~10%。

2）将废锂离子蓄电池装入集装料框中，打开放电池的密封盖，将装有废锂离子蓄电池的集装料框放入放电池，关闭密封盖，打开废气处理装置。

3）控制废锂离子蓄电池在放电池中浸泡时间为 72~96h，直至电压低于 1.5V 时取出废锂离子蓄电池。

4）将放电后的废锂离子蓄电池移动至振动脱水机，利用振动脱水机脱干废锂离子蓄电池表面的水分，使废锂离子蓄电池表面的水分低于 5%。

实践-任务实施

一、安全要求及注意事项

安全要求及注意事项如下：

1）任务实施前，需要做好场地防护准备，检查实训场地和设备设施是否及存在安全隐患。

2）将单体蓄电池放置在分容柜上，注意选择正确的仓位以及单体蓄电池正、负极朝向，如有需要，可使用万用表测量确定正、负极。

3）分容柜在进行充放电时，不支持串联充放电，分容柜单通道限压 5V、限流 20A。注意设置蓄电池保护参数。

4）单体蓄电池充电存在电压上限和电压下限，不同类型蓄电池一般不尽相同，充电和放电时注意根据实际情况进行调整。

5）蓄电池应没有破损和漏液等现象，如有，应立即处理。

6）在实训过程中，严禁嬉戏打闹，做好数据记录和结果记录。

7）实训结束后，必须清理场地和设备，撤除警示标识。

二、设备及工具

准备的设备及工具包括方形单体蓄电池若干、数字万用表 1 个、分容柜 1 台、个人防护套装 1 套、PACK 台架 1 套、动力蓄电池 1 个。

三、操作步骤

问题 3：按照下面的实训步骤指导，完成动力蓄电池 SOC 的测量、SOH 的测量和余电释放测试。

实训一　动力蓄电池SOC的测量

1）将动力蓄电池模块中的 6 个单体依次取出，如图 4-3-2 所示。

2）将单体蓄电池放在分容柜上，注意正极朝外，固定蓄电池卡槽，如图 4-3-3 所示。

3）长按屏幕，启动软件，如图 4-3-4 所示。

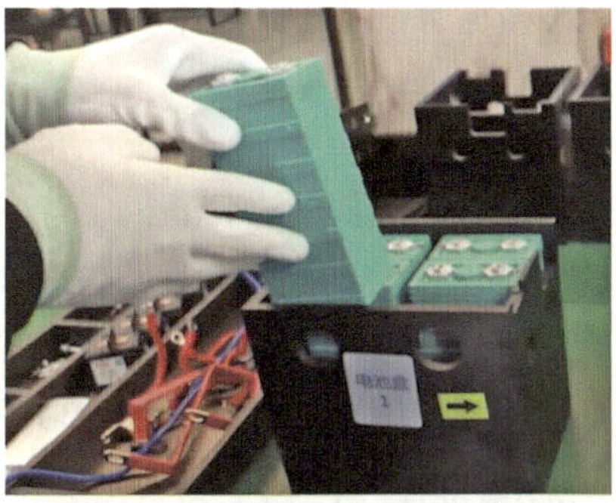

图 4-3-2 取出单体蓄电池

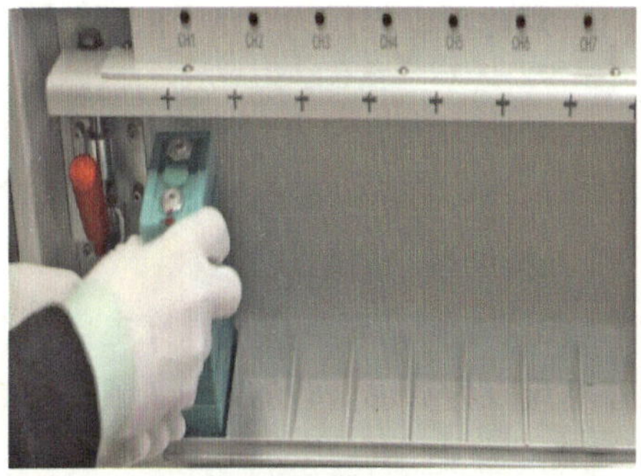

图 4-3-3 固定蓄电池卡槽

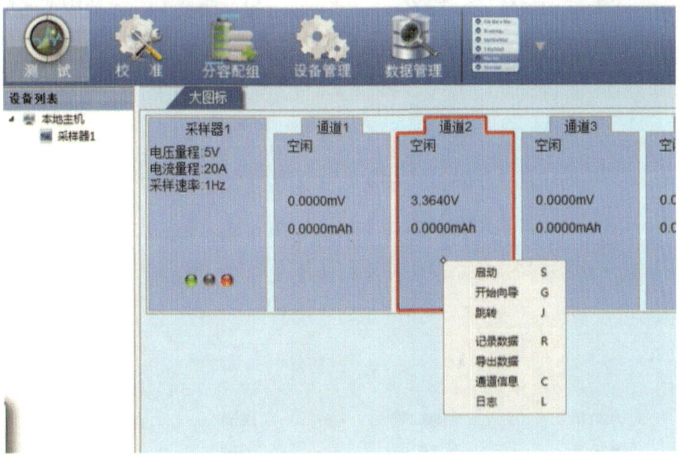

图 4-3-4 启动软件

4）设置恒流放电模式，放电电流为 20A，放电截止电压设为 2.8V，设置电压上限为 3.65V、电压下限为 2.8V，开始恒流充电，如图 4-3-5 所示。

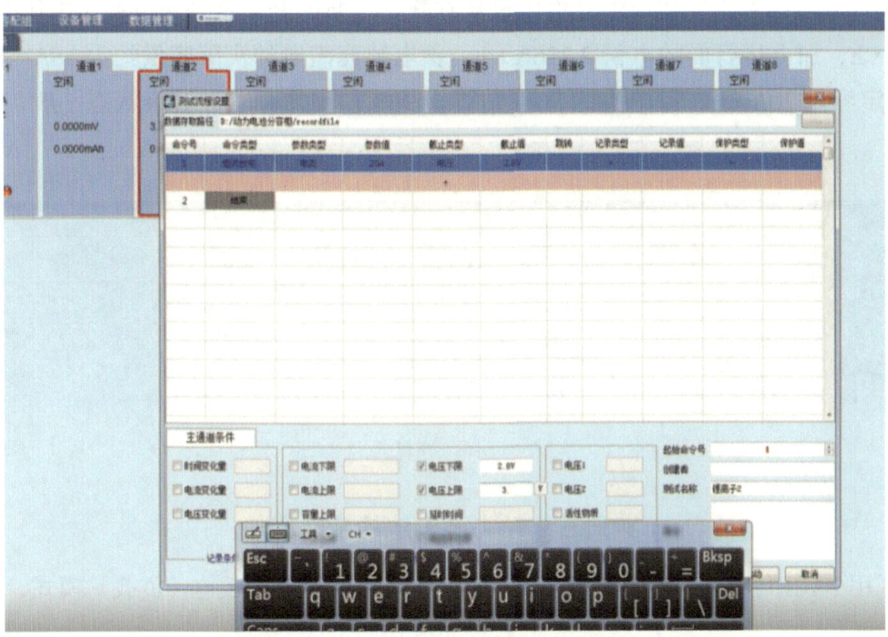

图 4-3-5 恒流充电

5）0.5h 后停止放电，根据放电电流是 20A，容量等于时间乘以电流，得出实际容量为

10A·h。对比额定容量为 20A·h，得出 SOC 为 50%。其他单体蓄电池按照上述方法放电。

实训二 动力蓄电池SOH的测量

1）将 2.5V 的单体蓄电池放置在分容柜上，注意正极朝上，固定蓄电池卡槽。

2）长按屏幕，启动软件。

3）先设置恒流充电模式，充电电流为 20A，电压达到 3.65V 时，改为恒压充电模式，充电截止电流设为 0.1A，设置电压上限为 3.7V、下限为 2.79V，开始恒压充电，如图 4-3-6 所示。

图 4-3-6 恒压充电

4）从屏幕可以看出，蓄电池充电电量从 0 开始不断上升，达到充电截止电压时，充电电量为 16A·h，加上运行前的电量 2.216A·h，蓄电池充满电的实际容量约为 18A·h，对比蓄电池的额定容量 20A·h，蓄电池的 SOH 估算为 90%，因此蓄电池健康状态一般，如图 4-3-7 所示。

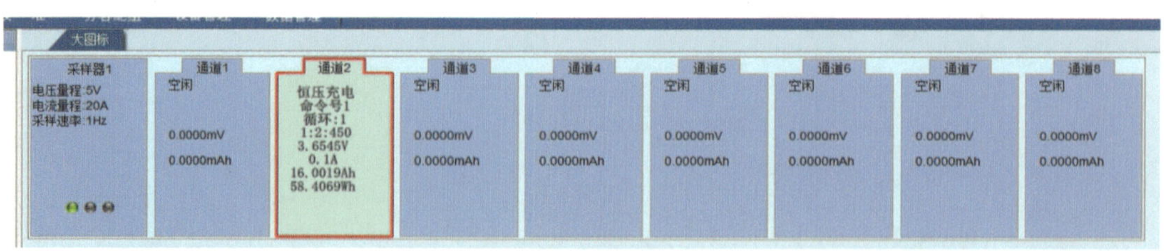

图 4-3-7 计算 SOH

实训三 动力蓄电池的余电释放

1）利用 PACK 台架对动力蓄电池模块进行放电，选择对内放电（负载）模式，如图 4-3-8 所示。

2）屏幕实时显示蓄电池模块剩余电量和剩余放电时间，如图 4-3-9 所示，要注意蓄电池模块的发热情况。

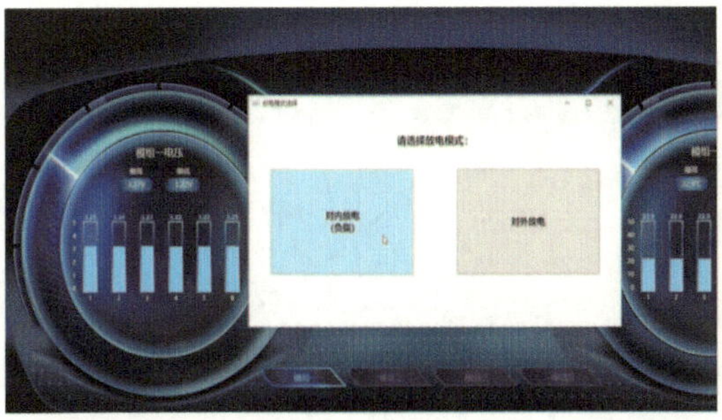

图 4-3-8　放电模式设置

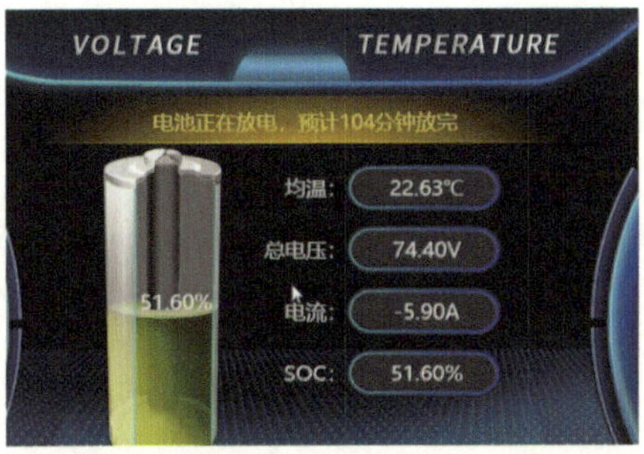

图 4-3-9　蓄电池模块放电情况

关于上述实训操作指引，也可以扫描图 4-3-10 所示二维码观看视频进行学习。

SOC 的测量　　SOH 的测量　　余电释放

图 4-3-10　SOC 的测量、SOH 的测量、余电释放测试视频二维码

考核−任务评价

各组选出代表进行本任务的成果汇报，可以采用 PPT 或实操演示的形式，并分别由各小组成员、专业教师以及企业代表进行考核打分，并将结果填入表 4-3-3~ 表 4-3-6 中。

表 4-3-3　小组考核表

组长			学号			班级			组别			
组员姓名												
任务三		动力蓄电池其他性能试验										
考核项目	分值	等　级				考核对象（组别）						
		A	B	C	D	1	2	3	4	5	6	7	8
实训规范	40	40	30	20	10								
PPT 汇报	40	40	30	20	10								
7S 管理	20	20	15	10	5								
合计	100	各组得分											
注意：小组互评分记录按各组的平均分（包含被评价组）计算													

表 4-3-4　教师对小组考核表

考核项目		考核依据	分值	得分
考勤（5%）		未出现无故迟到、早退和旷课的现象	5	
工作过程（80%）	获取信息 进行决策	掌握动力蓄电池 SOC 的概念及检测方法	10	
		掌握动力蓄电池 SOH 的概念及检测方法	10	
		掌握动力蓄电池余能的检测方法	10	

（续）

考核项目		考核依据	分值	得分
工作过程（80%）	任务实施	完成动力蓄电池 SOC 的测量	10	
		完成动力蓄电池 SOH 的测量	10	
		完成动力蓄电池的余电释放	10	
	工作质量	能按照工作方案操作，按计划完成工作任务	10	
	团队合作	与小组成员、同学之间能合作交流、协调工作	10	
项目成果（15%）	工作完整	能按时完成工作任务的所有环节	5	
	工作规范	能在整个操作过程中规范操作，避免意外事故发生	5	
	汇报展示	能准确表达、汇报工作成果	5	
合计			100	

表 4-3-5　企业对小组考核表

项目（任务）名称	
您对本次任务完成质量考核	□非常好（90~100 分） □一般（70~90 分） □不太理想（70 分以下）
您的评分与建议	（若企业没有参与考核，则选择综合考核方式一）

表 4-3-6　综合评分表

综合考核方式一	小组自评（30%）	小组互评（20%）	教师考核（50%）		综合得分
综合考核方式二	小组自评（30%）	小组互评（20%）	教师考核（40%）	企业考核（10%）	综合得分
综合评语	（作业过程中存在的问题及改进建议）				

拓展–情智课堂

纯电动汽车“起火”怎么办

纯电动汽车起火一般是在行驶或在充电过程中，由于动力蓄电池热失控导致自燃。自燃主要是由两个方面的原因造成的：一个原因是充电，另一个原因是碰撞。

1. 充电起火

纯电动汽车蓄电池在充电时，由于充电电流较大，会导致动力蓄电池内部电流过高、过热的情况，此时若蓄电池管理系统的管理控制不足，就容易导致火灾发生。给纯电动汽车充电时，应尽量选择智能充电桩，并且经常对纯电动汽车动力蓄电池进行保养和检测。如果发现动力蓄电池有任何的异常问题，应立即到正规维修点进行维修处理。

2. 碰撞起火

纯电动汽车发生碰撞导致动力蓄电池被撞击受损时，有可能导致动力蓄电池起火。因此，纯电动汽车车主在车辆发生碰撞后，为了人身安全需要到正规 4S 店检查动力蓄电池。

汽车起火时，需要冷静处理，如果车上有灭火装置，首先考虑自行灭火，如果无法灭掉火源，要远离汽车，同时拨打 119 报警求助。在确保人身安全的情况下，将损失减到最少。

在消防灭火时，需要注意以下几点：

1）首先要切断电源，保持安全距离。如果动力蓄电池在充电过程中出现高热、表面鼓胀、冒烟等现象时，该动力蓄电池可能很快发生自燃，甚至发生爆炸，车内人员应立即疏散离开，如果车门无法打开，可以从风窗玻璃处逃离，并与汽车保持安全距离。

2）降温灭火措施与传统的燃油汽车自燃事故处置不同，电动汽车因锂离子蓄电池引发的火灾属于一种化学燃烧，最好的办法是降温冷却。在锂离子蓄电池中，锂以氧化物或盐的形式存在，对水具有较强的惰性，因此用水扑救是安全的。若锂离子蓄电池与锂金属蓄电池处理不当，汽车锂电池持续的高温会进一步促使化学反应加剧，此时内部温度将急速升高，电解质气体大量积聚，进而引发蓄电池的爆炸。出现了明火时，要避免使用泡沫灭火器对蓄电池部分进行喷射，因为喷出的泡沫附着在蓄电池外围形成热绝缘体，从而增加化学反应，产生更多的热量，更易发生爆炸。对于锂金属蓄电池，需要使用专用 D 类灭火器进行灭火。

3）在条件允许的情况下，迅速移开发生自燃的动力蓄电池周围的可燃物，同时注意观察和防范火灾中出现的有毒气体、触电和爆炸等问题。锂离子蓄电池发生自燃后，会产生高温的电解质烟雾和蒸气，其密度大于空气，可以沿着地面迅速向周边扩散，引燃周围的可燃物，进而引起更大范围的火灾。

4）防止火灾扩散，及时进行交通疏导。当遇到紧急危险时，要保持冷静，科学应对，平时进行必要的应急准备训练，可以在危险来临时最大限度地挽救损失或伤亡。

笔记栏

项目五 充电系统的认知与检修

任务一　充电系统的认知

开卷–任务分组

班级		组号		指导教师	
组长		学号		日期	
组员	姓名：______ 学号：______		姓名：______ 学号：______		
	姓名：______ 学号：______		姓名：______ 学号：______		
	姓名：______ 学号：______		姓名：______ 学号：______		

知识目标	技能目标	素养目标
➢ 通过学习充电系统概述以及主要部件介绍，了解直流和交流充电系统的充电接口、车载充电机、车载分线盒、DC/DC 变换器的部件 ➢ 掌握直流和交流充电接口的端子 ➢ 掌握充电系统车载充电机、车载分线盒、DC/DC 变换器的结构以及工作原理	➢ 通过对充电系统部件的学习，使学生具有识别新能源汽车直流充电系统各部件结构的能力 ➢ 通过对交流与直流系统的区分，使学生具有识别两者充电接口的端子号以及充电原理的能力 ➢ 通过学习充电系统相关知识，使学生具有独立完成实车交流充电或直流充电过程的能力	➢ 通过独立完成多项测试，培养学生自主思考、果断决策的习惯 ➢ 通过多个实训练习，培养学生知行合一的思想 ➢ 通过本任务的学习，培养学生精益求精、敢于探索、不断创新的职业素养 ➢ 通过小组合作学习方式，培养学生协同共赢的职业精神

框架–任务导图

本任务核心内容导图如图 5-1-1 所示。

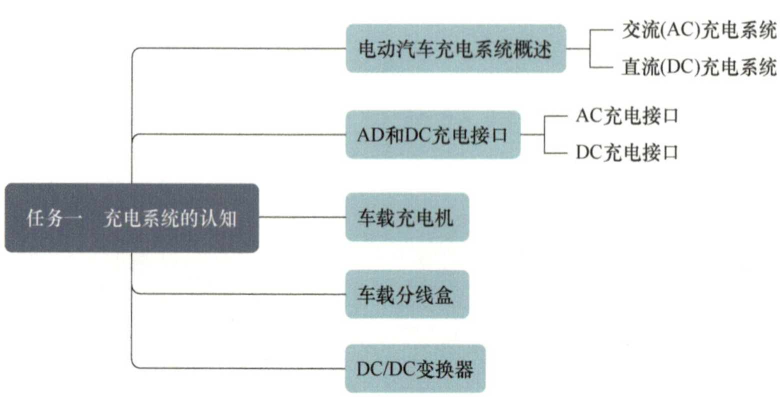

图 5-1-1　本任务核心内容导图

驱动–任务导入

在国际油价持续创新高的情况下，越来越多的消费者选择新能源汽车作为代步车，纯电动汽车成为新能源汽车主流。它以蓄电池作为能量来源，通过控制器和驱动电机等部件，将电能转化为机械能来维持汽车的运行。据统计，相比传统燃油汽车，纯电动汽车最大的优势是行驶百公里电费比油费便宜得多。目前国内外大力支持修建充电桩，使电动汽车充电更方便。本节任务主要介绍纯电动车的充电系统和充电方式等，来帮助学习者对充电系统有更好的认知。

学习–相关知识

问题 1： 表 5-1-1 中各车型的充电形式分别是什么？

表 5-1-1　不同车型的充电形式

车型	充电形式
	交流充电和直流充电
	交流充电
	直流充电和交流充电

一、电动汽车充电系统概述

充电系统是电动汽车的能源补给系统，为车辆提供电能。充电形式分为交流充电、直流充电、换电以及无线充电四种类型。前两种模式已经处于主流形式，后两种还在研发推广阶段。充电时，根据选择的充电类型，连接交流充电插头或者直流充电插头到相应的充电插座，连接正确后开始充电。充电系统的组成如图 5-1-2 所示。

目前，大部分插电式混合动力电动汽车只有交流充电装置，如比亚迪秦 DM、宋 DM、帕萨特 PHEV 等。而比亚迪的超级混动车型，如秦 plus DM-i、宋 plus DM-i 等长续驶里程版车型，在交流充电接口上安装直流转接装置，既可以交流充电，也能直流充电。

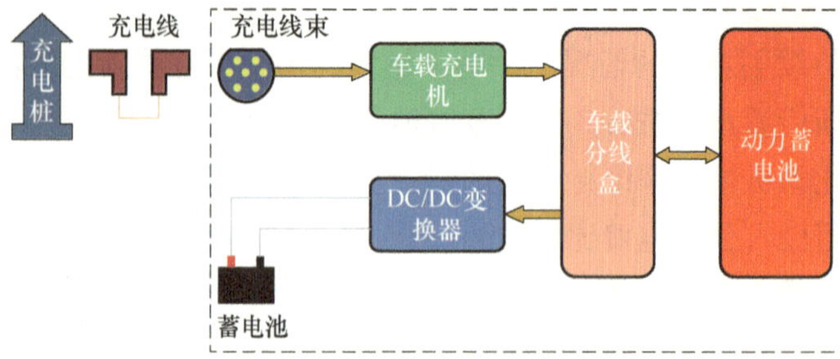

图 5-1-2　充电系统的组成

1. 交流（AC）充电系统

交流充电系统输入给车辆的电压为交流电，系统主要由交流充电接口、交流充电插座、交流充电插头、动力蓄电池、车载充电机、DC/DC 变换器和车载分线盒组成。不同车型的集成部件有所不同。图 5-1-3 所示为比亚迪秦 EV 交流充电系统的主要部件。该车型的车载充电机、DC/DC 变换器车载分线盒集成称为充配电三合一。吉利 EV450 的充电系统主要部件如图 5-1-4 所示。

a)　　b)　　c)

图 5-1-3　比亚迪秦 EV 交流充电系统的主要部件

a）交流充电插座　b）车载充电机　c）动力蓄电池

图 5-1-4　吉利 EV450 充电系统主要部件

1—车载充电机（如配备）　2—驱动电机控制器　3—交流充电接口　4—直流充电接口　5—交流充电接口应急解锁

交流电通过标准充电插头和充电插座进入车载充电机，车载充电机检测交流充电接口的CC、CP信号（充电枪插入、导通信号）并唤醒蓄电池管理系统，蓄电池管理系统唤醒车载充电机并发送指令充电，同时闭合主继电器，动力蓄电池开始充电。同时，车载充电机把交流电转化为高压直流电给动力蓄电池充电，完成交流充电过程。这种充电方式的优点是可在晚间利用电力低谷进行充电，降低充电成本。车载充电机安装成本较低，便于实现车载。充电设施容易携带，便于车辆在停车场以外的地方充电。交流充电过程如图 5-1-5 所示。

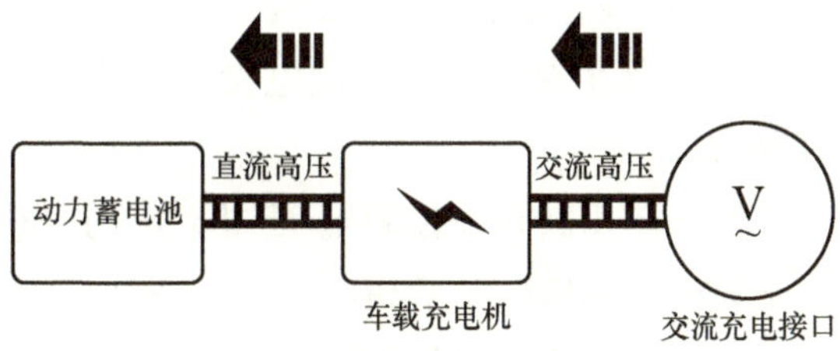

图 5-1-5 交流充电过程

2. 直流（DC）充电系统

直流充电系统输入给车辆的电压为直流电，系统主要由直流充电接口（图 5-1-6）和动力蓄电池等组成。

直流充电桩把 AC 380V 三相电转化为直流电，通过标准直流充电插头和充电插座输送给车辆。当直流充电设备接口连接到整车直流充电接口时，直流充电设备发送充电唤醒信号给蓄电池管理系统，蓄电池管理系统根据动力蓄电池的可充电功率，向直流充电设备发送充电电流指令。同时，蓄电池管理系统吸合系统高压正极继电器和高压负极继电器，动力蓄电池即可开始充电。直流充电是一种能够快速给电动汽车充满电的方法，使用非车载充电机采用大电流直接给动力蓄电池充电，短时间内就能将动力蓄电池电量充到 80% 左右。直流充电过程如图 5-1-7 所示。

图 5-1-6 直流充电接口

图 5-1-7 直流充电过程

交流充电方式与直流充电方式的对比见表 5-1-2。

表 5-1-2 交流充电方式与直流充电方式的对比

充电方式	交流充电（慢充）	直流充电（快充）
设备	车载充电机	大功率非车载直流充电机
时间	时间长	时间短
原理	车载充电机将交流充电桩的电源整流为直流再进行充电	充电源直接输出直流电进行充电

问题 2：根据国家标准规定，交流充电接口和直流充电接口的端子有何差异？

根据国家标准 GB/T 20234—2015 的规定，交流充电接口有七个端子，分别为 CC、CP、L1、L2、L3、N、PE；直流充电接口一共九个接口，分别是 CC1、CC2、S+、S-、DC+、DC-、A+、A-、PE。具体端子的作用由国家标准规定，两者差异较明显。

二、AC和DC充电接口

1. AC 充电接口

我国的交流充电接口采用的标准是 GB/T 20234.2—2015，一共七个接口，如图 5-1-8 所示。

CC—充电连接确认，在充电枪中与 PE 之间经由 S3 开关连接有一个电阻。

CP—充电控制导引，信号由充电桩控制主板发出，有 12V 电压和 PWM 两个信号源。

N—中线（交流电源的零线）。

PE—保护接地，连接供电设备地线和车辆电平台。

L1—单相供电的电源线，三相供电的 U 相。

L2—三相供电的 V 相。

L3—三相供电的 W 相。

目前在售电动汽车的交流充电接口中，端子 L2 和 L3 都是空脚，只有 16/17 款比亚迪 e5 或 16/17 款比亚迪秦 EV 才具有三相交流充电的功能，如图 5-1-9 所示。

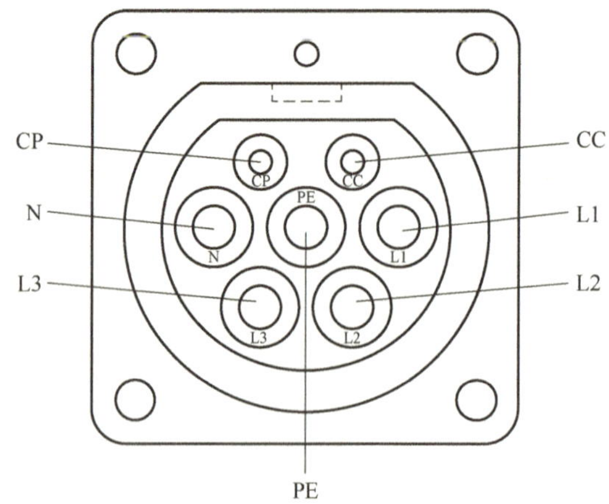

图 5-1-8 交流充电接口

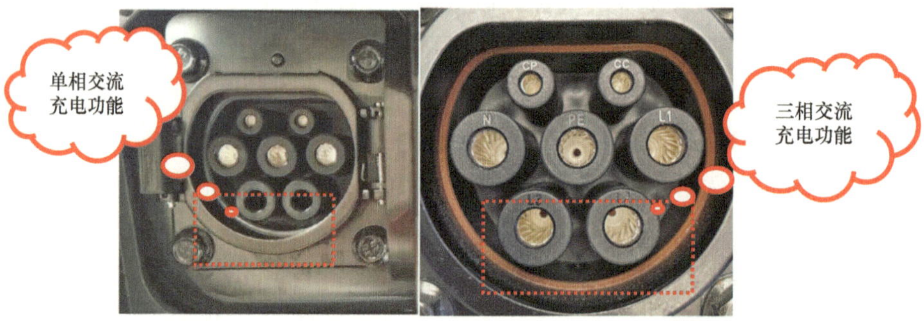

图 5-1-9 单相交流充电与三相交流充电接口

2. DC 充电接口

我国的直流充电接口采用的标准是 GB/T 20234.3—2015，一共九个接口，如图 5-1-10 所示。

CC1—充电连接确认（充电桩对车辆），车辆充电插座 CC1 端口与 PE 之间连接有 1kΩ 的电阻。

CC2—充电连接确认（车辆对充电桩），充电枪 CC1 端口与 PE 之间连接有 1kΩ 的电阻。

S+—充电通信 CAN-H，连接非车载充电机与电动汽车的通信线。

S-—充电通信 CAN-L，连接非车载充电机与电动汽车的通信线。

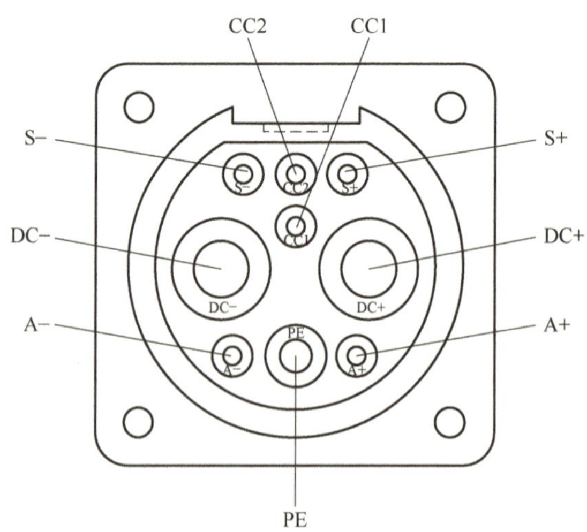

图 5-1-10 直流充电接口

DC+—直流电源正，连接直流电源正与高压动力蓄电池正极。

DC-—直流电源负，连接直流电源正与高压动力蓄电池负极。

A+—低压辅助电源正，连接非车载充电机为电动汽车提供的低压辅助电源。

A-—低压辅助电源负，连接非车载充电机为电动汽车提供的低压辅助电源。

PE—保护接地，连接供电设备地线和车辆电平台。

问题 3：图 5-1-11 所示为比亚迪秦 EV 充配电总成三合一，包括车载充电机、DC/DC 变换器、高压接线盒。其中的车载充电机主要功能有哪些？

车载充电机将交流充电接口传递过来的（220V/50Hz）交流电转换为直流高压电为动力蓄电池充电，根据蓄电池管理系统的实时状态调节充电电流，其主要功能如下：

1）具备高速 CAN 网络与蓄电池管理系统通信的功能，判断蓄电池连接状态是否正确；获得蓄电池系统参数、充电前和充电过程中蓄电池包和单体蓄电池的实时数据。

2）可通过高速 CAN 网络与车辆监控系统通信，上传充电机的工作状态、工作参数和故障告警信息，接收启动充电或停止充电控制命令。

3）完备的安全防护功能。

图 5-1-11　比亚迪秦 EV 充配电总成三合一

三、车载充电机

车载充电机由交流输入接口、功率单元、控制单元、低压辅助单元、直流输出接口等部分组成。充电过程中一般由车载充电机作为蓄电池管理系统、充电接触器、仪表盘、冷却系统等低压用电设备的电源。车载充电机连接示意图如图 5-1-12 所示。

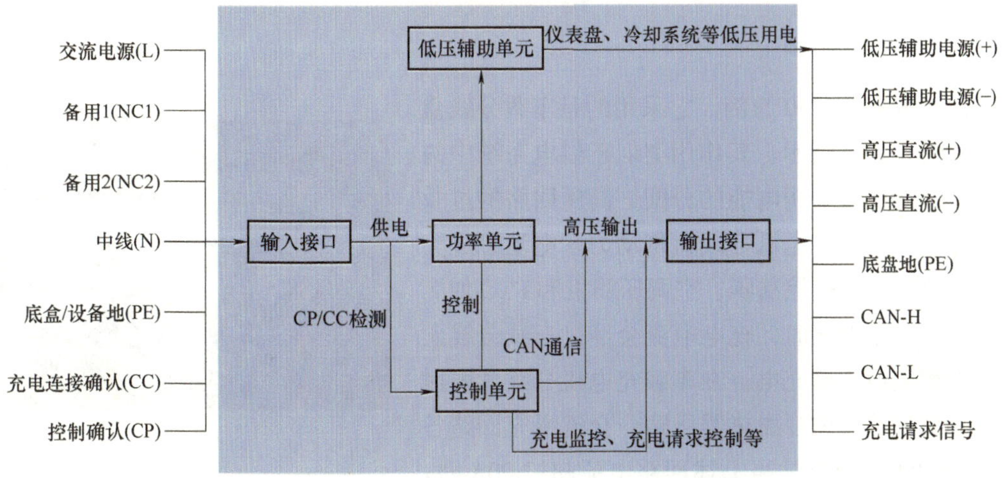

图 5-1-12　车载充电机连接示意图

当车载充电机接上交流电后，并不是立刻将电能输出给动力蓄电池，而是通过蓄电池管理系统首先对动力蓄电池的状态进行采集分析和判断，进而调整车载充电机的充电参数。

车载充电机分为电源部分（主电路）和充电机控制主板（控制电路）两大部分。电源部分的主要作用是将 220V 交流电转化为 300V 的直流电。电源部分分为 PFC 和 LLC 两部分，实际上可以把 PFC 看作 AC/DC，而把 LLC 看作 DC/DC。充电机控制主板主要有对电源部分进行控制、监测、计量、计算、修正、保护以及与外界网络通信等功能，是车载充电机的“中枢大脑”。车载充电机的工作原理图如图 5-1-13 所示。

问题 4：吉利帝豪 EV450 的车载分线盒的作用有哪些？

1）保护功能：类似于供电系统中的熔断器盒，能进行高压电能的分配，高压回路的过载及短路保护。

2）分配输送电能：车载充电机分线盒将动力蓄电池总成输送的电能分配给电机控制器、空调压缩机和 PTC 加热器。

3）充电回馈功能：交流慢充时，充电电流会经过车载分线盒流入动力蓄电池为其充电。

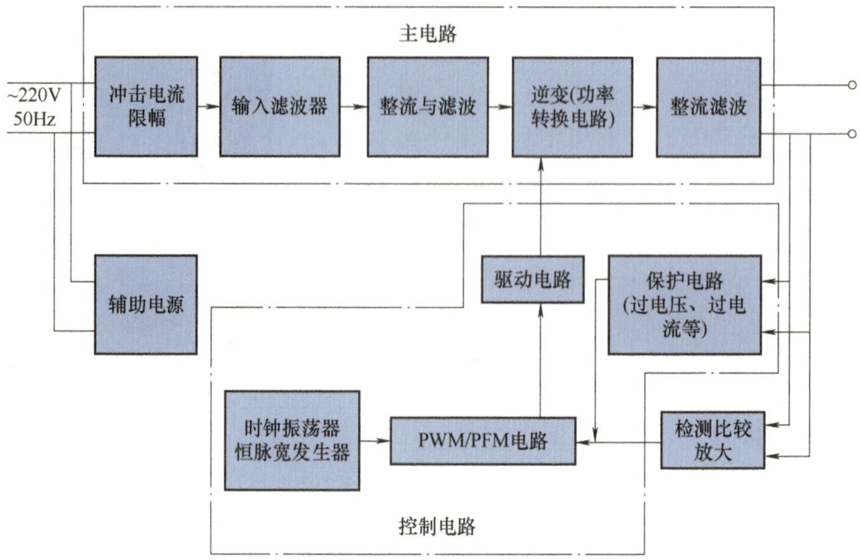

图 5-1-13　车载充电机的工作原理图

四、车载分线盒

以吉利帝豪 EV450 为例，它采用的是车载分线盒形式，如图 5-1-14 所示。其作用类似于供电系统中的熔断器盒，能进行高压电能的分配，高压回路的过载及短路保护。车载充电机分线盒将动力蓄电池总成输送的电能分配给电机控制器、空调压缩机和 PTC 加热器。此外，交流慢充时，充电电流会经过车载分线盒流入动力蓄电池为其充电。在车载充电机分线盒内对电动压缩机回路、PTC 加热器回路、交流慢充回路各设有一个 40A 熔断器，当上述回路电流超过 90A 时，熔断器会在 15s 内熔断；当回路电流超过 150A 时，熔断器会在 1s 内熔断，达到保护相关回路的作用。车载充电机分线盒原理图如图 5-1-15 所示。

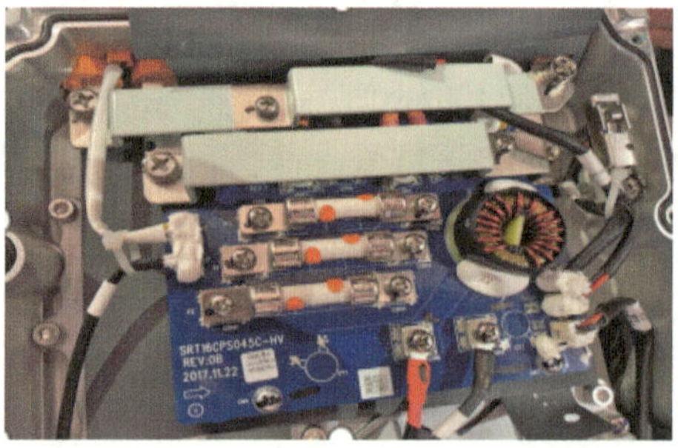

图 5-1-14　吉利帝豪 EV450 车载分线盒

问题 5：DC/DC 变换器能将动力蓄电池的高压电转化为低压电，给辅助蓄电池及低压系统供电，有哪些形式？（ABC）

A. 降压　　B. 升压　　C. 双向降压—升压

五、DC/DC变换器

DC/DC 变换器能将动力蓄电池的高压电转化为低压电，给辅助蓄电池及低压系统供电，有降压、升压、双向降压—升压三种形式。DC/DC 变换器分为直流 / 直流（DC/DC）变换与直流 / 交流（DC/AC）变换两类。它在各种电动汽车中，主要能实现以下功能：

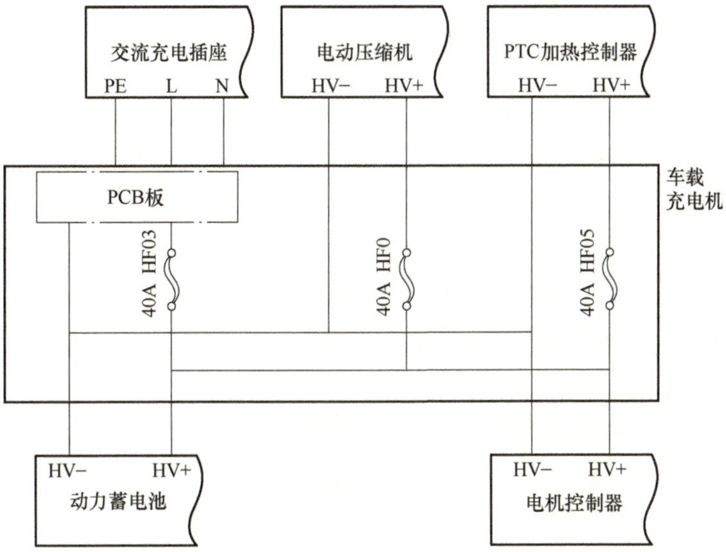

图 5-1-15 车载充电机分线盒原理图

1）能依据不同的电源特性进行匹配。

2）当输入直流电压在一定范围内变化时，能输出负载要求的变化范围的直流电压。

3）能驱动直流电机。在小功率直流电动机驱动的转向、制动等辅助系统中，可以直接采用 DC/DC 变换器供电。

4）给辅助蓄电池充电。可以采用手隔离型的降压电路形式给辅助蓄电池充电。

实践–任务实施

问题 6：结合实车，完成电动汽车直流充电系统部件的识别。

1. 识别直流充电系统各部件

以吉利 EV450 为例，识别充电接口、车载充电机、车载充电机分线盒、动力蓄电池、整车控制器、高压线束和低压线束等。

2. 直流接口识别

结合图 5-1-10 直流充电接口和吉利 EV450 实车，完成直流充电接口的识别任务。

CC1—充电连接确认，电压 0~30V，电流 2A。

CC2—充电连接确认，电压 0~30V，电流 2A。

S+—充电通信 CAN-H，连接非车载充电机与电动汽车的通信线。

S-—充电通信 CAN-L，连接非车载充电机与电动汽车的通信线。

DC+—直流电源正，电压 750/1000V，电流 80A/125A/200A/250A。

DC-—直流电源负，电压 750/1000V，电流 80A/125A/200A/250A。

A+—低压辅助电源正，连接非车载充电机为电动汽车提供的低压辅助电源。电压 0~30V，电流 2A。

A-—低压辅助电源负，连接非车载充电机为电动汽车提供的低压辅助电源。电压 0~30V，电流 2A。

PE—保护接地，连接供电设备地线和车辆电平台。

3. 充电条件确认

通过连接直流充电桩，说说充电确认的条件有哪些？

1）充电线连接确认信号正常。

2）蓄电池管理系统供电电源正常（12V 左右）。

3）充电唤醒信号正常（12V 左右）。

4）充电桩、整车控制器、蓄电池管理系统之间通信正常（主继电器闭合、发送电流强度需求）。

5）动力蓄电池的单体蓄电池温度为（5~45℃）。

6）单体蓄电池最高电压与最低电压差 <0.3V。

7）单体蓄电池最高温度与最低温度差 <15℃。

8）绝缘性能 >20MΩ。

9）实际单体蓄电池最高电压不大于额定单体电压 0.4V。

10）高、低压电路连接正常（远程开关关闭状态）。

问题 7：结合实车，完成电动汽车交流充电系统部件的识别。

1. 识别交流充电系统各部件

以吉利 EV450 为例，识别各部件：充电接口、车载充电机、车载充电机分线盒、动力蓄电池、整车控制器、高压线束和低压线束等。

2. 交流接口识别

结合图 5-1-8 交流充电接口与吉利 EV450 实车，完成交流充电接口的识别任务。

CC—充电连接确认，电压 0~30V，电流 2A。

CP—充电控制导引，电压 0~30V，电流 2A。

L1—交流电源（单相、三相），单相 250V、10A/16A/32A，三相 440V、16A/32A/63A。

L2—交流电源（三相），440V、16A/32A/63A。

L3—交流电源（三相），440V、16A/32A/63A。

N—中线（单相、三相），单相 250V、10A/16A/32A，三相 440V、16A/32A/63A。

PE—保护接地。

3. 充电条件确认

通过连接交流充电桩，说说充电确认的条件有哪些？

1）充电线连接确认信号正常。

2）充电机供电电源正常（含 220V 和 12V）及充电机工作正常。

3）充电唤醒信号输出正常（12V）。

4）充电机、整车控制器、蓄电池管理系统之间通信正常（主继电器闭合、发送电流强度需求）。

5）0< 动力蓄电池单体温度 <45℃。

6）单体蓄电池最高电压与最低电压差 <0.3V。

7）单体蓄电池最高温度与最低温度差 <15℃。

8）绝缘性能 >20MΩ。

9）实际单体蓄电池最高电压不大于额定单体电压 0.4V。

10）高、低压电路连接正常（远程控制开关关闭状态）。

问题 8：结合实车，完成吉利 EV450 交流充电的操作。

1）拉动充电接口盖板开启手柄，打开充电接口盖板，向外拉出充电接口防护盖，将充电枪插入充电插座即可自动充电，如图 5-1-16 所示（注意充电前观察充电座端子有无异物、烧蚀等现象）。

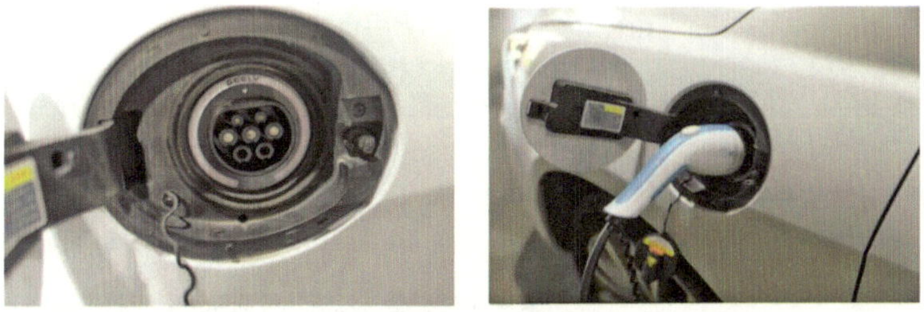

图 5-1-16　将充电枪插入充电插座

2）根据充电指示灯状态判断充电完成状态，指示灯为绿灯时代表充电完成，按钥匙的开锁键，拔出充电枪。

3）盖好充电插座的防护盖及接口盖板，完成充电。

4）直流充电过程用充电桩充电，充电操作与交流充电操作相同。

考核–任务评价

各组选出代表进行本任务的成果汇报，可以采用 PPT 或实操演示的形式，并分别由各小组成员、专业教师以及企业代表进行考核打分，并将结果填入表 5-1-3~ 表 5-1-6 中。

表 5-1-3　小组考核表

组长		学号		班级		组别								
组员姓名														
任务一		充电系统的认知												
考核项目	分值	等级				考核对象（组别）								
		A	B	C	D	1	2	3	4	5	6	7	8
实训规范	40	40	30	20	10								
PPT 汇报	40	40	30	20	10								
7S 管理	20	20	15	10	5								
合计	100	各组得分											
注意：小组互评分记录按各组的平均分（包含被评价组）计算													

表 5-1-4　教师对小组考核表

考核项目		考核依据	分值	得分
考勤（5%）		未出现无故迟到、早退和旷课的现象	5	
工作过程（80%）	获取信息进行决策	掌握交流和直流充电系统的组成	15	
		掌握交流和直流系统部件的功能	15	
		能够独立完成新能源汽车直流充电系统部件的识别	10	
	任务实施	完成新能源汽车交流充电系统部件的识别	10	
		完成实车的交流（直流）充电操作	10	
	工作质量	能按照工作方案操作，按计划完成工作任务	10	
	团队合作	与小组成员、同学之间能合作交流、协调工作	10	
项目成果（15%）	工作完整	能按时完成工作任务的所有环节	5	
	工作规范	能在整个操作过程中规范操作，避免意外事故发生	5	
	汇报展示	能准确表达、汇报工作成果	5	
合计			100	

表 5-1-5 企业对小组考核表

项目（任务）名称	
您对本次任务完成质量考核	□非常好（90~100 分） □一般（70~90 分） □不太理想（70 分以下）
您的评分与建议	（若企业没有参与考核，则选择综合考核方式一）

表 5-1-6 综合评分表

综合考核方式一	小组自评（30%）	小组互评（20%）	教师考核（50%）		综合得分
综合考核方式二	小组自评（30%）	小组互评（20%）	教师考核（40%）	企业考核（10%）	综合得分
综合评语	（作业过程中存在的问题及改进建议）				

任务二 充电系统的检测与维护

开卷-任务分组

班级		组号		指导教师	
组长		学号		日期	

组员				
	姓名：____	学号：____	姓名：____	学号：____
	姓名：____	学号：____	姓名：____	学号：____
	姓名：____	学号：____	姓名：____	学号：____

知识目标	技能目标	素养目标
➢ 掌握新能源汽车充电系统日常维护的主要项目 ➢ 掌握新能源汽车交流和直流充电接口的更换方法 ➢ 掌握直流充电系统线鼻子的维护内容以及安装方法	➢ 通过对比亚迪秦 EV 充电系统维护的认识，使学生具有对新能源汽车充电系统日常维护的能力 ➢ 通过对比亚迪秦 EV 交流和直流充电接口的更换，使学生具有正确规范地检查和更换充电接口的能力	➢ 通过独立完成多项测试，培养学生自主思考、果断决策的习惯 ➢ 通过多个实训练习，培养学生知行合一的思想 ➢ 通过本任务的学习，培养学生精益求精、敢于探索、不断创新的职业素养 ➢ 通过小组合作学习方式，培养学生协同共赢的职业精神 ➢ 培养学生严格执行 7S 管理的意识

框架–任务导图

本节任务核心内容导图如图 5-2-1 所示。

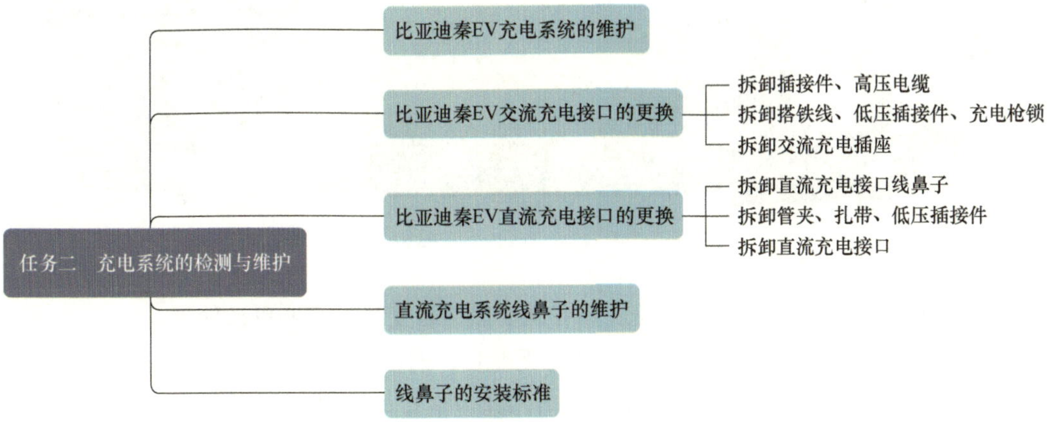

图 5-2-1　本任务核心内容导图

驱动–任务导入

小王是一位爱车人士，在出车前很注重日常检查。在对车辆充电时，他会先检查充电接口端子，避免因端子口有异物或端子破损导致充电事故。请问如何判断充电接口的好坏呢？小王发现充电接口有损坏，马上开车到4S店进行更换。请问如果你是维修人员，你怎么更换？

学习–相关知识

问题 1：请查阅相关资料，说说新能源汽车充电系统的充电接口端子如何维护？具体的维护项目有哪些？具体维护项目参考比亚迪秦 EV 充电系统的维护。

一、比亚迪秦EV充电系统的维护

比亚迪秦 EV 有交流充电系统和直流充电系统，充电系统的位置如图 5-2-2 所示。其交流充电系统由车身右后侧翼子板上安装的交流充电接口、前机舱的充配电总成中的车载充电机、高压电缆、低压控制线束以及动力蓄电池组成。比亚迪秦 EV 的充电接口上端安装有充电枪锁电机及锁栓，直流充电接口安装在前格栅处，通过高压电缆与充配电总成相连，通过充配电总成中的直流充电正极、负极接触器后给动力蓄电池充电。

充电接口作为传导充电部件，经常插拔会导致充电接口簧片磨损和老化的问题，因此需要加入维护范围，具体维护项目如下：

1）车辆熄火（退电至 OFF 档），整车解锁，打开充电接口舱盖及充电接口盖。

2）目视检查充电接口塑料绝缘壳体外观有无热熔变形，若严重热熔变形影响正常使用，则需要更换处理。

3）目视检查充电接口内部以及端子内部有无异物。若有异物，需要使用高压气枪排出异物；无法排出且影响正常使用的，需更换处理。

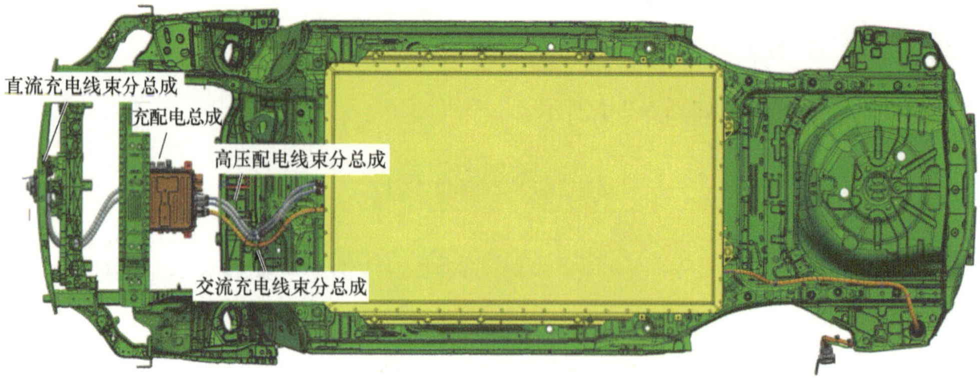

图 5-2-2 比亚迪秦 EV 充电系统的位置

4）目视检查充电接口端子簧片及底部有无变黑，若变黑，需要更换处理。

5）目视检查充电接口端子簧片及底部有无变黄，若变黄，应打开左后侧检修口，排查充电接口尾部电缆是否烧黑及变形（需辅助照明仔细观察）。如果变黄且伴随尾部电缆外层变黑，则需更换。

6）目视检查端子簧片有无断裂，若断裂，需要更换处理。

7）超过质保期的充电接口需车主自费更换（不更换的，需告知使用安全隐患以及连带充电枪损失）。

充电接口判断标准如图 5-2-3 所示。

图 5-2-3 充电接口判断标准

问题 2：请查阅相关资料，说说电动汽车交流充电接口更换有哪些步骤？

拆卸插接件与高压电缆 → 拆卸搭铁线、低压插接件、充电枪锁 → 拆卸交流充电插座

二、比亚迪秦EV交流充电接口的更换

1. 拆卸插接件、高压电缆

1）关闭起动开关（退至 OFF 档），断开充配电总成接动力蓄电池的插接件。由于高压插接

件锁扣为防拆结构，为了避免锁扣在操作过程中损坏，应该按照图 5-2-4 中的要求退出锁扣。锁扣退出后，逆时针转动助力扳手，同时拔出插接器。

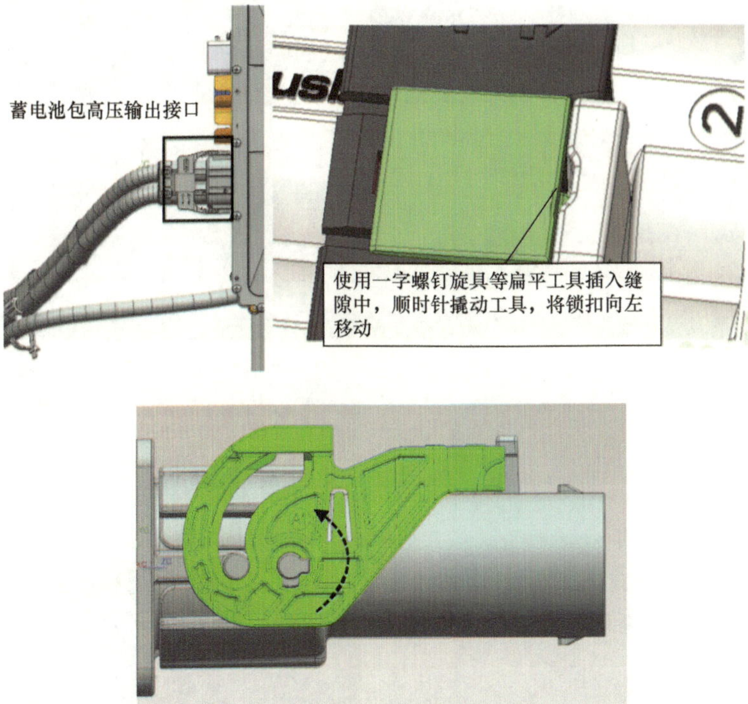

图 5-2-4　退出锁扣

2）拆卸充配电总成的交流充电接口高压插接件。该插接件锁扣为防拆结构，需要使用一字螺钉旋具等扁平工具将锁扣撬出，才能拔出插接器，其操作步骤如图 5-2-5 所示。

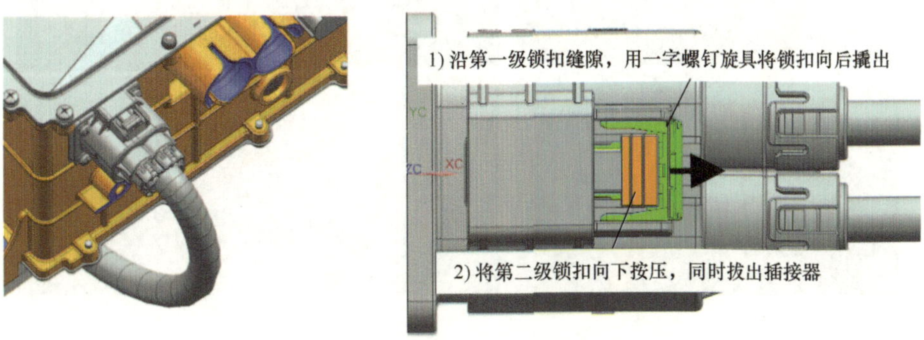

图 5-2-5　拆卸交流充电接口高压插接件

3）将地板下的高压线束扎带、护板、单孔管夹依次拆卸下来，如图 5-2-6 所示。

2. 拆卸搭铁线、低压插接件、充电枪锁

1）用 10 号套筒拆卸搭铁螺栓，用一字螺钉旋具等扁平工具撬出扎带以及低压插接件的卡花，拔出低压插接器，如图 5-2-7 所示。

2）使用十字螺钉旋具将电子锁尾部螺栓拆下，将电子锁朝充电插座后部滑出，如图 5-2-8 所示。

3. 拆卸交流充电插座

使用 8 号套筒拆卸充电插座前端面的四个螺栓，将充电接口以及携带的电子锁、高压线束、高压接插件、低压接插件从车身开孔一起拉出。

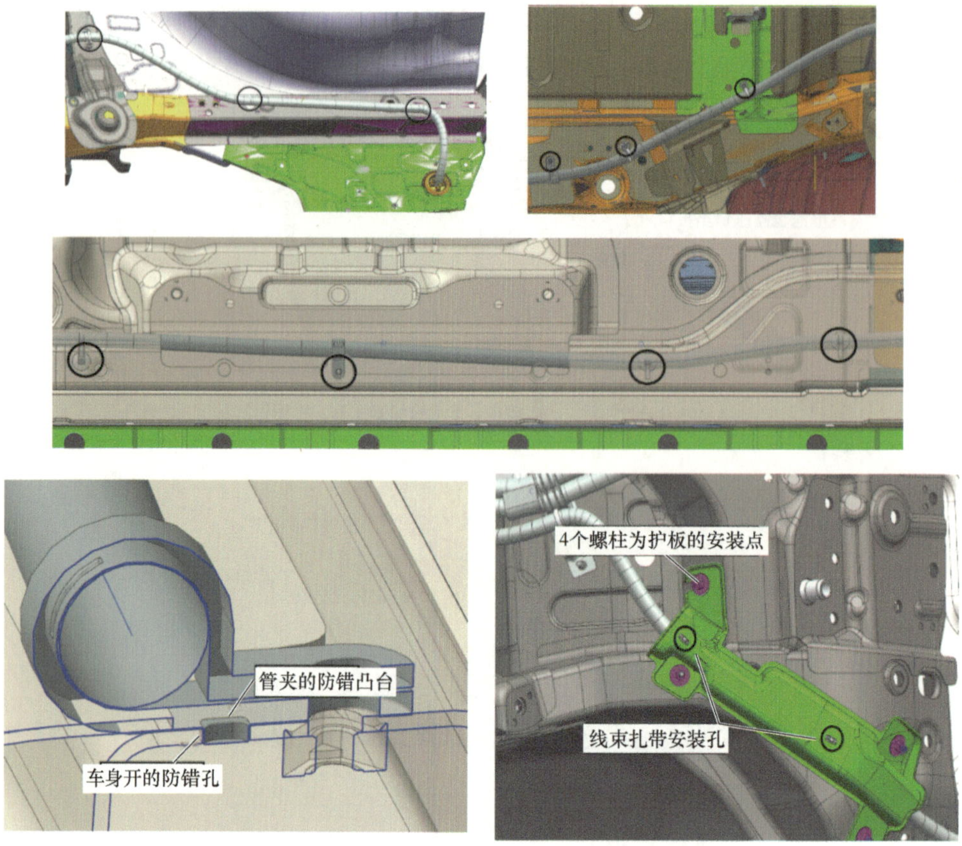

图 5-2-6　拆卸高压线束扎带、护板、单孔管夹等

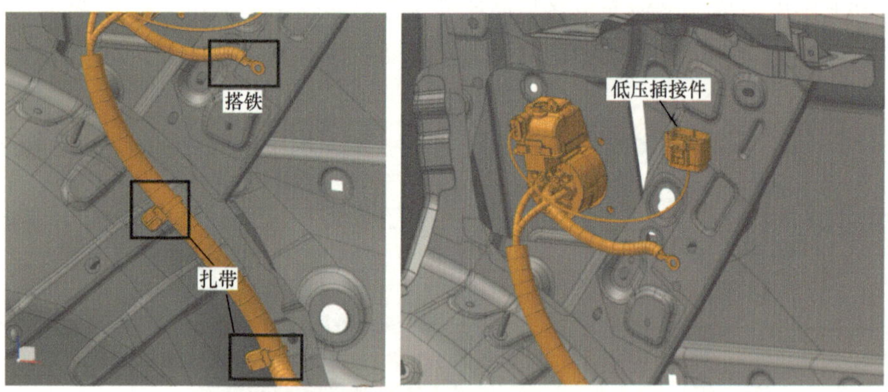

图 5-2-7　拔出低压插接器

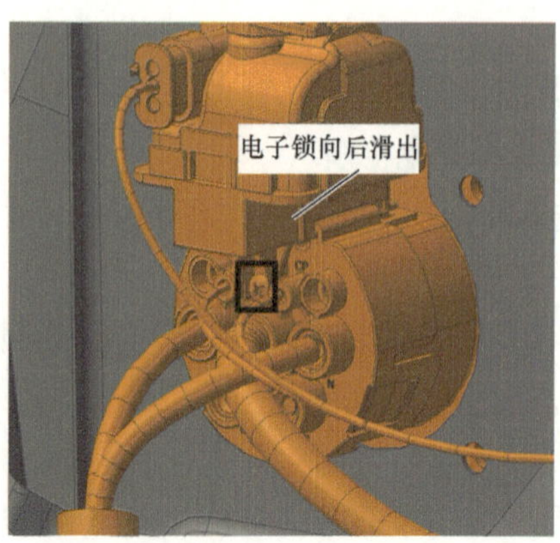

图 5-2-8　电子锁向后滑出

问题 3：请查阅相关资料，说说电动汽车直流充电接口的更换有哪些步骤。

拆卸直流充电接口线鼻子 → 拆卸管夹、扎带和低压插接件 → 拆卸直流充电接口

三、比亚迪秦EV直流充电接口的更换

1. 拆卸直流充电接口线鼻子

1）将充配电端的动力蓄电池输出高压插接件拆卸下来，关闭起动开关（退至 OFF 档），断开充配电总成接动力蓄电池的插接件。由于高压插接件锁扣为防拆结构，为了避免锁扣在操作过程中损坏，应该按照图 5-2-4 中的要求退出锁扣。

锁扣退出后，逆时针转动助力扳手，同时拔出插接器。

2）拆卸充配电总成上盖板，使用 TS25 专用工具拆卸充配电总成上盖板螺钉。

3）用 8 号套筒工具拆卸直流充电接口线鼻子，如图 5-2-9 所示。

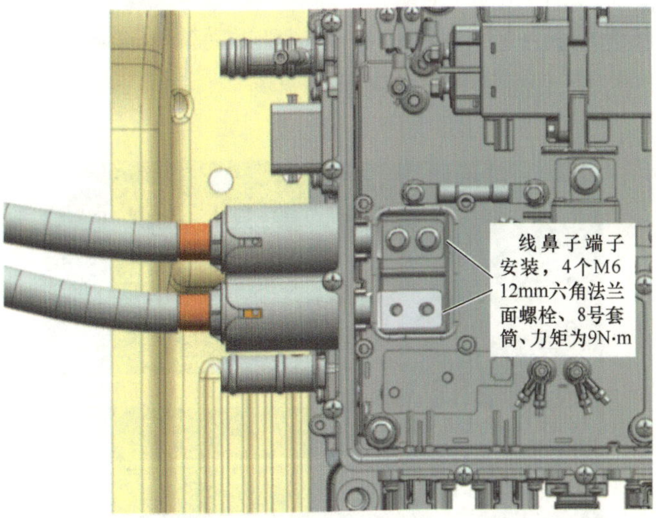

图 5-2-9　拆卸直流充电接口线鼻子

2. 拆卸管夹、扎带、低压插接件

拆卸前格栅后，用 10 号套筒工具拆卸二孔管夹，用工具将扎带与低压插接件卡花从钣金支架上撬下，拔出低压插接件。用 10 号套筒拆卸搭铁螺栓，如图 5-2-10 所示。

3. 拆卸直流充电接口

用 10 号套筒拆卸直流充电接口钣金支架与前端模块以及防撞梁的螺栓，用 8 号套筒拆卸充电接口与钣金支架的安装螺栓，如图 5-2-11 所示。

装配说明：取出故障充电接口，更换一个新的充电接口，按照与拆卸相反的顺序用同样的工具装配好充电接口。其中，塑料管夹 M6 螺栓、螺母的紧固力矩为 6N · m，钣金支架 M6 螺栓、螺母的紧固力矩为 9N · m，交流、直流搭铁螺栓的紧固力矩为（9 ± 1）N · m。

四、直流充电系统线鼻子的维护

在每次拆卸后，应该对线鼻子的密封圈外观进行检测。若发现以下现象，需要重新更换密封圈。线鼻子的密封圈如图 5-2-12 所示。

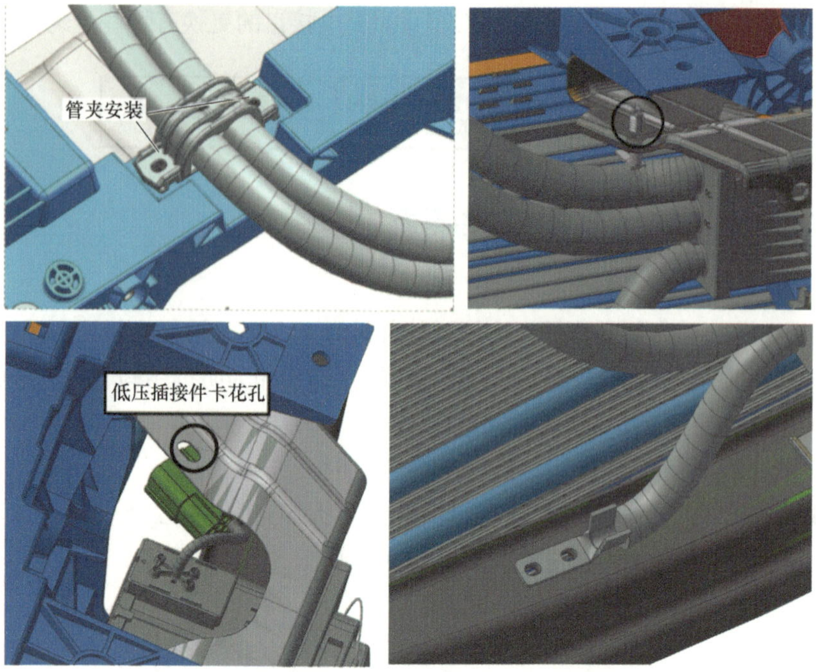

图 5-2-10　拆卸管夹、扎带、低压插接件

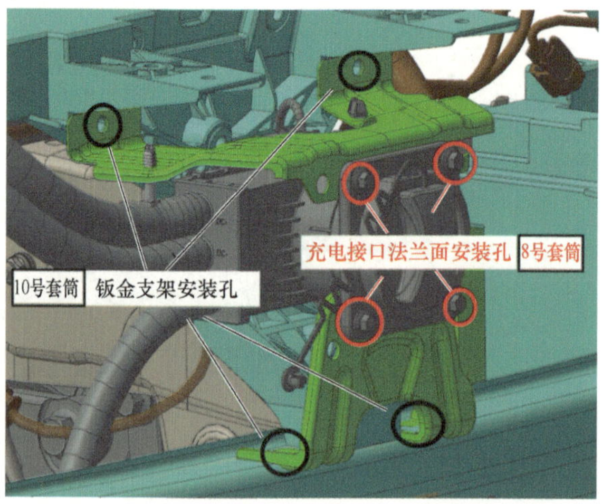

图 5-2-11　拆卸直流充电接口

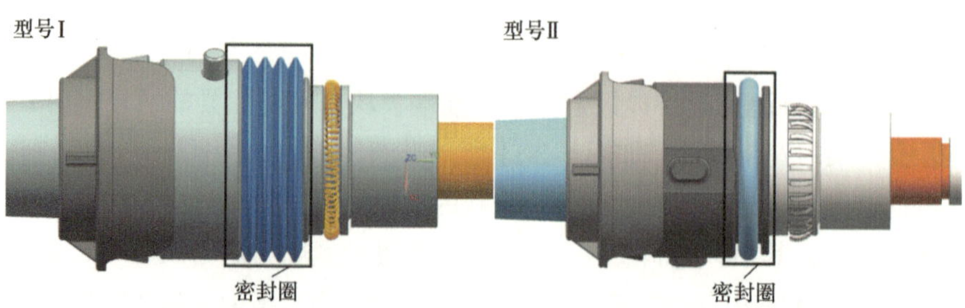

图 5-2-12　线鼻子的密封圈（型号Ⅰ、型号Ⅱ）

1）密封圈出现破损、开裂等结构破坏性损伤。

2）密封圈表面无润滑油，表面干燥。

3）在线鼻子插拔过程中，插拔所需力较大。

4）线鼻子的密封圈在插拔过程中脱出、变形挤出。

五、线鼻子的安装标准

由于线鼻子端子为腰型孔（考虑吸收公差设计），在装配过程中，允许线鼻子有一定后退量。线鼻子装配到位的标准是线鼻子上的密封圈未从销钉槽中露出，如图 5-2-13 和图 5-2-14 所示。

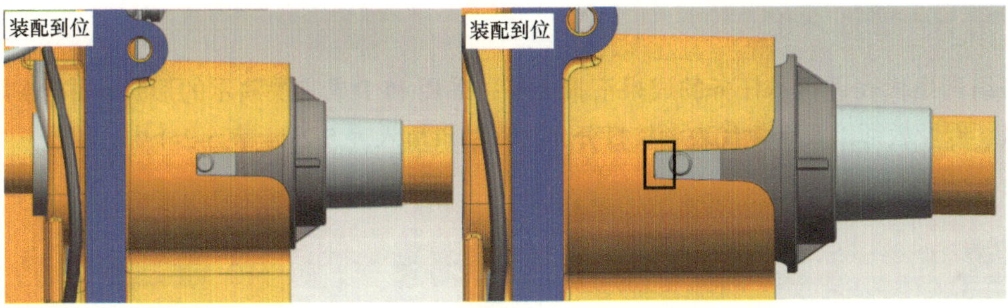

图 5-2-13 线鼻子装配到位

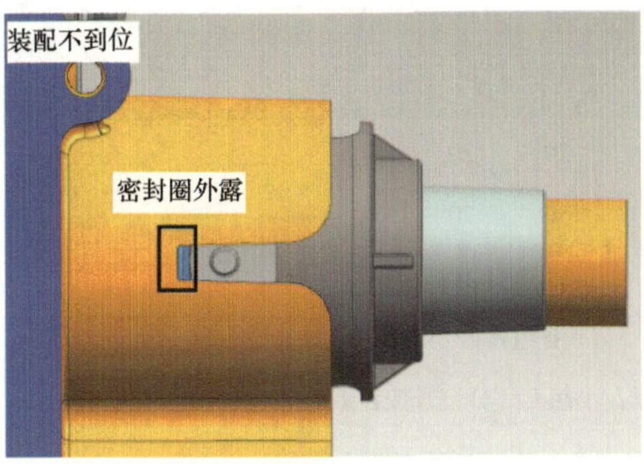

图 5-2-14 线鼻子装配不到位

实践–任务实施

一、安全要求及注意事项

安全要求及注意事项如下：

1）实训开始前，提前准备好需要使用的个人防护用品，并检查是否符合使用标准。

2）实训开始前，提前做好场地防护，设置警示标识，在操作位置布置好绝缘防护措施。

3）实训开始前，熟悉并正确使用实训过程中使用的设备和仪器。

4）拆卸高压零部件前，必须做好防护措施。

5）拆卸高压零件时，必须使用绝缘工具。

6）实训过程中，必须在教师的指引下进行作业，严禁对实训设备进行改装操作。

7）实训结束后，必须清理场地和设备，撤除警示标识。

二、设备及工具

准备的设备及工具包括比亚迪秦 EV 1 辆、举升机 1 台、绝缘电阻测试仪 1 个、数字万用表 1 台、绝缘工具套装 1 套、耐磨手套 2 双、一体化工量具 1 套。

三、操作步骤

问题 4：请说说电动汽车充电系统的维护步骤。

1）根据本任务中比亚迪秦 EV 交流充电接口的更换，完成交流充电接口的维护。

2）根据本任务中比亚迪秦 EV 直流充电接口的更换，完成直流充电接口的维护。

3）根据本任务中线鼻子的维护，完成直流充电系统线鼻子的安装。

考核–任务评价

各组选出代表进行本任务的成果汇报，可以采用 PPT 或实操演示的形式，并分别由各小组成员、专业教师以及企业代表考核打分，并将结果填入表 5-2-1~ 表 5-2-4 中。

表 5-2-1　小组考核表

组长			学号			班级				组别			
组员姓名													
任务二		充电系统的检测与维护											
考核项目	分值	等　级				考核对象（组别）							
		A	B	C	D								
实训规范	40	40	30	20	10								
PPT 汇报	40	40	30	20	10								
7S 管理	20	20	15	10	5								
合计	100	各组得分											

注意：小组互评分记录按各组的平均分（包含被评价组）计算

表 5-2-2　教师对小组考核表

考核项目		考核依据	分值	得分
考勤（5%）		未出现无故迟到、早退和旷课的现象	5	
工作过程（80%）	获取信息进行决策	掌握直流充电插座检查与更换的过程	10	
		掌握车载充电机检查与更换的过程	5	
		掌握直流母线检查与更换的过程	5	
	任务实施	完成检查与更换直流充电插座	15	
		完成车载充电机的检查与更换	15	
		完成直流母线的检查与更换	10	
	工作质量	能按照工作方案操作，按计划完成工作任务	10	
	团队合作	与小组成员、同学之间能合作交流、协调工作	10	
项目成果（15%）	工作完整	能按时完成工作任务的所有环节	5	
	工作规范	能在整个操作过程中规范操作，避免意外事故发生	5	
	汇报展示	能准确表达、汇报工作成果	5	
合计			100	

表 5-2-3　企业对小组考核表

项目（任务）名称	
您对本次任务完成质量考核	☐非常好（90~100 分） ☐一般（70~90 分） ☐不太理想（70 分以下）
您的评分与建议	（若企业没有参与考核，则选择综合考核方式一）

表 5-2-4　综合评分表

综合考核方式一	小组自评（30%）	小组互评（20%）	教师考核（50%）		综合得分
综合考核方式二	小组自评（30%）	小组互评（20%）	教师考核（40%）	企业考核（10%）	综合得分
综合评语	（作业过程中存在的问题及改进建议）				

任务三　充电系统高压部件的更换

开卷–任务分组

班级		组号		指导教师	
组长		学号		日期	
组员	姓名：________ 学号：________		姓名：________ 学号：________		
	姓名：________ 学号：________		姓名：________ 学号：________		
	姓名：________ 学号：________		姓名：________ 学号：________		

知识目标	技能目标	素养目标
➢ 掌握直流充电插座检查与更换的过程 ➢ 掌握车载充电机检查与更换的过程 ➢ 掌握直流母线检查与更换的过程	➢ 通过本任务的学习，使学生具有能够独立完成检查与更换直流充电插座的能力 ➢ 通过本任务的学习，使学生具有能够独立完成车载充电机检查与更换的能力 ➢ 通过本任务的学习，使学生具有能够独立完成直流母线检查与更换的能力	➢ 通过独立完成多项测试，培养学生自主思考、果断决策的意识 ➢ 通过多个实训练习，培养学生知行合一的思想 ➢ 通过本任务的学习，培养学生精益求精、敢于探索、不断创新的职业素养 ➢ 通过小组合作学习方式，培养学生协同共赢的职业精神

框架–任务导图

本任务核心内容导图如图 5-3-1 所示。

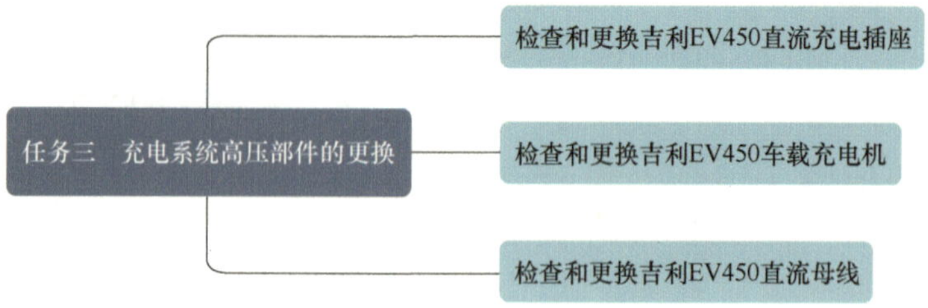

图 5-3-1 本任务核心内容导图

驱动–任务导入

小王是一位爱车人士，在出车前很注重日常检查，如检查散热风扇是否有异物、高压插接器连接是否紧固等。某天他发现车辆外壳有明显碰撞痕迹，内部的车载充电机模块损坏，于是决定对车载充电机进行更换。如果需要你来更换，你是否能够顺利完成车载充电机的更换呢？

实践–任务实施

一、安全要求及注意事项

安全要求及注意事项如下：

1）实训开始前，提前准备好需要使用的个人防护用品，并检查是否符合使用标准。

2）实训开始前，提前做好场地防护，设置警示标识，在操作位置布置好绝缘防护措施。

3）实训开始前，熟悉并正确使用实训过程的设备和仪器。

4）拆卸高压零部件前，必须做好防护措施。

5）拆卸高压零件时，必须使用绝缘工具。

6）实训过程中，必须在教师的指引下进行作业，严禁对实训设备进行改装操作。

7）实训结束后，必须清理场地和设备，撤除警示标识。

二、设备及工具

准备的设备及工具包括吉利 EV450 1 辆、举升机 1 台、车外三件套 1 套、绝缘电阻测试仪 1 台、数字万用表 1 个、绝缘工具套装 1 套、耐磨手套 2 双、一体化工量具 1 套、道通故障诊断仪 1 台、冷却液回收专用容器 1 个、大量杯 2 个、冷却液（防冻液）2 瓶。

三、操作步骤

问题：根据下面的实训步骤指导完成相应实训。

实训一　检查和更换吉利EV450直流充电插座

1）打开前机舱盖。

2）断开辅助蓄电池负极连接，进行标准高压下电操作。

3）使用尖嘴钳及气动工具拆下轮胎螺栓保护盖、轮胎螺栓，拆下轮胎，如图 5-3-2 所示。

图 5-3-2　拆下轮胎

4）举升车辆，拆卸翼子板内衬螺栓，用一字螺钉旋具撬开卡扣，拆下翼子板内衬，如图5-3-3所示。

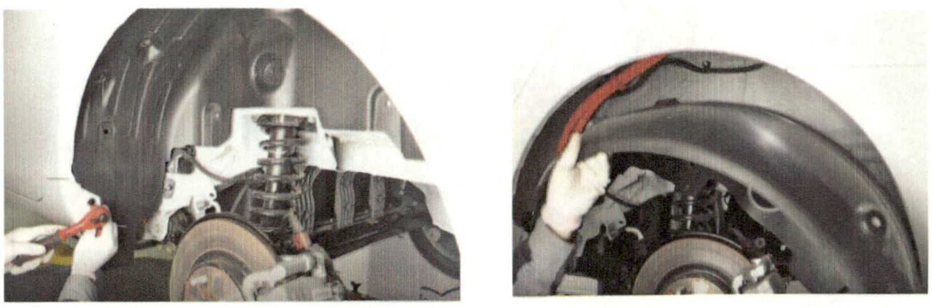

图 5-3-3　拆下翼子板内衬

5）拆下螺钉护板，如图 5-3-4 所示。

6）断开动力蓄电池高压线束插接头，如图 5-3-5 所示。

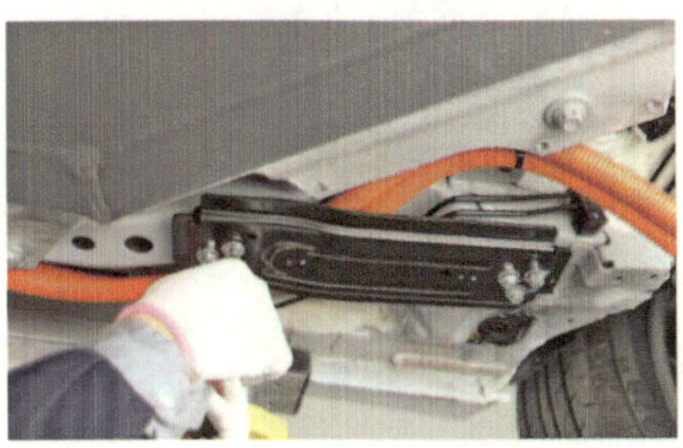

图 5-3-4　拆下螺钉护板

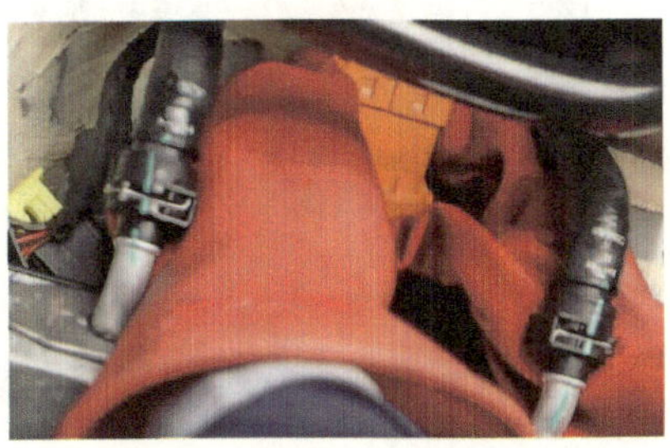

图 5-3-5　断开高压线束插接头

7）拆卸直流充电高压线束固定螺栓，松开卡扣，如图 5-3-6 所示。

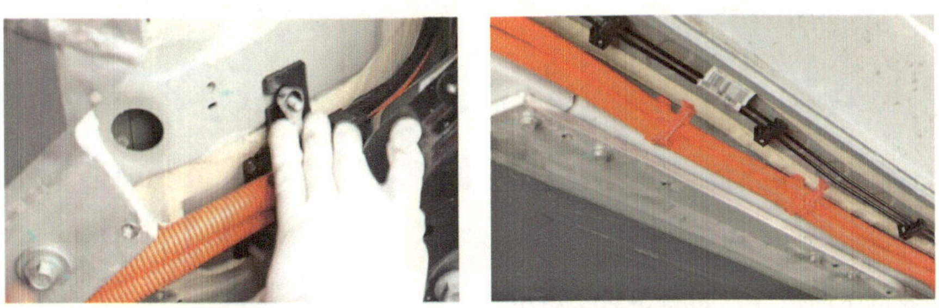

图 5-3-6　拆卸直流充电高压线束固定螺栓，松开卡扣

8）按下低压插接件锁止，松开卡扣，如图 5-3-7 所示。

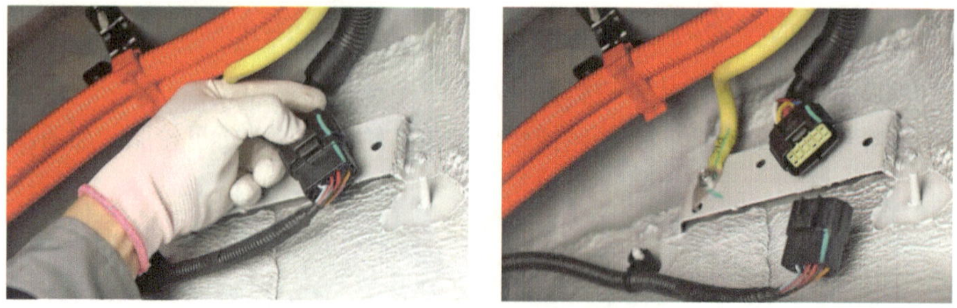

图 5-3-7 按下低压插接件锁止，松开卡扣

9）拆下搭铁螺栓，取下搭铁线，如图 5-3-8 所示。

图 5-3-8 拆下搭铁螺栓，取下搭铁线

10）拆卸充电座四颗固定螺栓，取下充电座插头盖，拆下充电座，如图 5-3-9 所示。

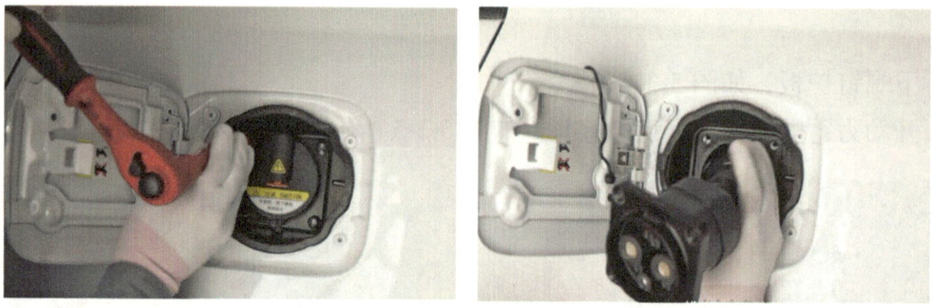

图 5-3-9 拆下充电座

11）更换直流插座总成，放置充电插座总成，安装插座螺栓，如图 5-3-10 所示。

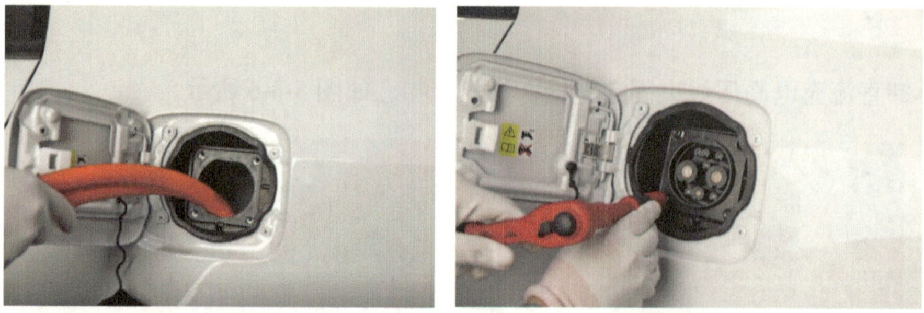

图 5-3-10 更换直流插座总成，放置充电插座总成

12）安装低压插接件，如图 5-3-11 所示。

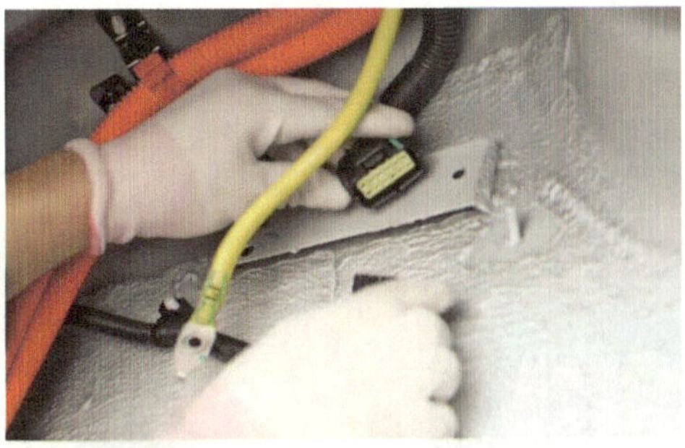

图 5-3-11 安装低压插接件

13）紧固搭铁线束固定螺栓，如图 5-3-12 所示。

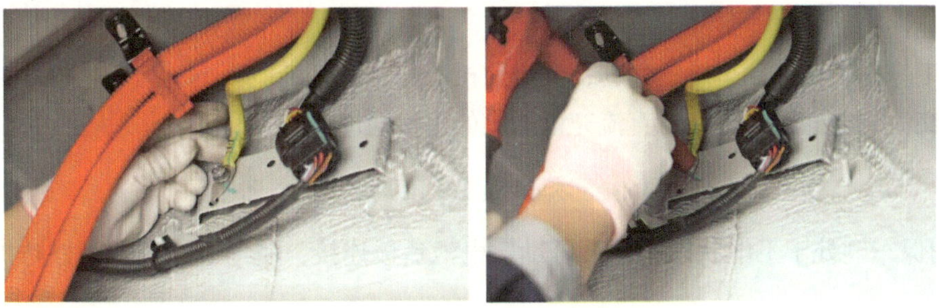

图 5-3-12 紧固搭铁线束固定螺栓

14）归位高压线束并关闭卡扣，固定线束螺栓，如图 5-3-13 所示。
15）连接高压线束插头，如图 5-3-14 所示。

图 5-3-13 归位高压线束

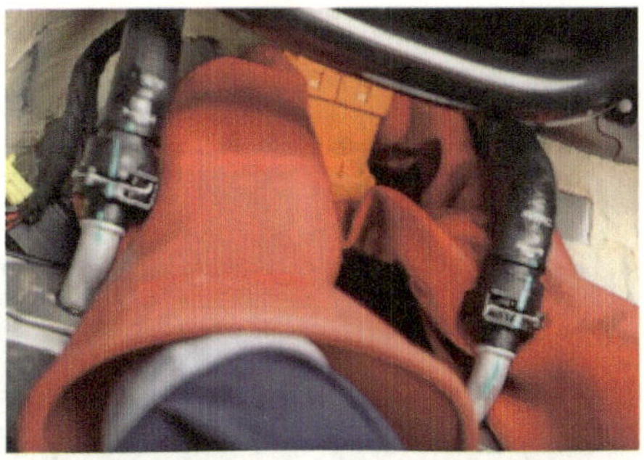

图 5-3-14 连接高压线束插头

16）安装轮胎护板，紧固护板螺栓，如图 5-3-15 所示。
17）安装动力蓄电池固定螺栓的护板，如图 5-3-16 所示。

图 5-3-15 安装轮胎护板

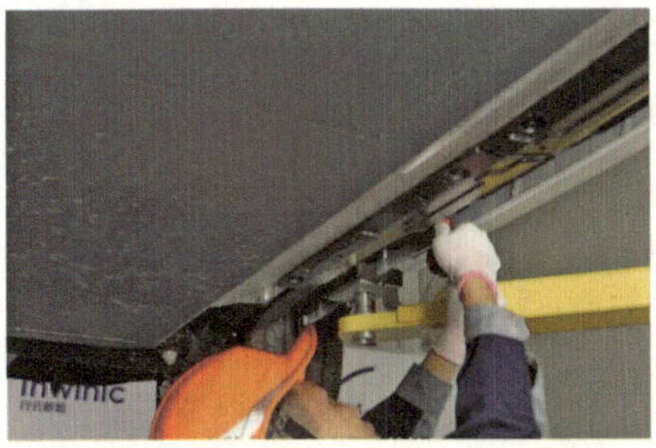

图 5-3-16 安装动力蓄电池固定螺栓的护板

18）安装轮胎，安装轮胎螺栓保护盖，如图 5-3-17 所示。

19）安装车载充电机连接母线，如图 5-3-18 所示。

图 5-3-17 安装轮胎及螺栓保护盖

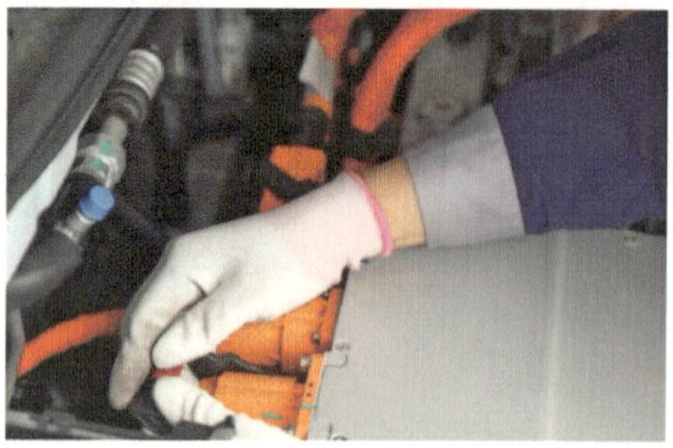

图 5-3-18 安装车载充电机连接母线

20）连接辅助蓄电池负极。

21）工作完毕，拆除车外三件套，关闭前机舱盖，恢复场地。

注：交流充电插座的更换与直流充电插座的更换同理。

实训二 检查和更换吉利EV450车载充电机

1）确保车辆处于下电状态，断开辅助蓄电池负极连接，使用绝缘胶带做好防护措施，等待 3min。

2）按照标准流程排放车载充电机冷却液，如图 5-3-19 所示。

3）举升车辆，断开动力蓄电池母线插接件。

4）拆下车载充电机低压线束插接件及水管。

5）拔下车载充电机连接高压线束，并使用绝缘胶带包裹。

6）用 10 号棘轮扳手拆下四颗固定螺栓，同时拆卸搭铁线，拆下车载充电机，如图 5-3-20 所示。

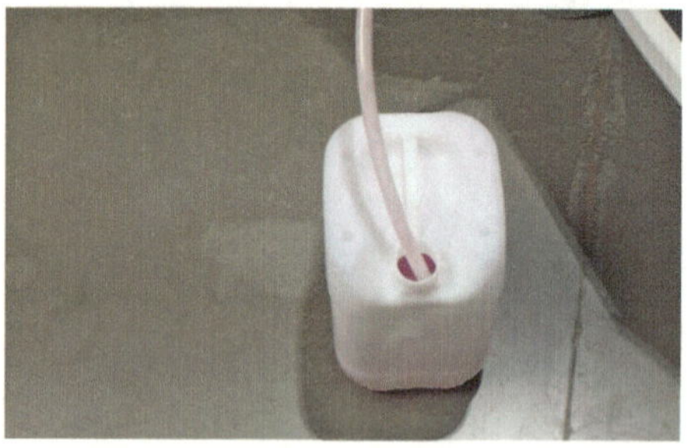

图 5-3-19 排放车载充电机冷却液

图 5-3-20 拆下车载充电机

7）更换车载充电机，用 10 号棘轮扳手装回四颗固定螺栓，并同时紧固搭铁线束，力矩为 22N·m，如图 5-3-21 所示。

8）装上水管及低压线束插接件，装上高压线束插接件。

9）加注冷却液，以及排空。

10）连接辅助蓄电池负极。

11）车辆上电运行，观察仪表，正常。

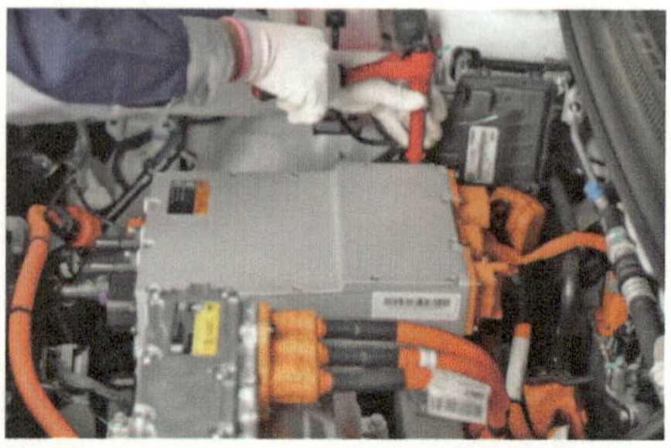

图 5-3-21 更换车载充电机，紧固固定螺栓

12）注意观察膨胀水箱液位，检查管路是否有泄漏。

13）车载充电机更换完毕，恢复场地。

实训三　检查和更换吉利EV450直流母线

1）拆卸前需要打开前机舱盖。

2）断开辅助蓄电池负极连接。

3）拆卸直流母线总成（注：佩戴绝缘手套）。断开直流母线总成线束插接器（动力蓄电池侧），断开直流母线总成线束插接器（充电机侧）。脱开直流母线总成固定卡扣，取下直流母线总成，如图 5-3-22 所示。

注：戴绝缘手套用万用表测量直流母线端正、负极电压，低于 1V。

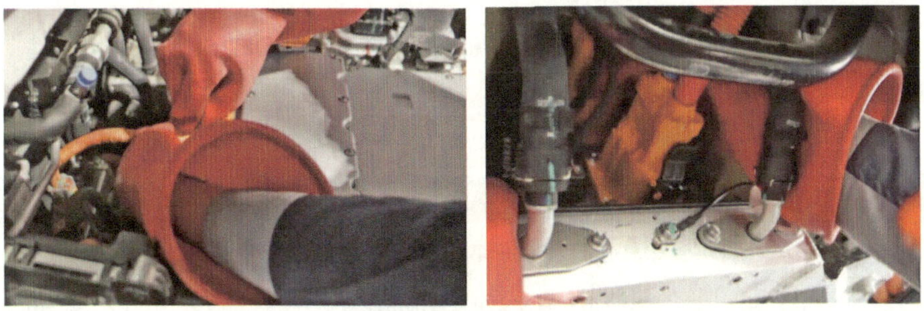

图 5-3-22　脱开直流母线总成固定卡扣

4）佩戴绝缘手套，安装直流母线总成。放置直流母线总成，连接线束固定卡扣。连接直流母线总成线束插接器（车载充电机侧），连接直流母线总成线束插接器（动力蓄电池侧），如图 5-3-23 所示。

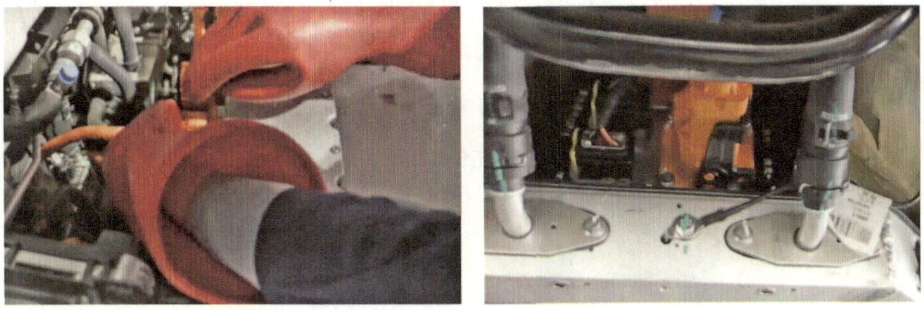

图 5-3-23　安装直流母线固定卡扣

5）工作完成后，连接蓄电池负极，盖上前机舱盖，恢复工位。

考核–任务评价

各组选出代表进行本任务的成果汇报，可以采用 PPT 或实操演示的形式，并分别由各小组成员、专业教师以及企业代表进行考核打分，并将结果填入表 5-3-1~ 表 5-3-4 中。

表 5-3-1 小组考核表

组长		学号		班级		组别								
组员姓名														
任务三		充电系统高压部件的更换												
考核项目	分值	等级				考核对象（组别）								
		A	B	C	D	1	2	3	4	5	6	7	8	
实训规范	40	40	30	20	10									
PPT 汇报	40	40	30	20	10									
7S 管理	20	20	15	10	5									
合计	100	各组得分												

注意：小组互评分记录按各组的平均分（包含被评价组）计算

表 5-3-2 教师对小组考核表

考核项目		考核依据	分值	得分
考勤（5%）		未出现无故迟到、早退和旷课的现象	5	
工作过程（80%）	获取信息进行决策	掌握交流和直流充电系统的组成	10	
		掌握交流和直流充电系统部件的功能	10	
	任务实施	完成电动汽车直流充电插座的更换	15	
		完成电动汽车车载充电机的检测与更换	15	
		完成实车的交流（直流）母线更换	10	
	工作质量	能按照工作方案操作，按计划完成工作任务	10	
	团队合作	与小组成员、同学之间能合作交流、协调工作	10	
项目成果（15%）	工作完整	能按时完成工作任务的所有环节	5	
	工作规范	能在整个操作过程中规范操作，避免意外事故发生	5	
	汇报展示	能准确表达、汇报工作成果	5	
合计			100	

表 5-3-3 企业对小组考核表

项目（任务）名称	
您对本次任务完成质量考核	□非常好（90~100 分） □一般（70~90 分） □不太理想（70 分以下）
您的评分与建议	（若企业没有参与考核，则选择综合考核方式一）

表 5-3-4　综合评分表

综合考核方式一	小组自评（30%）		小组互评（20%）	教师考核（50%）	综合得分
综合考核方式二	小组自评（30%）	小组互评（20%）	教师考核（40%）	企业考核（10%）	综合得分
综合评语	（作业过程中存在的问题及改进建议）				

赛事篇-竞赛指南

2021 年，我国交通运输部职业资格中心组织编制了《新能源汽车检测维修专业能力考核标准》（以下简称《标准》）。《标准》5.3.4.2 新能源汽车充电控制技术明确要求从业人员掌握充电控制系统检测诊断的方法与步骤。请扫描右侧二维码，学习车载充电机通信故障检修。

拓展-情智课堂

爱钻“牛角尖”的汽车维修大咖孙长柏

他是新时代汽车产业工人的先锋工匠，创新智能化工厂开拓者，拥有 4 项实用型国家专利、10 项省级创新项目的技术大咖，他凭借十九年的精湛维修技艺，获得了“青岛市首席技师”荣誉称号，并被评选为青岛市即墨区人大代表。他就是孙长柏，一名来自山东即墨一汽-大众汽车有限公司青岛分公司焊装车间维修工段的高级技师。众多荣誉加持的背后，是他爱钻“牛角尖”的秉性和对汽车维修技术的执着追求。他展现了新时代汽车行业转型发展中的一线工匠风采。

1. 打破技术壁垒实现自主创新

目前，国内汽车行业生产中使用最广泛的 VASS 标准太过笼统，一直受制于国外的技术文献，无法针对性地解决生产现场实际问题。面对这种情况，孙长柏将理论与实践相结合，凭借十九年的实操经验，打破传统的技术壁垒，结合现场设备实际安装情况，自主研发创新，制定了适合现场的 VASS 标准，实现了行业内的首次创新应用。并且，他自主开发了“PROFINET 网络技术”“Profisafe 实例解析”“VASS 网络与安全”“交换机网络配置”四门课程，并全部通过了一汽-大众汽车有限公司培训中心的评审。孙长柏毫无保留地把自己摸索出的经验在国内汽车生产业界进行共享，实现了行业领域内的技术共进。

2. 解决行业难题实现技术突破

随着安全生产法规的不断落实，在工业自动化领域，安全防护的增加和快速锁定故障产生了矛盾冲突，这一问题属于行业级难题。自动化工位内遍布各种安全防护设备，当设备发生故障后，由于安全介质的影响，无法在程序中快速锁定故障点，这种情况长期困扰着国内汽车生产车间的平顺化生产，同样成为一汽 - 大众汽车有限公司青岛分公司焊装生产中的一道难题。

多年的刻苦研修让孙长柏对维修有着独特的钻研精神，他下决心要攻破这一行业技术难题。他通过自己绘制原理图，在车间找到闲置的光电设备，蹲在实验室一根线一根线地接起来，经过一遍遍反复调试，安检设备最终被他研发出来。由于该设备体积较大，不方便随身携带，他将其增加了移动装置。在实验室测试成功后，他将安检设备移至生产线进行现地现物测试，模拟生产线故障，对待检区域进行扫描并生成数据。在众人的见证下，他快速锁定了故障真因，将这一行业级难题成功攻克，并将此申请了“一种安检设备及安全生产方法”的国家专利。

3. 传道授业解惑助推人才培养

一枝独秀不是春，百花齐放春满园。作为一名传道授业的技能工匠，孙长柏深知责任重大，使命之巨。

在一汽 - 大众汽车有限公司技能人才培养过程中，孙长柏充分发挥技师带头作用，对相关技工学徒制订了培养路径图，实行进阶式培养，保证人才培养的梯次推进。如今，孙长柏带出的徒弟遍布一汽 - 大众汽车有限公司各大基地，其中四名徒弟成长为一汽 - 大众汽车有限公司的技师。他的徒弟还取得国家专利四项、省级科技创新二项、市区荣誉二项、集团公司荣誉一项、公司荣誉三项，堪称荣誉“收割机”团队。

4. 技术交流有深度行业共进促发展

孙长柏多次参加全国汽车行业技术交流论坛，互通有无。在技术交流过程中，各方人员不断夯实自身技能，实现了全行业技术水平的综合提升。他先后获得中国机械工业科学技术奖，在全国职业技能竞赛中，依托智能化生产理念，利用国内领先的物联网技术，他还自主设计了工厂网络驱动自动控制系统和智能化工厂中控智能物联集成系统，代表一汽 - 大众汽车有限公司参加省级科技创新比赛，分别获得了山东省机械工业科学技术奖和山东省智能制造创新创业大赛三等奖。如今，这些改进项目已在企业中落地实施，有力助推了生产效率的提高。

笔记栏

项目六 动力蓄电池系统故障的检测与维护

任务一　动力蓄电池系统故障诊断

开卷–任务分组

班级		组号		指导教师	
组长		学号		日期	
组员	姓名：________ 学号：________		姓名：________ 学号：________		
	姓名：________ 学号：________		姓名：________ 学号：________		
	姓名：________ 学号：________		姓名：________ 学号：________		

知识目标	技能目标	素养目标
➢ 掌握蓄电池管理系统的常见故障案例，如供电系统不工作、电子管理器不能与电子控制器通信等的分析方法 ➢ 掌握蓄电池管理系统检查方法以及认识蓄电池管理系统故障码 ➢ 掌握车辆续驶里程不足、无法上高压等蓄电池管理系统典型故障的诊断流程	➢ 通过学习蓄电池管理系统常见故障案例以及完成相关实训，使学生具有独立完成蓄电池管理系统供电故障检修的能力 ➢ 通过学习蓄电池管理系统常见故障案例以及完成相关实训，使学生具有独立完成蓄电池管理系统通信电路故障检修的能力	➢ 通过独立完成多项测试，培养学生自主思考、果断决策的意识 ➢ 通过多个实训练习，培养学生知行合一的思想 ➢ 通过本任务的学习，培养学生精益求精、敢于探索、不断创新的职业素养 ➢ 通过小组合作学习方式，培养学生协同共赢的职业精神

框架–任务导图

本任务核心内容导图如图 6-1-1 所示。

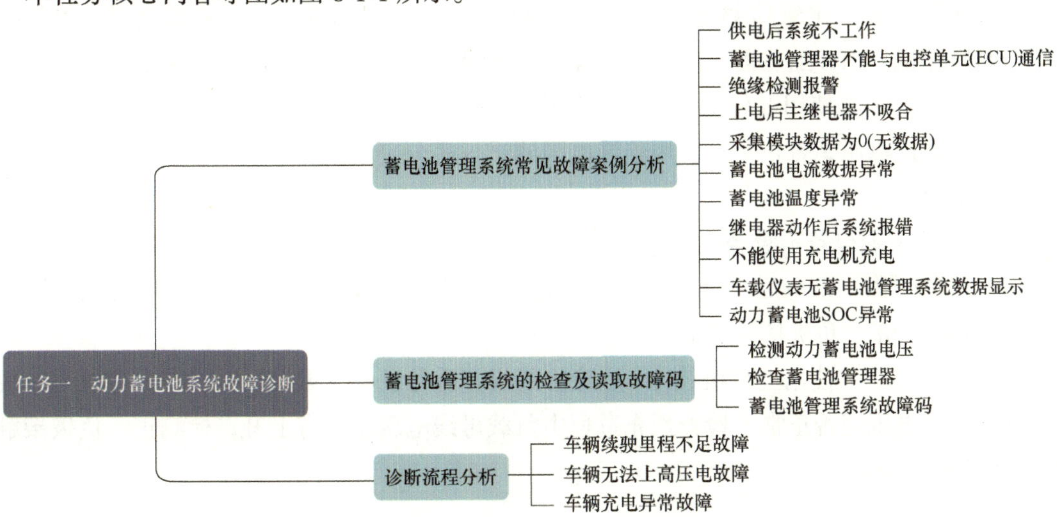

图 6-1-1　本任务核心内容导图

驱动-任务导入

纯电动汽车的电源管理控制器发生故障时，会导致高电压系统内接触器不能工作，使车辆失去动力而不能行驶；同时，位于仪表盘的动力系统故障指示灯将亮。你作为维修技师，遇到此类故障时应该如何入手处理?

学习-相关知识

问题 1：当出现车载仪表无蓄电池管理系统数据显示故障时，分析可能的故障原因及排查步骤。查看本任务中蓄电池管理系统常见故障车载仪表无蓄电池管理数据显示故障案例。

一、蓄电池管理系统常见故障案例分析

1. 供电后系统不工作

（1）可能原因　供电后系统不工作的可能原因是供电电压异常、双路电电压异常、线束短路或是断路、动力蓄电池的控制器局域网络（CAN）异常。

（2）故障排除　检查外部电源给蓄电池管理系统供电电压是否正常，是否能达到蓄电池管理系统要求的最低工作电压；查看外部电源是否有限流设置，以致管理系统的供电功率不足；检查电源管理系统的线束是否存在短路或断路，对所有损坏的线束进行修复；若外部供电和线束都正常，则查看蓄电池管理系统中动力蓄电池的 CAN 是否正常。如有异常，则修复动力蓄电池的 CAN。

2. 蓄电池管理器不能与电控单元（ECU）通信

（1）可能原因　蓄电池管理器不能与 ECU 通信的可能原因是蓄电池管理器（主控模块）未工作、CAN 信号线断线。

（2）故障排除　检查蓄电池管理器的电源 12V 是否正常；检测蓄电池管理器搭铁是否正常；检查 CAN 信号传输线是否损坏或插头未连接牢固；检查蓄电池管理器到网关的线束是否正常。

3. 绝缘检测报警

（1）可能原因　绝缘检测报警的可能原因是动力蓄电池或负载端（驱动电机、电机控制器、空调压缩机、PTC 加热器、高压电缆等）存在漏电，绝缘模块检测线安装不牢固。

（2）故障排除　使用上位机软件 / 故障诊断仪查看绝缘检测数据，查看动力蓄电池母线电压、负母线对地电压是否正常；使用绝缘电阻测试仪表分别测量母线和负载端的设备对地之间的绝缘电阻值。

4. 上电后主继电器不吸合

（1）可能原因　上电后主继电器不吸合的可能原因是负载检测线未接，预充接触器开路，预充电阻开路，正、负极接触器损坏。

（2）故障排除　使用上位机软件 / 故障诊断仪查看母线电压数据，查看动力蓄电池母线电压、负载母线电压是否正常；检查预充过程中负载母线电压是否有上升；检测正、负极接触器自身元件是否损坏。

5. 采集模块数据为 0（无数据）

（1）可能原因 采集模块数据为 0 的可能原因是采集模块采集线电路断路或短路、采集模块损坏。

（2）故障排除 重新拔插模块接线，使用万用表测量采集线插接件处单体蓄电池的电压是否正常，使用万用表测量温度传感器线插头处测量阻值是否正常；使用万用表测量采集器的供电电压是否正常；检查采集器之间的子网 CAN 是否正常。

6. 蓄电池电流数据异常

（1）可能原因 蓄电池电流数据异常的可能原因是霍尔传感器信号线插头松动、霍尔传感器电路与元件损坏、采集模块损坏。

（2）故障排除 重新拔插电流霍尔传感器信号线，检查霍尔传感器电源是否正常，信号输出是否正常。若故障仍未排除，尝试更换采集模块。

7. 蓄电池温度异常

（1）可能原因 蓄电池温度异常的可能原因是温度传感器元件及其电路损坏，散热风扇电路连接、散热风扇故障。

（2）故障排除 检查温度传感器的安装，检测温度传感器电路及其元件；重新拔插风扇插头线，检测风扇电路连接情况；给风扇单独供电，检查风扇是否正常。

8. 继电器动作后系统报错

（1）可能原因 继电器动作后系统报错的可能原因是继电器辅助触点断路，继电器触点无法完全断开。

（2）故障排除 重新拔插线束插接器，用万用表测量辅助触点通断状态是否正确；用万用表检测继电器内部是否能够正常工作。

9. 不能使用充电机充电

（1）可能原因 不能使用充电机充电的可能原因是充电机损坏、充电机与蓄电池管理系统通信不正常。

（2）故障排除 更换一台充电机或蓄电池管理系统，以确认是蓄电池管理系统故障还是充电机故障；检查蓄电池管理系统充电端口的匹配电阻是否正常。

10. 车载仪表无蓄电池管理系统数据显示

（1）可能原因 车载仪表无蓄电池管理系统数据显示的可能原因是主控模块线束连接异常，蓄电池管理系统供电电源、蓄电池管理系统元件故障。

（2）故障排除 检查主控模块线束是否连接完备；检测主控模块电源是否正常。若故障未排除，更换蓄电池管理系统元件。

11. 动力蓄电池 SOC 异常

（1）故障现象 动力蓄电池 SOC 在系统工作过程中变化幅度很大，或者在几个数值之间反复跳变；在系统充放电过程中，动力蓄电池 SOC 有较大偏差；动力蓄电池 SOC 一直显示固定数值不变。

（2）可能原因

1）电流不校准。电流传感器型号与主机程序不匹配。

2）动力蓄电池长期未深度充放电。

3）数据采集模块信号采集跳变，导致动力蓄电池 SOC 进行自动校准。

（3）故障排除 在触摸屏配置界面里校准电流，改主机程序或者更换电流传感器，对动力蓄电池进行一次深度充放电。更换数据采集模块，对动力蓄电池 SOC 进行手动校准（建议客户每 3 个月做一次深度放电）。前往专业维修企业修改主机程序，并设置正确的动力蓄电池总容量和剩余容量标准数据。重新检测、连接电流传感器，确保其工作正常。

问题 2：蓄电池管理系统故障分为非常严重、严重、轻微三个级别。请将以下故障按照三个级别进行分类。

常见故障：单体电压过电压、动力蓄电池外部短路［放电过电流、温度过高（P0007）］、动力蓄电池内部短路、蓄电池管理系统硬件故障、蓄电池管理系统内部通信故障、蓄电池管理系统与车载充电机通信故障、电压不均衡、单体电压欠电压

一级故障：单体电压过电压、动力蓄电池外部短路［放电过电流、温度过高（P0007）］、动力蓄电池内部短路

二级故障：蓄电池管理系统硬件故障、蓄电池管理系统内部通信故障、蓄电池管理系统与车载充电机通信故障

三级故障：电压不均衡、单体电压欠电压

二、蓄电池管理系统的检查及读取故障码

1. 检测动力蓄电池电压

1）使用中号棘轮扳手、中号长接杆和 T30 拆下正极保护盖螺栓。

2）使用万用表检测动力蓄电池电压，标准值为 11~14V。如果电压低于标准值，则需更换动力蓄电池。

2. 检查蓄电池管理器

1）连接故障诊断仪，起动车辆。

2）打开故障诊断仪，选择相对应的车辆，整车进行自诊断。

3）清除故障码，再次读取故障码。

4）进入蓄电池管理系统查看故障码。

5）使用万用表对故障进行检测，若检测的数据不在标准值以内，则更换蓄电池管理器或线束。

3. 蓄电池管理系统故障码

不同级别的故障，有对应的故障名称、故障码以及对整车的影响。在各故障级别中，相同的故障名称，根据故障程度级别不同，以不同故障码区分。另外，不同批次车辆，相同的故障名称不同故障码，以故障诊断仪显示的编码和解释为准。

（1）一级故障（非常严重） 动力蓄电池上报该故障一段时间后，整车会出现安全事故，如起火、爆炸、触电等。动力蓄电池在正常工作时不会上报该故障，蓄电池管理系统一旦上报该故障，表明动力蓄电池处于严重滥用状态。

一级故障名称和故障码对照表见表 6-1-1。

表 6-1-1 一级故障名称和故障码对照表

故障名称	故障码	对整车的影响
单体电压过电压	P0004	行车模式：动力蓄电池放电电流降为 0，高压断开，无法行车 车载充电：请求停止充电 / 停止加热，主正、主负继电器断开 直流快充：蓄电池管理系统发送终止充电，主正、主负继电器断开
动力蓄电池外部短路（放电过电流）	P0006	
温度过高	P0007	
动力蓄电池内部短路	P0014	

（2）二级故障（严重） 动力蓄电池上报该故障后，整车会进入跛行、暂时停止能量回馈、停止充电。动力蓄电池在正常工作时不会上报该故障，蓄电池管理系统一旦上报该故障，表明动力蓄电池某些硬件出现故障或动力蓄电池处于非正常工作的条件下。

二级故障名称和故障码对照表见表 6-1-2。

表 6-1-2 二级故障名称和故障码对照表

故障名称	故障码	对整车的影响
单体电压欠电压	P0269	行车模式：限功率至放电电流 25A
BMS 内部通信故障	P0279	行车模式：限功率至放电电流 25A，“最大允许充电电流”调整为 0 充电模式：发送请求停止充电，如果上报故障后 2s 内未收到响应，蓄电池管理系统主动断开高压继电器或加热继电器
BMS 硬件故障	P0284	
BMS 与车载充电机通信故障	P0283	车载充电模式：请求停止充电，或请求停止加热，如果上报故障后 2s 内未收到响应，蓄电池管理系统主动断开高压继电器或加热继电器
温度过高	P0258	行车模式：限功率至放电电流 25A，“最大允许充电电流”调整为 0
绝缘电阻过低	P0276	行车模式：限功率至放电电流 25A，“最大允许充电电流”调整为 0 充电模式：发送请求停止充电，如果上报故障后 2s 内未收到响应，蓄电池管理系统主动断开高压继电器或加热继电器
加热元件故障	P0281-1	充电模式：请求停止加热，如果上报故障后 2s 内未收到响应，蓄电池管理系统主动断开加热继电器

（3）三级故障（轻微） 动力蓄电池上报该故障后，对整车无影响或不同程度地造成整车进入限功率行驶状态。动力蓄电池在正常工作时可能上报该故障，蓄电池管理系统一旦上报该故障，表明动力蓄电池处于极限环境温度下或单体蓄电池一致性出现一定劣化等。

三级故障名称和故障码对照表见表 6-1-3。

三、诊断流程分析

蓄电池包常见故障可能会导致车辆出现以下几种情况。

1. 车辆续驶里程不足故障

车辆续驶里程不足故障诊断流程如图 6-1-2 所示。

表 6-1-3　三级故障名称和故障码对照表

故障名称	故障码	对整车的影响	恢复条件
温度过高	P1043	行车模式：放电功率降为当前状态的 50%	重新上电
绝缘电阻过低	P1047	上报不处理	
电压不均衡	P1046	行车模式：放电功率降为当前状态的 40%	
单体电压欠电压	P1040		
温度不均衡	P1045	上报不处理	
放电过电流	P1042	行车模式：放电功率降为当前状态的 50%	

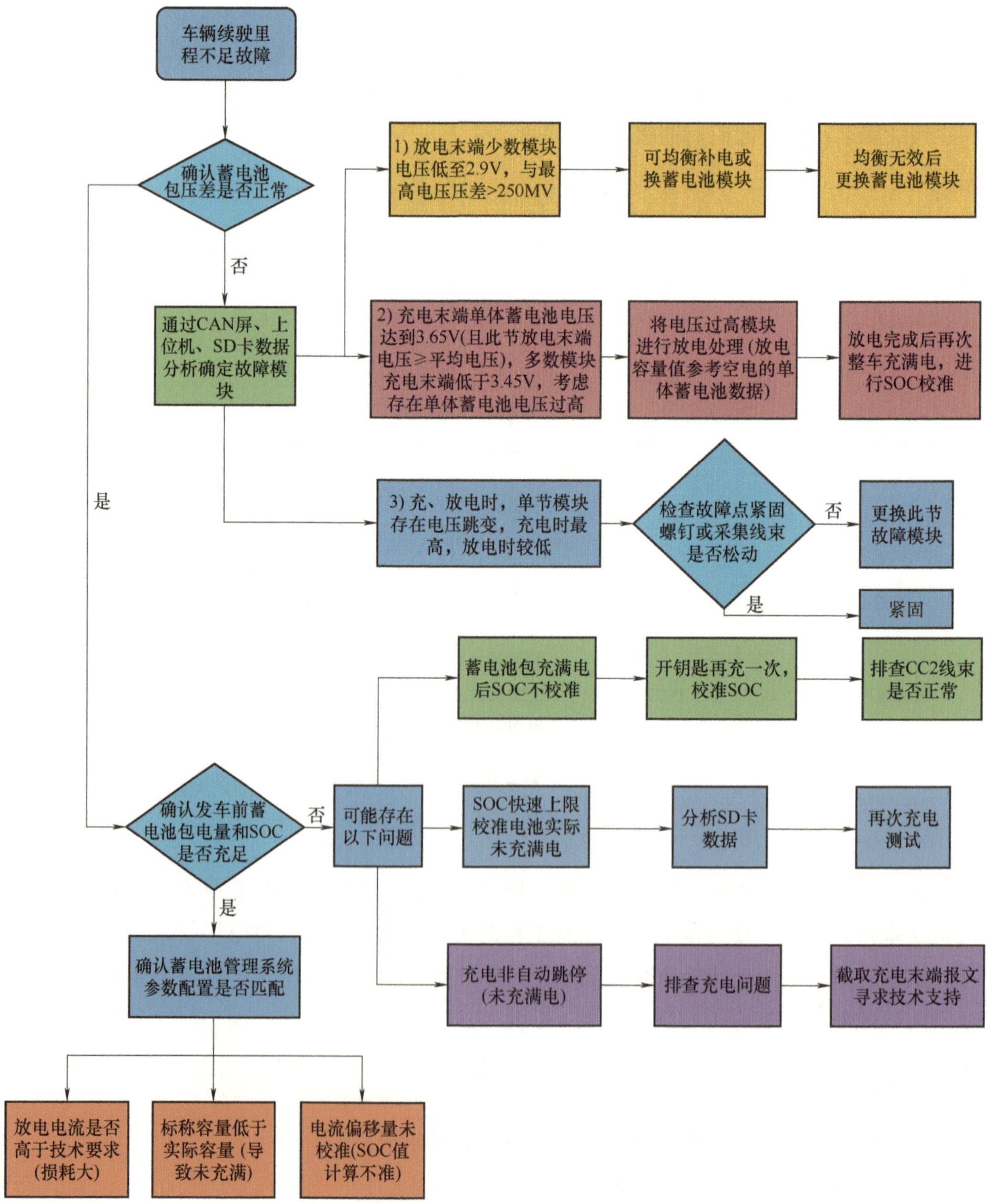

图 6-1-2　车辆续驶里程不足故障诊断流程

2. 车辆无法上高压电故障

车辆无法上高压电故障，诊断流程如图 6-1-3 所示。

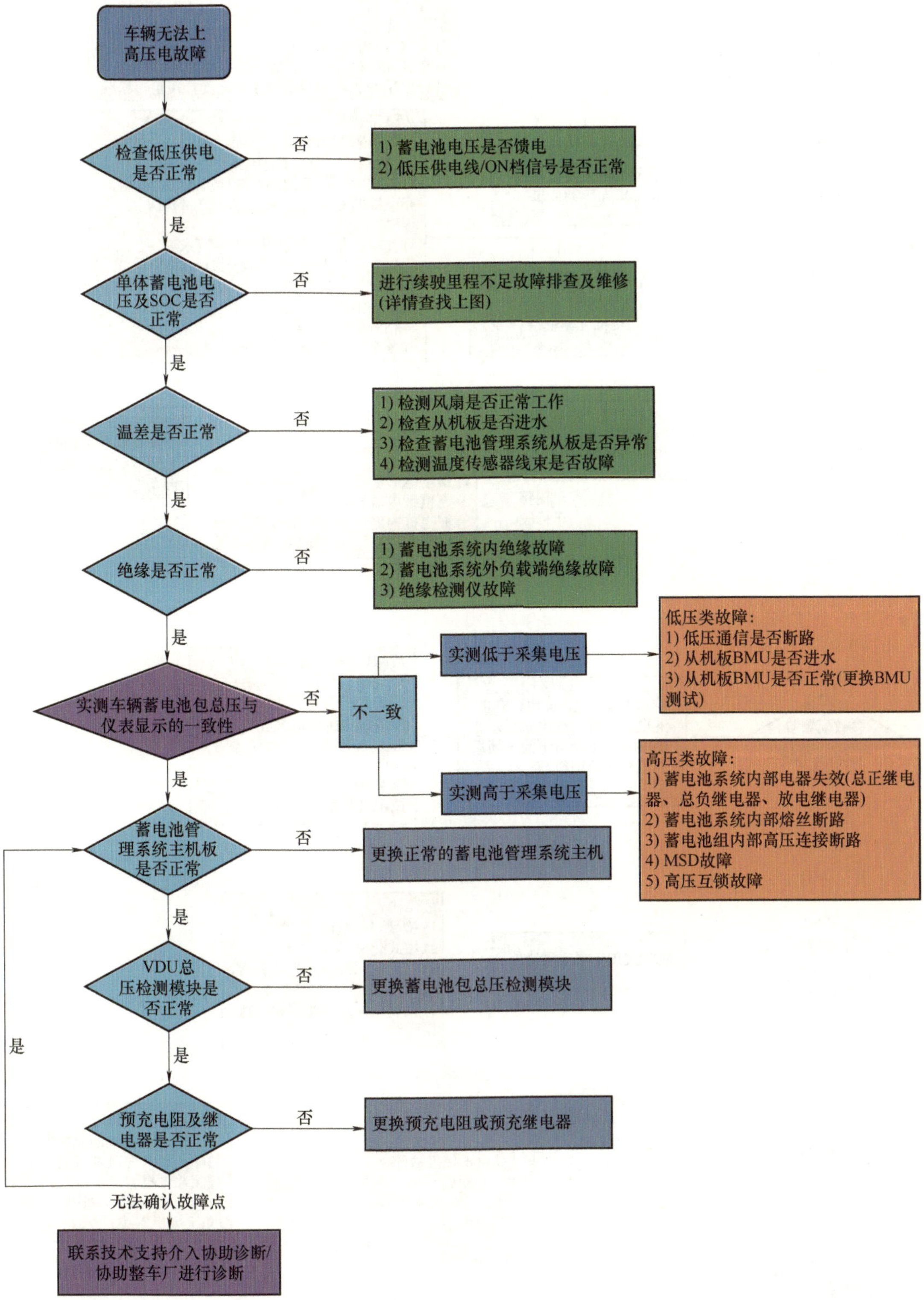

图 6-1-3　车辆无法上高压电故障诊断流程

3. 车辆充电异常故障

车辆充电异常故障诊断流程如图 6-1-4 所示。

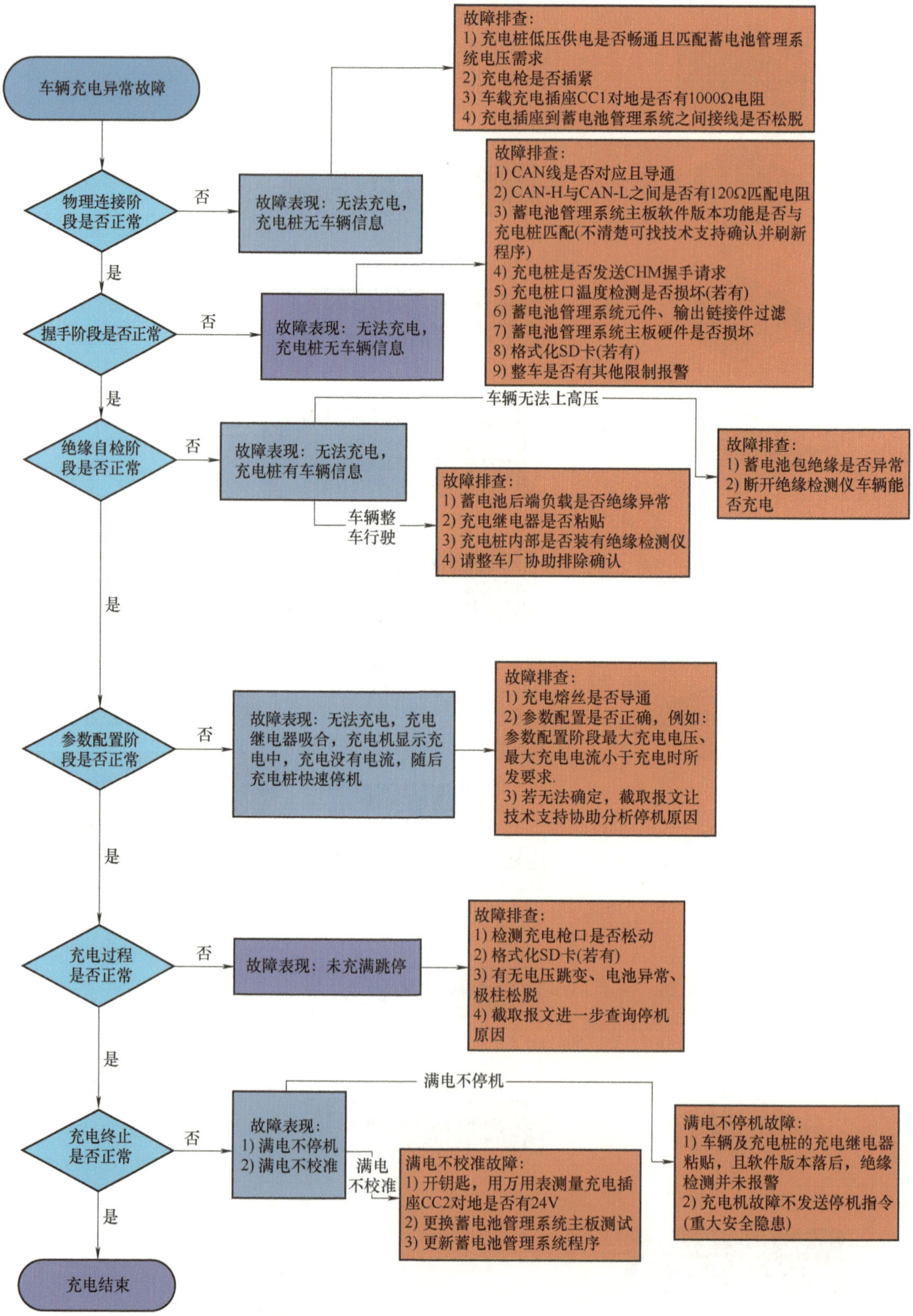

图 6-1-4 车辆充电异常故障诊断流程

实践-任务实施

一、安全要求及注意事项

安全要求及注意事项如下：

1）实训开始前，提前准备好需要使用的个人防护用品，并检查是否符合使用标准。

2）实训开始前，提前做好场地防护，设置警示标识，在操作位置布置好绝缘防护措施。

3）实训开始前，熟悉并正确使用实训过程的设备和仪器。

4）拆卸高压零部件前，必须做好防护措施。

5）拆卸高压零件时，必须使用绝缘工具。

6）实训过程中，必须在教师的指引下进行作业，严禁对实训设备进行改装操作。

7）实训结束后，必须清理场地和设备，撤除警示标识。

二、设备及工具

准备的设备及工具包括比亚迪秦 EV 整车 1 辆、车外三件套 1 套、数字万用表 1 个、绝缘防护套装 1 套、耐磨手套 2 双、一体化工量具 1 套、道通故障诊断仪 1 台。

三、操作步骤

问题 3：根据下面的实训步骤指导，完成蓄电池管理系统供电故障检修。

实训一　蓄电池管理系统供电故障检修

1）打开起动开关，动力蓄电池故障指示灯亮，“OK”灯不亮，如图 6-1-5 所示。

2）连接故障诊断仪，扫描故障，故障诊断仪无法进入蓄电池管理系统，如图 6-1-6 所示。

图 6-1-5　动力蓄电池故障指示灯亮

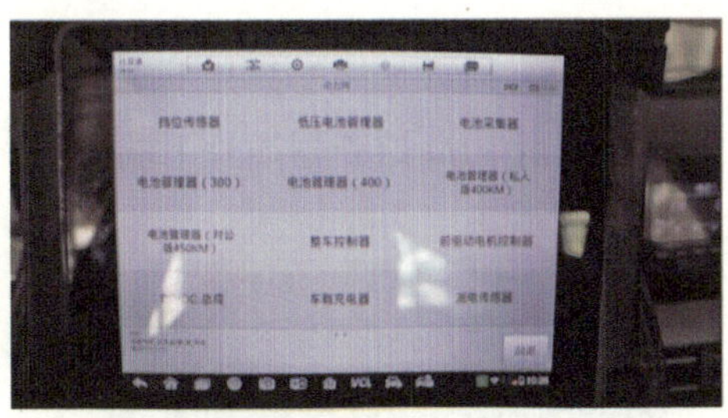

图 6-1-6　动力系统界面

3）单击前驱动控制器，进入前驱动总成模块查询故障码，根据故障码说明蓄电池管理器模块不在线，如图 6-1-7 所示。

4）查询电气原理图，如图 6-1-8 所示。用万用表测量 BK45（B）端子 1 与 GND 之间的电压，标准值为 12V，如图 6-1-9 所示。

5）用万用表测量 BK45（B）端子 1 与 GND 之间的电压，实测值为 0.039，如图 6-1-10 所示。

图 6-1-7　前驱动控制器故障码

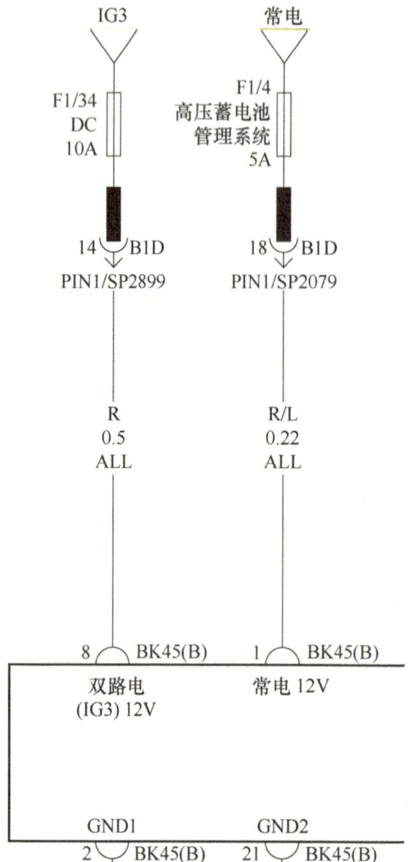

图 6-1-8　电气原理图

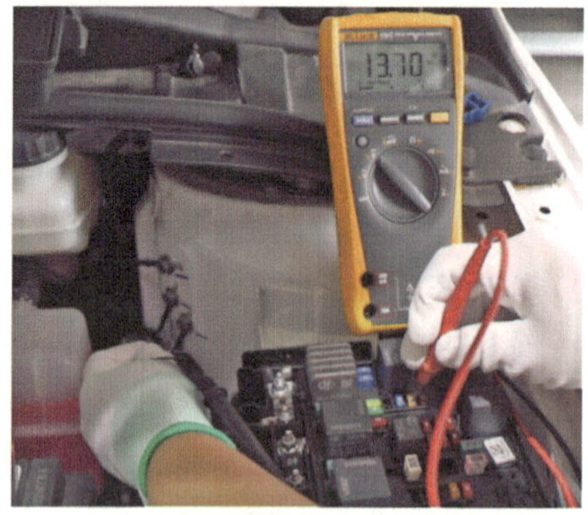

图 6-1-9　测量 BK45（B）端子 1 与 GND 之间的电压

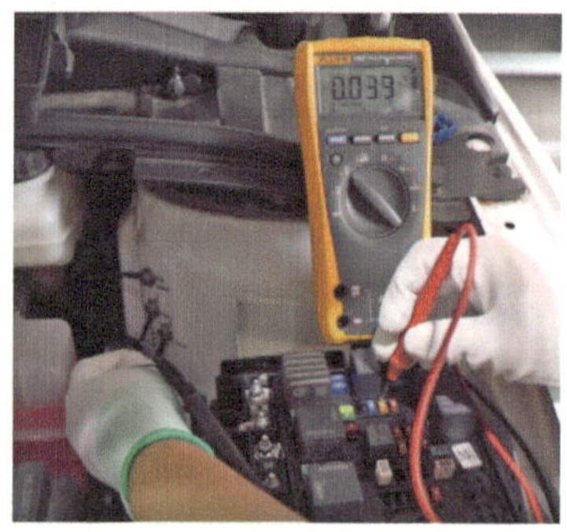

图 6-1-10　测量 BK45（B）端子 1 与 GND 之间的电压（实测值）

6）测量 F1/4 熔断器插片上端电压，电压值为 12V，正常，如图 6-1-11 所示。

7）测量 F1/4 熔断器插片下端电压，电压值小于 0.013，异常，如图 6-1-12 所示。

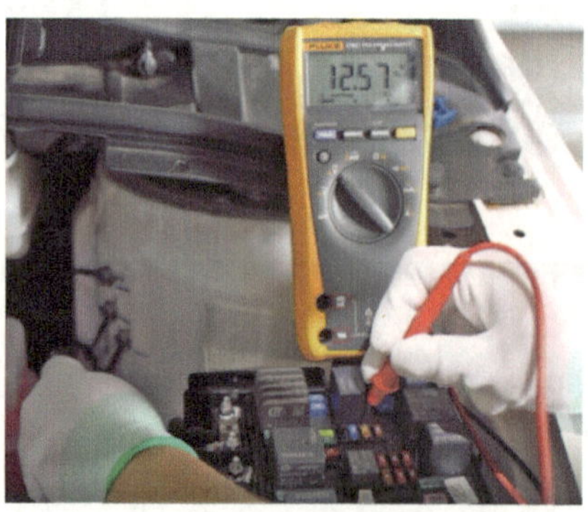

图 6-1-11　测量 F1/4 熔断器插片上端电压

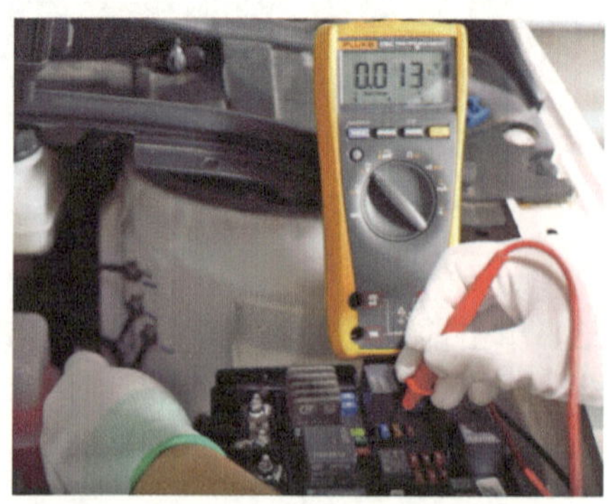

图 6-1-12　测量 F1/4 熔断器插片下端电压

8）拔出 F1/4 熔断器插片，测量 F1/4 熔断器插片两端的电阻值为 OL（无穷大），异常，如图 6-1-13 所示。

9）更换熔断器插片后，上电排除故障，如图 6-1-14 所示。

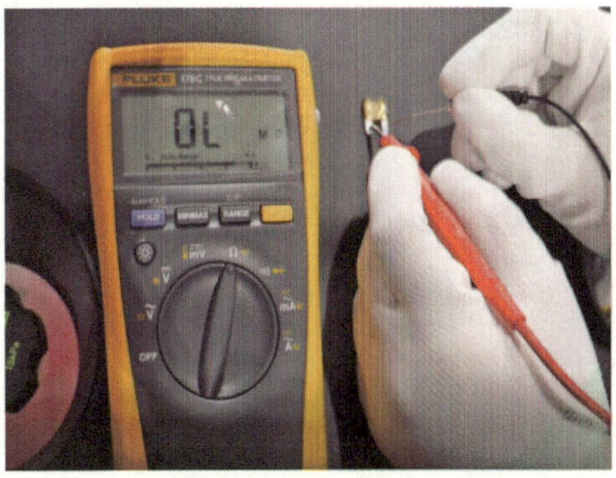

图 6-1-13　测量 F1/4 熔断器插片两端的电阻值

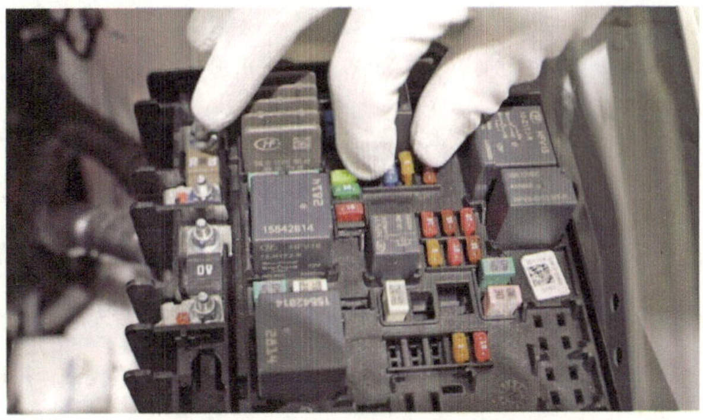

图 6-1-14　更换熔断器插片

实训二　蓄电池管理系统通信故障电路检修

问题 4：扫描图 6-1-15 所示的二维码，查看蓄电池管理系统通信故障电路检修的操作指引资料，并完成该故障检修任务。

图 6-1-15　蓄电池管理系统通信故障电路检修实训二维码

考核–任务评价

各组选出代表进行本任务的成果汇报，可以采用 PPT 或实操演示的形式，并分别由各小组成员、专业教师以及企业代表考核打分，并将结果填入表 6-1-4~ 表 6-1-7 中。

表 6-1-4　小组考核表

组长			学号			班级			组别				
组员姓名													
任务一		动力蓄电池系统故障诊断											
考核项目	分值	等　级				考核对象（组别）							
		A	B	C	D	1	2	3	4	5	6	7	8
实训规范	40	40	30	20	10								
PPT 汇报	40	40	30	20	10								
7S 管理	20	20	15	10	5								
合计	100	各组得分											
注意：小组互评分记录按各组的平均分（包含被评价组）计算													

表 6-1-5 教师对小组考核表

考核项目		考核依据	分值	得分
考勤（5%）		未出现无故迟到、早退和旷课的现象	5	
工作过程（80%）	获取信息进行决策	掌握蓄电池管理系统常见故障案例分析	15	
		掌握蓄电池管理系统检查及读取故障码方法	15	
	任务实施	完成蓄电池管理系统供电故障检修	15	
		完成蓄电池管理系统通信电路故障检修	15	
	工作质量	能按照工作方案操作，按计划完成工作任务	10	
	团队合作	与小组成员、同学之间能合作交流、协调工作	10	
项目成果（15%）	工作完整	能按时完成工作任务的所有环节	5	
	工作规范	能在整个操作过程中规范操作，避免意外事故发生	5	
	汇报展示	能准确表达、汇报工作成果	5	
合计			100	

表 6-1-6 企业对小组考核表

项目（任务）名称	
您对本次任务完成质量考核	□非常好（90~100 分） □一般（70~90 分） □不太理想（70 分以下）
您的评分与建议	（若企业没有参与考核，则选择综合考核方式一）

表 6-1-7 综合评分表

综合考核方式一	小组自评（30%）	小组互评（20%）	教师考核（50%）		综合得分
综合考核方式二	小组自评（30%）	小组互评（20%）	教师考核（40%）	企业考核（10%）	综合得分
综合评语	（作业过程中存在的问题及改进建议）				

任务二 动力蓄电池系统的维护

开卷-任务分组

班级		组号			指导教师	
组长		学号			日期	
组员	姓名：________	学号：________		姓名：________		学号：________
	姓名：________	学号：________		姓名：________		学号：________
	姓名：________	学号：________		姓名：________		学号：________

知识目标	技能目标	素养目标
➢ 掌握动力蓄电池电防护和防水防护的要求 ➢ 掌握动力蓄电池日常维护的注意事项 ➢ 掌握动力蓄电池的检查内容和方法	➢ 通过对动力蓄电池电防护与水防护要求的学习，使学生具有对长时间放置动力蓄电池进行防护处理的能力 ➢ 通过对动力蓄电池日常维护的了解，使学生具有对动力蓄电池意外事故进行应急处理的能力 ➢ 通过对动力蓄电池的检测规范了解，使学生具有完成动力蓄电池的电量、绝缘和外观防护的能力	➢ 通过独立完成多项测试，培养学生自主思考、果断决策的意识 ➢ 通过多个实训练习，培养学生知行合一的思想 ➢ 通过本任务的学习，培养学生精益求精、敢于探索、不断创新的职业素养 ➢ 通过小组合作学习方式，培养学生协同共赢的职业精神

框架-任务导图

本任务核心内容导图如图 6-2-1 所示。

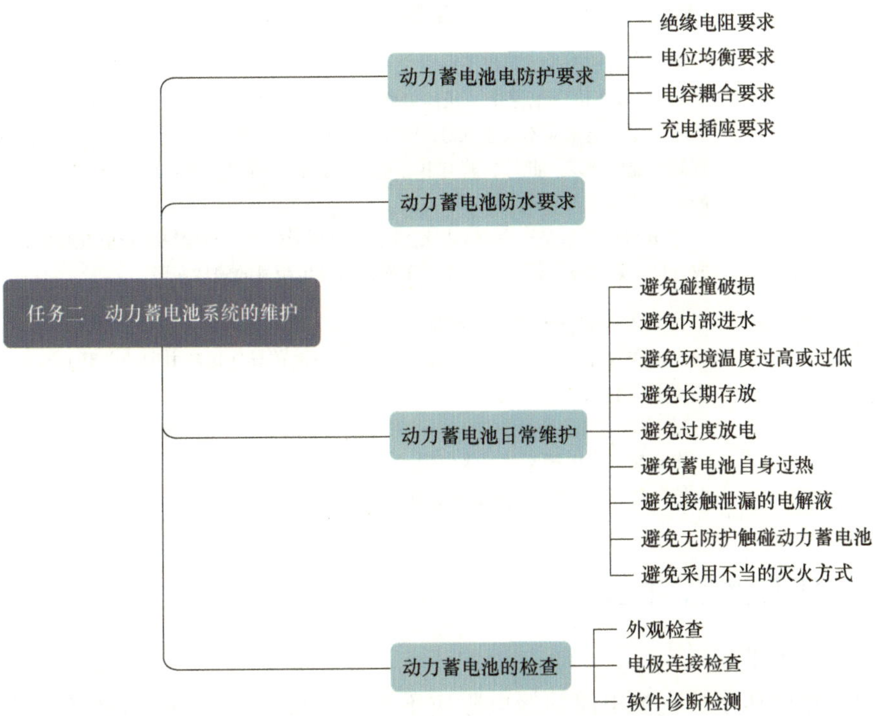

图 6-2-1 本任务核心内容导图

驱动-任务导入

截至 2022 年底，我国新能源汽车保有量达 1310 万辆，占汽车总量的 4.10%，扣除报废注销量，比上年增加 526 万辆，增长 67.13%。2022 年全国新注册登记新能源汽车 535 万辆，与上年相比增加 240 万辆，增长 81.48%。保有量多了，那么碰到的问题也就越多，有些是汽车的质量问题，也有一些是人为的原因，如果明显的人为原因会导致无法索赔，而让车主承担高昂的维修费用。你知道电动汽车的动力蓄电池在使用过程中需注意哪些事项吗？本任务主要介绍动力蓄电池的检查与维护过程中的注意事项，帮助车主以及维修人员更好地维护动力蓄电池的性能。

学习-相关知识

问题 1：动力蓄电池作为纯电动汽车的唯一供电来源，其电压可高达 400V，在进行作业操作时，稍不慎就会导致严重事故，所以了解动力蓄电池电防护的有关规范非常重要。你知道哪些规范？请补充表 6-2-1 中内容。

表 6-2-1 动力蓄电池电防护规范

电防护规范	要求
绝缘电阻要求	在最大工作电压下，直流电路绝缘电阻应不小于 100Ω/V，交流电路绝缘电阻应不小于 500Ω/V
电位均衡要求	1）外露可导电部分与电平台间的连接阻抗应不大于 0.1Ω 2）在电位均衡通路中，任意两个可以被人同时触碰到的外露可导电部分，即距离不大于 2.5m 的两个可导电部分间的电阻值应不大于 0.2Ω
电容耦合要求	电容耦合应至少满足以下要求之一： 1）在 B 级电压电路中，任何 B 级电压带电部件和电平台之间的总电容在其最大工作电压时存储的能量应不大于 0.2J，0.2J 为对 B 级电压电路正极侧 Y 电容或负极侧 Y 电容最大存储电能的要求。此外，若有 B 级电压电路相互隔离，则 0.2J 为单独对各相互隔离的电路的要求 2）B 级电压电路至少有两层绝缘层、遮栏或外壳，布置在外壳里或遮栏后，且这些外壳或遮栏应能承受不低于 10kPa 的压强，不发生明显的塑性变形
充电插座要求	1）车辆交流充电插座应有端子将车辆电平台与电网的接地部分相连接 车辆交流充电插座的绝缘电阻，包括充电时传导连接到电网的电路，当充电接口断开时应不小于 1MΩ 2）车辆直流充电插座应有端子将车辆电平台和外接电源的保护接地相连接 车辆直流充电插座的绝缘电阻，包括充电时传导连接到车辆直流充电插座的电路，当充电接口断开时，应满足绝缘电阻要求

一、动力蓄电池电防护要求

1. 绝缘电阻要求

在最大工作电压下，直流电路绝缘电阻应不小于 100Ω/V，交流电路绝缘电阻应不小于 500Ω/V。如果直流和交流的 B 级电压电路可导电的部分连接在一起，则应满足绝缘电阻不小于 500Ω/V 的要求。对于燃料电池汽车，如图 6-2-2 中所示。若交流电路增加有附加防护，则组合电路至少满足 100Ω/V 的要求。

附加防护方法应至少满足以下一种要求：

1）至少有两层绝缘层、遮栏或外壳。

2）布置在外壳里或遮栏后，且这些外壳或遮栏应能承受不低于 10kPa 的压强，不发生明显的塑性变形。

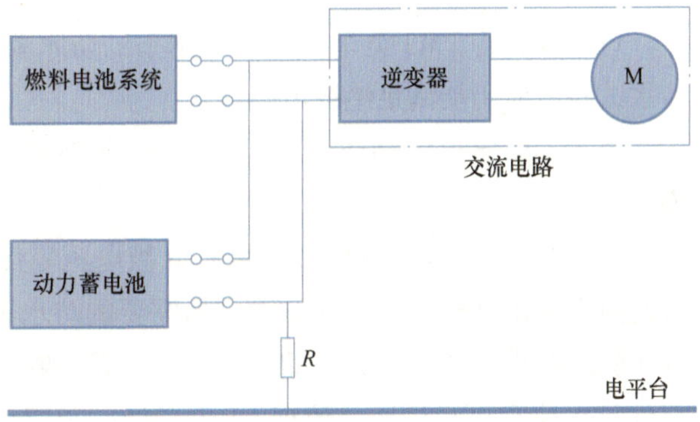

图 6-2-2　燃料电池汽车绝缘电阻

2. 电位均衡要求

电位均衡用于防护与 B 级电压电路直接接触的外露可导电部分。例如，可导电外壳和遮栏，应传导连接到电平台，且满足以下要求：

1）外露可导电部分与电平台间的连接阻抗应不大于 0.1Ω。

2）在电位均衡通路中，任意两个可以被人同时触碰到的外露可导电部分，即距离不大于 2.5m 的两个可导电部分间电阻值应不大于 0.2Ω。

若采用焊接的连接方式，则视作满足上述要求。

3. 电容耦合要求

电容耦合应至少满足以下要求之一：

1）在 B 级电压电路中，任何 B 级电压带电部件和电平台之间的总电容在其最大工作电压时存储的能量应不大于 0.2J，0.2J 为对 B 级电压电路正极侧 Y 电容或负极侧 Y 电容最大存储电能的要求。此外，若有 B 级电压电路相互隔离，则 0.2J 为单独对各相互隔离的电路的要求。

2）B 级电压电路至少有两层绝缘层、遮栏或外壳，布置在外壳里或遮栏后，且这些外壳或遮栏应能承受不低于 10kPa 的压强，不发生明显的塑性变形。

4. 充电插座要求

（1）车辆交流充电插座　车辆交流充电插座应有端子将车辆电平台与电网的接地部分相连接。

车辆交流充电插座的绝缘电阻，包括充电时传导连接到电网的电路，当充电接口断开时应不小于 1MΩ。

（2）车辆直流充电插座　车辆直流充电插座应有端子将车辆电平台和外接电源的保护接地相连接。

车辆直流充电插座的绝缘电阻，包括充电时传导连接到车辆直流充电插座的电路，当充电接口断开时，应满足绝缘电阻要求。

问题 2： 在动力蓄电池防水规范中，对 M2 类、M3 类车辆提出可豁免本条防水要求，请问这里的 M2 和 M3 指的是什么类型的车辆？

国际上把汽车分为 M（装载人员的汽车、皮卡和 MPV）、N（装载货物的汽车）和 O（挂车、半挂车）三个类别。M 类表示至少有 4 个车轮并且用于载客的机动车辆，分为 M1、M2、M3。M1 类包括驾驶人座位在内，座位数不超过 9 座的载客车。M2 类包括驾驶人座位在内，座位数不超过 9 座，且最大设计总质量不超过 5000kg 的载客车。M3 类包括驾驶人座位在内，座位数不超过 9 座，且最大设计总质量超过 5000kg 的载客车。

二、动力蓄电池防水要求

对于 M2 类、M3 类车辆可豁免本条的防水要求。对于其他车型，车辆在模拟清洗和模拟涉水试验后应仍能满足绝缘电阻要求。

根据 GB 18384—2020《电动汽车安全要求》规定，制造商或车辆应至少满足以下一种要求：

1）制造商向检测机构提供所有 B 级电压零部件清单和相应的布置位置，根据高度和是否有遮挡来确定这些 B 级电压零部件所需要的防水等级。若部件防护等级高于清单中的要求，也视作满足要求。如果所提供的证明材料不满足要求，那么该制造商应按照所列出的 B 级电压零部件防水要求进行试验，依据 GB/T 4208—2017 进行 IPX7、IPX5、IPX4 的试验，并提交由第三方检测机构出具的检验报告。

2）按照整车防水的试验方法对车辆进行模拟清洗和模拟涉水试验，每次试验后，在车辆仍是潮湿的情况下，应按照整车绝缘电阻测试中的试验方法进行绝缘电阻测量，绝缘电阻应满足：在最大工作电压下，直流电路绝缘电阻应不小于 1000Ω/V，交流电路应不小于 500Ω/V，如果直流和交流的 B 级电压电路可导电的部分连接在一起，则应满足绝缘电阻不小于 500Ω/V 的要求。另外，在车辆放置 24h 后，再按照整车绝缘电阻测试中的试验方法进行绝缘电阻测量，绝缘电阻应满足本要求中绝缘电阻要求。

问题 3：请查阅相关资料，说说动力蓄电池日常维护中，需要注意的事项有哪些。（ABCE）

A. 避免碰撞破损　　B. 避免内部进水　　C. 避免环境温度超过 60℃

D. 使用水灭火　　E. 避免长期存放

三、动力蓄电池日常维护

1. 避免碰撞破损

电动汽车动力蓄电池一般布置在承载式车身底部，当车辆经过一些坑洼路面时，注意避免汽车底盘的刮碰，因为底盘的刮碰很可能伤害到动力蓄电池。另外，车辆发生碰撞事故后，必须要及时检查动力蓄电池的损坏程度，否则动力蓄电池很可能因为碰撞发生变形而导致动力蓄电池内部短路，最终引起局部过热引发车辆自燃。如果车辆行驶过程中受到强烈碰撞，应在安全区域停车并检查车辆底盘电路、车身动力蓄电池区域是否受损。如果动力蓄电池发生破损，不建议继续行驶，应立即联系服务站救援。

2. 避免内部进水

尽量避免动力蓄电池进水。虽然汽车的防水性和密封性都是非常好的，动力蓄电池也有一定的防水能力，现在国家一般要求是达到 IP67 的防水等级，但是不保证完全不会进水。在清洗电动汽车时，最好不要把高压水枪直接对着动力蓄电池进行清洗，在压力差的作用下，动力蓄电池可能因为个别部件密封不严而进水短路，后果可能会很严重，所以在电动汽车清洗过程中，应注意清洗部位和高压水枪的压力。

3. 避免环境温度过高或过低

请勿在温度超过 60℃的环境下使用，因为温度过高会使动力蓄电池、驱动电机及控制系统散热出现问题，从而导致系统报故障码，严重的会导致电路短路，有引发火灾的风险。很多电动汽车自燃就是因为热管理系统做得不到位或者使用中产生一定的失误。当环境温度低于 −5℃时，应停止给动力蓄电池 / 车辆充电。动力蓄电池都是有正常的充、放电工作温度的，温度过低时，动力蓄电池会自我保护，不能进行充电。如果在北方寒冷地区使用，必须要买带蓄电池加热系统的车辆，待动力蓄电池加热到工作温度以后再进行充电。

4. 避免长期存放

尽量避免将电动汽车长时间存放，因为长时间存放会使动力蓄电池因长期充电不足而缩短使用寿命。所以电动汽车在存放时，一定要保证动力蓄电池处在充满电的状态下，并且保证每个月对动力蓄电池进行补充充电。动力蓄电池如果长期存放，必需安全断电。车辆的辅助电池连接必须是要断开的，断开辅助电池连接也就断开了动力蓄电池的控制电路，这样动力蓄电池的电就不会释放出来了。如果车辆长期不使用，应断开动力蓄电池的维修开关，这样动力蓄电池内部电路就会断开，不会造成电量损耗，也保证了动力蓄电池的安全性。

5. 避免过度放电

电动汽车在日常使用时，应该多注意仪表的动力蓄电池电量显示。最好不要等动力蓄电池亏电后再充电，因为动力蓄电池过度放电会极大程度地影响动力蓄电池的使用寿命。与此同时，应该注意仪表上显示的动力蓄电池剩余行驶里程，最好不要等行驶里程超过满电状态下最长行驶里程的2/3（例如，车辆在动力蓄电池满电状态下最佳行驶里程是150km，最好不要让车辆行驶100km以上）后才去充电。

6. 避免蓄电池自身过热

电动汽车行车ECU对动力蓄电池的过热保护做得非常到位。当车辆出现动力蓄电池过热报警时，一定要停车并对动力蓄电池进行充分散热。不要在动力蓄电池过热报警后依然行驶，很可能会造成动力蓄电池过热，甚至车辆自燃。

7. 避免接触泄漏的电解液

当动力蓄电池发生电解液泄漏时，一定不要接触。电解液都有一定的腐蚀性，会对人体的皮肤产生一定的伤害。

8. 避免无防护触碰动力蓄电池

非专业人士，请勿触碰、移动、拆解动力蓄电池及相应的高压线缆，或其他带有高压警示标识的部件。高压系统一般有高于100V的电压，高的可达700V，没有安全防护的情况下禁止随意触碰。

9. 避免采用不当的灭火方式

当车辆或动力蓄电池起火时，应迅速离开车辆到安全距离，使用电火专用灭火器灭火，使用水灭火或不正确的灭火器灭火都可能导致触电。无论燃油汽车还是电动汽车都存在一定的自燃风险，尤其是在炎热的夏季，因此车上应该常备消防装备，如灭火器、逃生锤等。

问题4：在动力蓄电池日常检查中，发现有杂物或污染物覆盖在表面时，应如何清洁？

如果检查时发现有杂物或污染物覆盖，应使用压缩空气清洁其表面。

四、动力蓄电池的检查

1. 外观检查

先检查蓄电池包，并清洁蓄电池包盖和柱液位，以避免灰尘和其他杂物落入。如果检查时发现有杂物或污染物覆盖，应使用压缩空气清洁其表面。确保蓄电池包外壳的完整性，避免变形和裂纹等问题。同时，应加强托盘和动力蓄电池盖的密封性。只有加强动力蓄电池与车身之间的连接，才能增强动力蓄电池的稳定性。外观检查表见表6-2-2。

表 6-2-2 外观检查表

序号	检查项目	检查方式	判断标准
1	异味检查	鼻嗅	电箱周围无刺激、烧焦异味
2	箱体接线 / 接插件检查	目测	箱体高、低压插接件应连接牢固且表皮无破损
3	箱体与车架的紧固	实测	复检紧固力矩，紧固力矩满足质量要求标准
4	下箱体清洁度	目测	下箱体底部 PVC 涂层完好，无变形、无腐蚀，清除灰尘，确保清洁度良好
5	维修开关（MSD）	目测	维修开关无变形、划痕，开关内部洁净、无污染，安装牢固
6	检查水冷管进 / 出水口	目测	水冷管软管与硬管连接处无漏液，水冷管进 / 出口无变形
7	上箱盖检查	目测	无裂痕、无鼓包，平衡阀牢固，外观良好，清洁度良好

2. 电极连接检查

检测动力蓄电池的连接情况，电极连接应安全稳定，以避免腐蚀等问题。此外，应确保单体蓄电池的连接点与蓄电池包的温度传导带等部件稳定接触，以避免变形和松动等。充电时，插座与插头的接触必须安全，不得脱落。

3. 软件诊断检测

一般来说，为了保证电流的稳定性，蓄电池包的电压将稳定在 300V，因此动力蓄电池必须满足绝缘要求。同时，需要坚持日常维护，因为如果频繁更换和充电动力蓄电池，其使用寿命将缩短，故障率将增大。因此，动力蓄电池应通过专业维修机构进行维修、坚持日常维护测试，制订管理计划，根据动力蓄电池的实际应用进行升级维修。其主要内容是检测电压、蓄电池盒插接器等，并及时记录检测和维护，避免频繁维护和更换，从而降低维护成本。检测项目见表 6-2-3。

表 6-2-3 软件诊断检测表

序号	检查项目	检查方式	判断标准
1	最高单体蓄电池温度		符合产品技术要求
2	蓄电池压差范围		静态压差应在许可范围内
3	蓄电池温差范围		符合产品技术要求
4	系统绝缘阻值	蓄电池管理系统读取	诊断工具 / 整车仪表盘有无绝缘报警
5	读取进、出水口温度		0℃ < 温度 <70℃
6	系统报警		无蓄电池报警信息
7	软件版本		判断是否最新版本

实践-任务实施

一、安全要求及注意事项

安全要求及注意事项如下：

1）实训开始前，提前准备好需要使用的个人防护用品，并检查是否符合使用标准。

2）实训开始前，提前做好场地防护，设置警示标识，在操作位置布置好绝缘防护措施。

3）合理使用防护用品及专业工具，并严格按照示范动作操作，做到安全、正确。

4）拆卸高压零部件前，必须做好防护措施。

5）拆卸高压零件时，必须使用绝缘工具。

6）实训过程中，使用绝缘电阻测试仪、万用表等一起进行测量必须遵循单手操作的原则。

7）实训过程中，严禁嬉戏打闹，做好数据记录和结果记录。

8）实训结束后，必须清理场地和设备，撤除警示标识。

二、设备及工具

准备的设备及工具包括比亚迪 E5 1 辆、举升机 1 台、举升平台 1 个、道通故障诊断仪 1 台、数字万用表 1 个、绝缘防护套装 1 套、护目镜 1 个、耐磨手套若干双、一体化工量具 1 套、车外三件套 1 套、车内四件套 1 套、绝缘电阻测试仪 1 个。

三、操作步骤

问题 5：如何处理长时间放置的动力蓄电池？根据下面的步骤进行防护处理。

实训 对长时间放置的动力蓄电池进行维护

1. 外观检查

检查长时间放置的动力蓄电池的外观，如目测检查，不得有变形及裂纹，表面干燥无外伤，排列整齐，连接可靠，标志清晰。

2. 应急处理方法

若发现长期存放的动力蓄电池发生漏液、生锈和鼓胀的现象，如操作不当可能发生发热、燃烧或爆炸等现象，相关的处理方法如下：

1）生锈的处理方法：如圆柱类的锂离子蓄电池（聚合物锂离子蓄电池不存在此现象），初期、轻微的生锈不会影响锂离子蓄电池的性能，可以正常使用；如果生锈严重（如盖帽部位），将影响蓄电池的密封性能而漏液，必须报废处理。

2）漏液或鼓胀的处理方法：漏液是指动力蓄电池中的电解液泄漏出来，通常会有刺鼻的气味，电解液有很强的腐蚀性将导致动力蓄电池保护板元器件损坏，如果是聚合物锂离子蓄电池将会发生鼓胀。漏液和鼓胀的动力蓄电池必须挑选出来，报废处理。

在正常温湿度环境条件下，动力蓄电池不会出现发霉和变色现象，如果发生漏液将会产生此类不良现象。

3）发热的处理方法：动力蓄电池在充电和放电（使用状态下）时会发热，但温度通常在60℃以下。动力蓄电池在内部或是外部短路状态下温度会达到上百或是几百度，此时动力蓄电池必须隔离出来，放在沙子中。注意不能用手直接接触动力蓄电池，否则将会被烫伤。待动力蓄电池降到正常温度，做报废处理。

4）燃烧或爆炸的处理方法：如果发生燃烧或爆炸现象，是非常危险的，人员必须远离。动力蓄电池燃烧不会产生明火，通常是因高温点燃旁边易燃品或包装外箱。在做好防护措施的前提下，如果是单个或极少数动力蓄电池燃烧或爆炸，可使用沙子直接覆盖燃烧或爆炸的动力蓄电池。如果是大面积的燃烧，使用干粉灭火器灭火，严禁使用水灭火，因为水将造成动力蓄电池短路。

3. 充电维护

对动力蓄电池进行充电维护，可保证长时间放置的动力蓄电池的电量在合适范围内。

（1）短期储存　动力蓄电池短期不使用（如六个月以内）时，动力蓄电池原厂商出货带电量状态下，将动力蓄电池储存在干燥、无腐蚀性气体、温度在 −20~35℃和湿度在 65% ± 20% 范围内的地方，高于或低于此温湿度会使动力蓄电池金属部件生锈或动力蓄电池出现泄漏。

（2）长期储存　动力蓄电池长期不用（如六个月以上）时，应充入 50%~70% 的电量，并将其从车上取下存放在干燥阴凉的环境中，并每隔三个月充一次电池，以免存放时间过长，动力蓄电池因自放电导致电量过低，造成不可逆的容量损失。

（3）超长时间存放　通常不建议动力蓄电池存放时间超过两年，因为存放的时间越长，动力蓄电池容量的损失越严重（导致仪器设备使用的时间变短）。

（4）带电量控制　带电量 50%~70%，通常，相对应的电压范围为 3.6~3.9V（不同材料体系的锂电池有区别）。客户或使用者可以使用万用表测量正、负极端的电压，如果装在仪器或设备中可直接读取仪器上显示的电量，见表 6-2-4。

表 6-2-4　动力蓄电池带电量容量及要求

序号	容量	要求	环境要求
1	SOC<10%	立即充电	湿度：20%~95% 温度：−40~50℃ 推荐温度：−20~50℃ SOC 一般处于 40%~60% 之间为最佳电量储存状态
2	10% ≤SOC<40%	一个月定期充电	
3	40% ≤SOC<80%	三个月定期充电	箱体保持干净、通风、阴凉的环境中，避免阳光直射、腐蚀性气体、剧烈振动、机械冲击和重压等状况，远离热源
4	80% ≤SOC<100%	三个月定期充电	

4. 绝缘维护

对长时间放置的动力蓄电池的绝缘电阻值进行绝缘电阻值测量维护，检测动力蓄电池绝缘电阻会不会有漏电。

（1）绝缘电阻要求　绝缘电阻要求前已叙述。

（2）绝缘电阻监测要求　车辆应有绝缘电阻监测功能，并能通过整车防水的绝缘监测功能验证试验。在车辆 B 级电压电路接通且未与外部电源传导连接时，该装置能够持续或者间歇地检测车辆的绝缘电阻值。当该绝缘电阻值小于制造商规定的阈值时，应通过一个明显的信号（例如声或光信号）装置提醒驾驶人，并且制造商规定的阈值不应低于绝缘电阻的要求。

5. 披防尘罩

对长时间放置的动力蓄电池进行防尘防护，披上防尘罩。

考核−任务评价

各组选出代表进行本任务的成果汇报，可以采用 PPT 或实操演示的形式，并分别由各小组成员、专业教师以及企业代表考核打分，并将结果填入表 6-2-5~ 表 6-2-8 中。

表 6-2-5　小组考核表

组长		学号			班级		组别					
组员姓名												
任务二		动力蓄电池系统的维护										
考核项目	分值	等级				考核对象（组别）						
		A	B	C	D							
实训规范	40	40	30	20	10							
PPT 汇报	40	40	30	20	10							
7S 管理	20	20	15	10	5							
合计	100	各组得分										
注意：小组互评记录按各组的平均分（包含被评价组）计算												

表 6-2-6　教师对小组考核表

考核项目		考核依据	分值	得分
考勤（5%）		未出现无故迟到、早退和旷课的现象	5	
工作过程（80%）	获取信息进行决策	掌握动力蓄电池电防护的要求	10	
		掌握动力蓄电池防水的要求	10	
		掌握动力蓄电池日常维护和检查内容	10	
	任务实施	对长时间放置的动力蓄电池进行防护处理	10	
		完成动力蓄电池的电量防护	10	
		完成动力蓄电池的绝缘防护	10	
	工作质量	能按照工作方案操作，按计划完成工作任务	10	
	团队合作	与小组成员、同学之间能合作交流、协调工作	10	
项目成果（15%）	工作完整	能按时完成工作任务的所有环节	5	
	工作规范	能在整个操作过程中规范操作，避免意外事故发生	5	
	汇报展示	能准确表达、汇报工作成果	5	
合计			100	

表 6-2-7　企业对小组考核表

项目（任务）名称	
您对本次任务完成质量考核	□非常好（90~100 分） □一般（70~90 分） □不太理想（70 分以下）
您的评分与建议	（若企业没有参与考核，则选择综合考核方式一）

表 6-2-8 综合评分表

综合考核方式一	小组自评（30%）	小组互评（20%）	教师考核（50%）		综合得分
综合考核方式二	小组自评（30%）	小组互评（20%）	教师考核（40%）	企业考核（10%）	综合得分
综合评语	（作业过程中存在的问题及改进建议）				

拓展–情智课堂

宁德“时代”的兴起

自党的十八大以来，我国深入推进实施新能源汽车国家战略，强化顶层设计和创新驱动，产业发展从小到大、从弱到强，成为引领全球汽车产业转型升级的重要力量。

过去 10 年，在政府大力引导下，中国汽车产业借势新能源汽车“换道超车”，实现翻天覆地的变化，中国新能源汽车产业不仅跑出了“加速度”，还成为带动全球汽车产业电动化转型的领导者。

全球动力蓄电池“龙头”、市值万亿企业，宁德时代新能源科技股份有限公司（下称宁德时代）几乎家喻户晓。回首发展历程，观“时代”看宁德，产业迅猛崛起、区域赶超跨越，这背后是牢记嘱托期望、抱好“金娃娃”的担当，坚持新发展理念、坚持改革创新的求索，拼搏奋斗、苦干实干的坚守，铸就的一条高质量发展之路！以战略思维谋事，以战略定力成事，是宁德时代成长轨迹或崛起之路的真实写照。

1. 保持定力 善谋善成

宁德时代于 2011 年注册成立，进入动力蓄电池领域。其实，在动力蓄电池产业风口真正来临前，宁德时代掌舵人曾毓群已敏锐捕捉到了商机。早在 2008 年，其创业的 ATL 便成立动力蓄电池团队。提前谋篇布局，机遇留给了有准备者。2012 年，华晨宝马在筹备首款高端纯电动车“之诺 1E”时，宁德时代成为其合作伙伴，进而成为宝马集团在大中华地区第一家动力蓄电池供应商。一役成名，宁德时代迅速打开动力蓄电池市场。自 2015 年以来，新能源汽车爆发式发展，宁德时代以澎湃之“芯”迎风翱翔。

当下，“碳中和”已成全球共识，能源和交通的变革大潮涌动，宁德时代又一次站在了与全球顶级选手比拼的竞技场上。研判形势，宁德时代锚定新航向：构建以可再生能源为主体的能源格局、以电动化为主体的汽车产业生态。谋定而动，宁德时代以创新为刃，建设动力蓄电池产业，布局储能市场，加速电动化和智能化在各种应用场景的渗透，绿色进阶步履稳健。

宁德是有福之地，习近平总书记在宁德工作期间，面对“老、少、边、岛、贫”的现实地区情况，顺应闽东人民摆脱贫困的迫切愿望，带领广大干部群众向贫困宣战，迅速改变了宁德的发展面貌，留下的滴水穿石、四下基层、行动至上等宝贵精神财富更是一直浸润着闽东大地、滋养着闽东人民。离任宁德后，习近平总书记始终情牵闽东、关注闽东，在宁德每一个发展的关键节点都亲自领航指向、谋定方位。感恩奋进，沿着习近平总书记指引的方向，宁德坚定不移走下去、干下去，实现着一次次精彩蜕变跃升。

2. 创新先行 勇立潮头

“创新是引领发展的第一动力”“抓创新就是抓发展，谋创新就是谋未来”习近平总书记关于创新的金句，句句提纲挈领，直指发展要义。在宁德，无论是宁德时代大业崛起，还是宁德高质量发展，创新始终是最闪亮的因子。

宁德时代牵头承担的国家重点研发计划“智能电网技术与装备”重点专项“100MW·h级新型锂电池规模储能技术开发及应用”项目顺利通过工业和信息化部组织的专家组验收。该项目攻克了12000次超长循环寿命、高安全性储能专用蓄电池核心技术，掌握了大规模储能电站的统一调控、蓄电池能量管理等系统集成技术，相关成果已成功应用于晋江30MW·h/108MW·h储能电站。

这样的创新，在宁德时代的崛起路上，不胜枚举。从业界首创的无模组蓄电池（CTP）技术，到4.5μm超薄箔材的超薄基材技术，到15min充满80%SOC的超快充技术，到钠离子蓄电池……每一次突破，都浓缩着宁德时代对创新的专注与渴求。

3. 协同奋进“链”动山海

全球化时代，从区域协作到产业协同，优势互补共赢发展，已成最显著的特征之一。翻开宁德时代的扩军版图，加强上下游产业链、供应链协同联动，特别是对核心资源的布局，舞动从矿产、原材料到蓄电池制造、研发储备到终端产品、运营服务的全产业链条，始终是其坚定之举。

从境内到境外，从上游到下游，协同联动的产业链铺展开了宁德时代奋进新时代的恢宏全景，更彰显着强势崛起的中国锂电力量。

党的二十大报告强调的“集聚力量进行原创性引领性科技攻关，坚决打赢关键核心技术攻坚战”为中国汽车产业的高质量发展指明了方向，也为中国新能源汽车的战略性新兴产业注入了动力，为强化中国汽车产业链韧性以及加快中国实现世界汽车强国的目标提供了信心。

汽车工业凭借技术不断迭代升级，总体实现了由中国制造向中国创造再向中国智造的跨越式发展。我国新能源汽车产业成功实现换道超车，多家优秀企业正在成为全球汽车创新发展的引领者。

参考文献

[1] 蒋鸣雷. 新能源汽车动力电池结构与检修 [M]. 北京：机械工业出版社，2018.
[2] 徐晓明，胡东海. 动力电池系统设计 [M]. 北京：机械工业出版社，2019.